Laetitia Maklouf

Verliebt in meinen Garten

Inspirationen für drinnen & draußen

Fotos von Jill Mead
Illustrationen von Kate Osborn
Aus dem Englischen von Birgit van der Avoort
und Regina Passoth

Hölker Verlag

Inhalt

So fing alles an … 7
Grundlegendes 8
Dekoratives 24
Leckereien 80
Drinks & Co. 122
Blühendes 150
Luxuriöses 190
Praktisches 218
Meine Lustliste 246

Einkaufsadressen 262
Gartenliteratur 263
Register 264
Dank 269

So fing alles an ...

Mit Mitte zwanzig begegnete ich der grünen Welt vor meiner Haustür nur selten. Ich streifte sie gelegentlich, wenn ich nachts unterwegs war zu einer Party. Ich betrat selten einen Park, hatte keine Ahnung von Pflanzen und interessierte mich nicht die Bohne fürs Gärtnern. Vor einigen Jahren dann schenkte mir meine Mutter ein Samentütchen, und um mich von meinem langweiligen Bürojob abzulenken, pflanzte ich die Samen ein. Sie keimten tatsächlich. Bald darauf kündigte ich meine Stelle und meldete mich am Chelsea Physic Garden in London zu einem Gartenbaukurs an. Seitdem hat mich die Leidenschaft fürs Gärtnern vollends gepackt.

Die Kursteilnehmer schwärmten von ihren Gärten. Ich hingegen lebte mitten in London in einer Wohnung mit einem winzigen Balkon und einem Innenhof samt ein paar Stufen. Eine Zeitlang spielte ich sogar ernsthaft mit dem Gedanken, mir eine Wohnung mit Garten zu suchen, wo ich das umsetzen konnte, was ich gerade lernte und wovon ich träumte: eine kühle, feuchte, mit Farnen bewachsene Lichtung; Wege mit wogenden Duftrosen; üppige Beete mit weißen Gladiolen und versteckte Steingärten mit weichem Moos. Dann fing ich an nachzulesen, was ich tun musste, um dies alles Wirklichkeit werden zu lassen. Zuerst war ich von der Terminologie und der Fülle an Informationen schier überwältigt. Nach und nach jedoch erlernte ich die Grundlagen des Gärtnerns und suchte mir meinen eigenen Weg. Ohne auf meine Pumps verzichten zu müssen oder ohne gleich einen Schrebergarten anzumieten, habe ich mir meinen eigenen Traumgarten geschaffen. Ich habe die Beete duftender Gladiolen in unterschiedlich großen Töpfen auf meinem Balkon erstehen lassen. Meine Rosensucht befriedige ich heimlich mit einem Löffel klebrigem Hagebuttensirup. Ich schlafe unter Farnwedeln und habe im Haus und auf dem Balkon Töpfe mit kleinen Mooshügeln verteilt. Es ist immer wieder eine neue Herausforderung für mich, diese Fülle zu schaffen – allem Mangel an Platz, Zeit und Geld zum Trotz.

So habe ich ein „Garten-Rezeptbuch“ verfasst, das unkomplizierte Ideen zum Nachmachen für den Gartenneuling bereithält. Die Ideen sind in Rezeptform geschrieben, was mir den Einstieg in die Gartenwelt erleichtert hätte. Die Vorschläge sind einfach und preiswert umsetzbar – perfekt für jeden Anfänger. Sie hätten mich in meiner Anfangszeit dazu verführt, ganze Nachmittage mit meinen Pflanzen zu verbringen. Das Buch enthält zudem kurze Abschnitte mit nützlichen Informationen, die ich mir gewünscht hätte, als ich mit dem Gärtnern begann. Und ich habe eine Liste mit den Pflanzen aufgestellt, die mein Herz erobert haben.

Wenn Sie noch nie gegärtnert haben oder früher einmal davon enttäuscht wurden, werden meine Einstiegsideen Ihnen zeigen, wie Sie Ihre Umgebung wunderbar grün gestalten können. Und das alles ohne schwierige Fachbegriffe oder unverständliche Diagramme. Sie brauchen keinen eigenen Garten, Sie brauchen sich nicht schmutzig zu machen und Sie brauchen nicht einmal viel Zeit. Dieses Buch wird Ihnen mit Spaß die Angst vor dem Versagen nehmen. Also holen Sie tief Luft und stürzen Sie sich hinein ins Blumenbeet.

Grundlegendes

Die meisten Gärtner erlernen die Grundlagen durch einfaches Ausprobieren und Zuschauen. Das Wissen, das sie dabei erwerben, prägt sich ihnen tief ein – und deshalb sind Informationen, die dem Anfänger oft rätselhaft erscheinen, für den erfahrenen Gärtner kaum der Erwähnung wert. Mit dem Ergebnis, dass ein Großteil der Erklärungen – die Dinge, die einen Anfänger interessieren, die er sich aber nicht zu fragen traut –, überhaupt nicht angesprochen wird. Hier nun einige grundlegende Dinge, die mich interessiert hätten, als ich anfing zu gärtnern, und zwar in einer Form, die auch ich verstanden hätte. Es existiert kein geheimer Algorithmus, der Erfolg garantiert, aber es gibt einige Grundregeln, die Ihnen den richtigen Weg weisen.

Der richtige Umgang mit Pflanzen

Damit Pflanzen gut gedeihen, müssen sie sich wohlfühlen und das bekommen, was sie brauchen. Und so geht's:

1. Bestimmen Sie zuerst mithilfe des Internets oder eines Pflanzenführers die Herkunft der Pflanze. Wenn Sie das Ursprungsgebiet der Pflanze (z. B. Südchina) und ihre natürliche Umgebung (z. B. Bergregion) kennen, versuchen Sie, diese so gut wie möglich nachzubilden. Auch wenn Sie nichts Genaues darüber wissen, können Sie in etwa einschätzen, wo sich die Pflanze am wohlsten fühlt. Instinktiv werden Sie wissen, dass diese Pflanze am sumpfigen Teich hinten im Garten nicht glücklich wird.

2. Finden Sie heraus, ob es sich um eine winterharte Pflanze handelt. Schlagen Sie dafür in einem Buch nach oder fragen Sie einen Gärtner. Jede Pflanze ist in ihrem natürlichen Lebensraum winterhart – das heißt, dass sie robust genug ist, in der jeweiligen Klimazone rund ums Jahr zu überleben –, doch vielleicht übersteht sie klimatische Verhältnisse wie etwa Frost nicht. Die Pflanzeneinstufung gemäß ihrer Winterhärte ist nichts weiter als die Festsetzung der niedrigsten Temperatur, die eine Pflanze aushalten kann, ohne einzugehen. Sie können die Winterhärte einer Pflanze einschätzen, wenn Sie wissen, woher sie stammt. Doch die guten Geister der Royal Horticultural Society (RHS), der berühmten Königlichen Gartenbauakademie Großbritanniens, haben es uns einfach gemacht, indem sie folgende Symbole eingeführt haben:

Symbol	Mindesttemperatur zum Überleben	Erklärung
***	–15 °C	**Winterhart** – kann ganzjährig draußen bleiben
**	–5 °C	**Frostbeständig** – kann im milden Klima oder an einem geschützten Standort ganzjährig draußen bleiben; hält gelegentlichen Frost aus, aber keine langen Frostperioden
*	0 °C	**Nicht winterhart** – kann nicht im Freien überwintern
^ *	5 °C	**Frostempfindlich** – Zimmerpflanze, benötigt ganzjährig ein gewisses Maß an Wärme

3. Vertrauen Sie nicht blind auf die Winterhärte – die Pflanzeneinstufung sollte nur als Richtlinie dienen.

   Das braucht die Pflanze unbedingt:
   Wasser **Licht** **Nährstoffe**
   Auch wenn Sie Punkt 1 und 2 vernachlässigen, befolgen Sie Punkt 3, und Ihre Pflanze wird wachsen.

Wichtige Pflanzengruppen

Wenn Sie sich sicher sind, zu welcher Pflanzengruppe oder -untergruppe eine Pflanze gehört, ist es einfacher, sie gut zu pflegen. Sie wissen dann nämlich, welche Eigenschaften Sie erwarten können. Hier die wichtigsten Gruppen:

GEHÖLZE – Lange Lebensdauer, holzig, laubabwerfend (verliert im Winter die Blätter) oder immergrün. Besitzt meistens einen Stamm, manchmal auch mehr als einen… Genug der Erklärungen – Sie wissen, was ein Baum ist!

STRÄUCHER – Holziger Stamm, laubabwerfend oder immergrün wie ein Baum, verzweigt sich aber weiter unten am Boden – und sie sind natürlich kleiner. Wie überall beim Gärtnern gibt es auch hier Grauzonen. Einige größere Sträucher sind kleine Bäume und umgekehrt. Es gibt einige Arten, die nur teilweise holzig sind und Halbsträucher genannt werden, und es gibt auch welche, die jedes Jahr absterben und deshalb wie Stauden behandelt werden (siehe unten).

KLETTERPFLANZEN – Pflanzen, die auf ganz unterschiedliche Weise in die Höhe wachsen. Wir unterscheiden Selbstklimmer und Gerüstkletterpflanzen. Erstere können aus eigener Kraft klettern, Letztere benötigen dafür eine Rankhilfe (z. B. eine andere Pflanze). Man unterteilt sie auch nach ihrer jeweiligen Klettertechnik: Die Gruppe der Selbstklimmer besteht aus Haftwurzel- oder Haftscheibenkletterern und die Gruppe der Gerüstkletterer setzt sich aus Schlingern, Spreizklimmern und Rankpflanzen zusammen. Sie alle überraschen durch ihren Wuchs und sind unglaublich nützlich, vor allem auf kleinstem Raum, da sie eine neue Dimension in die Höhe eröffnen.

STAUDEN – Mehrjährige, die länger als zwei Jahre leben und jedes Jahr aufs Neue blühen, wenn sie ausgewachsen sind. Sie sterben nach der Blüte ab und wachsen im Frühling wieder neu (wenige Ausnahmen sind immergrün oder halb immergrün). Wenn Sie noch nie zuvor gegärtnert haben und ein ähnliches Temperament haben wie ich, werden Sie nach einer leidenschaftlichen Liebesaffäre mit Einjährigen ganz sicher Stauden schätzen lernen. Gärtnern mit Stauden ist wie ein Treffen mit einem verlässlichen, sanftmütigen und wunderbaren Freund, mit dem Sie alt werden können.

FROSTEMPFINDLICHE STAUDEN – Pflanzen aus wärmeren Klimazonen, die unseren Winter nicht überleben. Daher werden sie über Samen vermehrt (genau wie Einjährige; siehe unten). Sie können auch drinnen überwintern, falls Sie ihnen einen Wintergarten bieten oder sie an einen hellen, frostfreien Ort stellen.

EINJÄHRIGE – Pflanzen, die über Samen vermehrt werden, sich schnell bis zur Blüte entwickeln und innerhalb eines Jahres absterben. Da sie nicht viel Zeit haben, wachsen sie schnell und blühen und duften überwältigend, um so die Aufmerksamkeit der Bestäuber (wie Bienen) auf sich zu ziehen. Sie können als blühende Pflanze gekauft oder ausgesät werden (das ist natürlich preiswerter).

Zweijährige Besitzen die gleichen Eigenschaften wie Einjährige, haben aber einen Zwei-Jahres-Zyklus. Meist entwickeln sie im ersten Jahr Blätter und blühen im nächsten.

Alpine Pflanzen und Steingartenpflanzen Eine Pflanzengruppe aus den Bergregionen der Welt; sie wachsen oberhalb der Baumgrenze und, wie Sie sich denken können, lieben steinige Standorte. Sie sind meist winzig (großwüchsige Pflanzen wären in unwirtlichen Gegenden reine Energieverschwendung), benötigen ein gewisses Maß an Pflege und einen guten Standort. Sie sind traumhaft schön und es lohnt sich, sie zu pflanzen.

Zwiebel- und Knollenpflanzen Dazu gehören Pflanzen, die über einen großen Nährstoffspeicher unter der Erde verfügen – wie etwa Zwiebeln, Sprossknollen, Knollen und Rhizome. Zwiebel- und Knollenpflanzen haben meist eine Ruhephase (nur äußerlich) in der Erde, in der sie ihre Nährstoffe produzieren und speichern. Dann wachsen sie wieder mit neuer Kraft und erfreuen uns.

Orchideen Faszinierende Pflanzen aus der Gruppe der Stauden (Mehrjährigen), die ganz außergewöhnliche Überlebensstrategien entwickelt haben. Sie stammen meistens aus dem tropischen Regenwald, doch auch in unseren Breiten sind heimische Arten vertreten, die wir besonders liebevoll behüten sollten. Die uns am meisten vertrauten Orchideen sind kultivierte Hybriden und wachsen im Haus. Sie sind teuer, nicht zuletzt darum ist die richtige Pflege besonders wichtig. Aber es ist kinderleicht, sie jedes Jahr wieder zum Blühen zu bringen (siehe S. 167).

Bromelien Urwaldpflanzen, die sich hervorragend als Zimmerpflanzen eignen, aber nur, wenn die Luft ausreichend feucht ist. Werden in Gartencentern angeboten und sind sehr dekorativ.

Kakteen und Sukkulenten Tolle Pflanzen, denn sie überstehen auch lange Trockenperioden recht gut. Sie bringt so schnell nichts um. An trockene Luft sind sie gewöhnt, darum gedeihen sie auch hervorragend im Haus.

Palmen und Zykadeen Immergrüne Bäume und Sträucher aus tropischen oder suptropischen Regionen, die in jedem Büro stehen … Und wenn sie in solch einer Umgebung überleben, verdienen sie unseren ungeteilten Respekt.

Farne Ich liebe diese Pflanzengruppe. Immergrün oder laubabwerfend sind sie in vielen Formen und Winterhärten vertreten. Sie sind nützlich und schön.

Wasserpflanzen Diese Pflanzen wachsen im, am oder unter Wasser. Sie werden in verschiedene Arten eingeteilt – je nachdem, in welcher Wassertiefe sie wachsen.

Pflanzen kaufen

Gärtnereien und Gartencenter

Kleine spezialisierte Gärtnereien sind großartig; selbst wenn Sie nicht direkt kaufen, sind die Leute immer hilfsbereit, denn sie lieben Pflanzen über alles. Ich gehe gern dorthin, da ich sicher sein kann, dass die Pflanzen direkt in der Gärtnerei gezogen werden – und nicht in einem anderen Land – und zwar von einem Pflanzenfachmann, dem es nicht egal ist, wie die Pflanze wächst. Bei meinen Besuchen komme ich immer mit dem Gärtner ins Gespräch. Das ist zehnmal mehr wert als der Preis für die Pflanze. Viele Gärtnereien schicken Pflanzen auch per Post zu. Doch ich möchte Sie keineswegs davon abhalten, zu einem dieser großen Gartencenter zu gehen, denn sie warten mit einem riesigen Angebot auf. Vor allem das Preis-Leistungs-Verhältnis und die Auswahl an gängigen Gartenpflanzen überzeugen. Und auch hier können Sie auf Personal treffen, das sich hervorragend mit Pflanzen auskennt.

Die richtige Pflanze auswählen

Wir meinen zu wissen, welcher Apfel oder welche Erdbeere am besten schmeckt – natürlich die Frucht, die uns am schönsten entgegenleuchtet. Glänzendes, makelloses Äußeres, leuchtende Farbe, optimale Form, feste Struktur oder verführerischer Duft, das sind meist unsere Kriterien. Manchmal ist aber auch der röteste Apfel ungenießbar, mehlig und ohne jeglichen Geschmack. Glücklicherweise trifft das auf Pflanzen nicht zu. Hier bekommen Sie, was Sie sehen. Eine Warnung sollten Sie allerdings beherzigen: Die größte Pflanze ist nicht unbedingt die beste! Halten Sie sich eher an die buschigeren.

Unverzichtbar beim Gärtnern

Gartenschere
Selbst wenn Ihr Ehrgeiz in Bezug auf Pflanzen sich darauf beschränkt, Schnittblumen in eine Vase zu stellen, lohnt sich die Anschaffung einer guten Gartenschere. Bei billigen Scheren spart man an der falschen Stelle. Ich besitze eine Gartenschere der Firma Felco, die auch andere gute Gartengeräte herstellt. Sie bekommen Felcos in verschiedenen Größen und sogar eine Variante für Linkshänder. Meine Schere hat Größe 8. Alle Felco-Scheren haben leuchtend rote Griffe, so dass sie auch im Unterholz nicht verloren gehen.

Pflanzkelle
Wenn Sie noch keine Pflanzkelle haben, müssen Sie sich unbedingt eine zulegen. Am besten eine aus Edelstahl mit einem Holzgriff, der angenehm in der Hand liegt. – Unerklärlicherweise habe ich jede Menge davon herumliegen. Sie stammen aus der Zeit, als ich mich noch nicht fürs Gärtnern interessierte.

Handschuhe
Dreck unter den Fingernägeln ist ein wahrer Liebestöter. Deshalb ziehe ich immer Handschuhe an, wenn ich viel mit Erde arbeite. Einfache Gartenhandschuhe sind nutzlos, denn darin haben Sie kein Fingerspitzengefühl. Meist ziehe ich sie sowieso irgendwann aus. Ich benutze Foxgloves-Handschuhe, die sind geschmeidig, weich und waschmaschinenfest. Zudem habe ich eine große Auswahl an Nagellack, der einige Gärtnerinnensünden überdeckt.

Giesskanne
Von denen kann man nie genug besitzen. Ich habe drinnen und draußen überall volle Gießkannen stehen. Sie sollten solche mit Brauseaufsatz verwenden, der das Wasser wie Regen gleichmäßig verteilt.

Wasserzerstäuber
Einige Pflanzen wie Farne, Orchideen oder Moos lieben es, mit einem feinen Nebel besprüht zu werden, der das feuchte Klima ihres natürlichen Lebensraums simuliert. Das ist vor allem im Haus wichtig, wo die Luft meist sehr trocken ist, selbst wenn die Heizung nicht läuft. Sie können kleine Plastikzerstäuber in jeder Eisenwarenhandlung oder im Baumarkt kaufen. Mit Wasser füllen und in die Nähe der Pflanzen stellen, die feuchte Luft mögen. So können Sie sie ab und zu etwas verwöhnen.

Töpfe
Auch davon kann man nie genug haben. Kaufen Sie ganz gezielt Töpfe für bestimmte Pflanzen, statt unzählige Töpfe auf einmal. Einfache Tontöpfe sind günstig und sehen super aus. Sie sollten frostfest sein und ein Abflussloch im Boden haben.

Topfuntersetzer
Wenn Sie einen Topf kaufen, sollten Sie gleich einen passenden Untersetzer mitnehmen. Die Geldausgabe mag Ihnen unsinnig vorkommen, aber er wird Ihnen das Leben unheimlich erleichtern (siehe S. 225).

Grosses Kunststofftablett
Eignet sich gut, um Töpfe drinnen und draußen zusammenzustellen. Besonders praktisch ist es z. B., vor dem Urlaub diverse Töpfe daraufzusetzen und den Boden mit Wasser zu füllen.

FELCO
910

Tragekorb Ein flexibler Bottich aus Kunststoff mit Griffen, hervorragend zum Mischen von Erde sowie zum Tragen und Aufbewahren von allem Möglichen.

Umtopfkiste Eine Kunststoffkiste mit einer Rückwand und Seitenwänden für den Tisch. So bleibt der Dreck an einer Stelle – sehr praktisch auch fürs Aussäen.

Saatkisten Perfekt für die Aussaat. Saatkisten haben oft einen Deckel, so dass sie auch als Mini-Gewächshaus (siehe unten) eingesetzt werden können. Ich benutze sie außerdem zum Ziehen von Salatpflanzen.

Mini-Gewächshaus Als ich mein Mini-Gewächshaus kaufte, sagte mir meine innere Stimme (genau dieselbe, die mir zuflüstert, niemals Karamellpudding zu essen), dass es bestimmt in dem Schrank mit unnützem Krempel landen würde. Jeder hat so einen Schrank. In meinem haben sich z. B. eine Kartoffelpresse, ein paar altmodische Küchenwaagen und 3 Kaffeemühlen angesammelt. Ich bedankte mich bei der Stimme für den guten Rat und kaufte das Gewächshaus trotzdem.
Es eröffnete mir eine völlig neue Sicht auf die Pflanzenwelt. Samen lieben eine warme, feuchte Umgebung, in der sie keimen und wachsen können. Wärme fördert ihr Wachstum und Feuchtigkeit verhindert, dass die jungen Blätter Wasser verlieren (dieser Prozess wird Transpiration genannt). Die Wurzeln können also die ganze Energie ins Wachstum stecken, statt Wasser aufnehmen zu müssen. Wenn Sie Pflanzen selbst ziehen wollen, wird ein Mini-Gewächshaus Ihnen gute Dienste leisten. Man unterscheidet 2 Arten:

1. **Einfaches Mini-Gewächshaus.** Ein einfacher Behälter mit einem Dach, der auch auf Ihre Fensterbank passt.
2. **Beheiztes Mini-Gewächshaus.** Ein solches sollten Sie sich anschaffen, wenn Sie schon längere Zeit gärtnern und Spaß daran haben. Sie stöpseln den Stecker ein und der Behälter heizt sich auf die nötige Keimtemperatur auf. Einige Modelle haben einen Temperaturregler. Meins hat keinen. Es hat ein Dach, wie die einfachen Mini-Gewächshäuser, mit Öffnungen, damit die Luft besser zirkulieren kann.

Bei Mini-Gewächshäusern ist es wie mit allen Dingen: Es gibt teure, protzige Modelle und unansehnliche, billige, und es gibt gute und schlechte in allen Preisklassen. Egal, welches Sie nehmen: Wenn Sie es nie benutzen, gibt es immer noch eBay.

Gummistiefel Ich trage Gummistiefel im Winter und im Sommer. Oft ziehe ich sie morgens zum Gießen an und merke erst abends, wenn ich bei meinen Freunden auftauche, dass ich sie immer noch trage.

Notizbuch Absolut unerlässlich, damit ich mich erinnern kann, was ich gemacht habe. Es ist aus folgenden Gründen praktisch, ein kleines Buch zu führen:

- Wenn Sie etwas Entzückendes entdecken, notieren Sie seinen Namen.
- Wenn Sie eine Pflanze sehen, die Ihnen gefällt, aber Sie wissen nicht, wie sie heißt, können Sie einen Pflanzenteil ins Buch stecken und die Pflanze später bestimmen. Das ist besser als ein Foto.
- Sie können sich bei feuchtem Boden zum Pflanzenschnuppern daraufknien.

Wählen Sie eine Kladde mit festem Einband. (Ich habe eine aus Moleskine-Leder mit einem Gummiband, damit nichts herausfällt.) Ich benutze einen Bleistift, der schreibt auch bei Regen. Zusätzlich habe ich hinten im Buch immer einige Klebeetiketten, damit ich einzelne Pflanzenteile einkleben kann.

BÜCHER Es gibt bestimmte Bücher, in denen ich immer wieder nachschlage (deshalb sind sie mittlerweile auch ziemlich angeschmuddelt). Mit der Zeit werden Sie Ihre Lieblingsbücher bestimmt auch finden (siehe Gartenliteratur, S. 263).

SONSTIGES Siehe Blumen- und Pflanzerde in Säcken (S. 20) und Dünger (S. 229).

Blumen- und Pflanzerde in Säcken

Wenn Sie einen Garten oder einen Schrebergarten besitzen, haben Sie ausreichend Mutterboden zur Verfügung. Wenn nicht, dann brauchen Sie Säcke mit Blumen- und Pflanzerde. Die Auswahl ist riesig und darum einige Anmerkungen dazu:

SUBSTRATE

Die Bezeichnung „Substrat" hört sich höchst wissenschaftlich an. Ist sie aber nicht, denn sie bezeichnet als Oberbegriff alle Erden, die künstlich angereichert wurden. Mutterboden gehört also nicht dazu, wohl aber Blumen- und Pflanzerde. Substrate sind je nach Verwendungszweck in unterschiedlichen Zusammensetzungen erhältlich. Lassen Sie sich vom fachkundigen Personal Ihrer Gärtnerei oder Ihres Gartencenters beraten:

Anzuchterde Sorgt für ein optimales Wachstum von Aussaaten, Stecklingen und Jungpflanzen. Gute Keimergebnisse sind garantiert. (Blumenerde mit Kies gemischt ist auch prima, enthält aber oftmals dicke Klumpen, und Saatgut mag es lieber feinkrümelig.)

Blumenerde Eignet sich für alle Zimmer-, Balkon- und Terrassenpflanzen. Einige Firmen bieten auch Blühpflanzenerde für alle blühenden Pflanzen in und am Haus an.

Pflanzerde Ist besonders gut für das Einmischen in das Pflanzloch bei der Pflanzung von Gehölzen, Sträuchern, Stauden und Sommerblumen im Beet. Sie sorgt für die Auflockerung des Bodens und garantiert ein sicheres Anwachsen. Diese Erde ist für langlebige Pflanzen bestens geeignet, denn sie speichert Wasser und bietet ausreichend Nährstoffe.

DIE ERDE MACHT'S

Viele Hersteller bieten eine sogenannte Universal-Blumenerde an, die für Topf- und Kübelpflanzen eine gute Wahl ist. Ich wähle eine torffreie (dabei denke ich an die ökologisch fragwürdige Abtorfung der Moore) von einem guten Hersteller, die besonders gute Wasser- und Nährstoffspeichereigenschaften hat. Sie ist für einige Wochen vorgedüngt. Jeder Hersteller hat sein eigenes Rezept. Die Wahl der richtigen Universal-Blumenerde kann über Liebe oder Hass beim Gärtnern entscheiden. Hobbygärtner brauchen deshalb weniger einen grünen Daumen als ein glückliches Händchen bei deren Kauf. Also nicht gleich die erstbeste nehmen (am schlimmsten sind, wie ich finde, die Hausmarken der Baumärkte!). Informieren Sie sich vorher. Auch Blumenerde wird regelmäßig von unabhängigen Institutionen getestet. Ähnliches gilt übrigens auch für Pflanzerde.

Es gibt im Handel Substrate, die zusätzlich Nährstoffe und wasserspeichernde Granulate enthalten. Ebenso sind für fast alle Pflanzenarten spezielle Substrate erhältlich. Die Liste ist schier endlos und recht verwirrend. Ich hasse es, so viele Säcke herumliegen zu haben und ständig überlegen zu müssen, welche Erde

denn nun am besten passt. Darum mache ich es mir einfach und verwende fast ausschließlich qualitativ hochwertige torffreie Universal-Blumenerde und Pflanzerde von einem führenden Hersteller.
Zu den wenigen Ausnahmen, die ich mache, gehören:
Saure Pflanzerde Ich verwende sie für säureliebende Pflanzen wie Blaubeeren.
Kakteenerde und **Orchideenerde** Ich kaufe sie nur, wenn ich sie wirklich brauche, also selten.

Entscheiden Sie für sich, welche Substrate Sie wirklich benötigen. Und am besten bitten Sie den Händler, Ihnen die Erde nach Hause zu bringen – die Säcke sind nämlich ganz schön schwer.

AUSSERDEM NÜTZLICH

Feiner Kies Zum Mischen mit Blumenerde für die Aussaat (wenn Sie gerade keine Anzuchterde haben) und zum Mischen mit Pflanzerde zur besseren Dränage. Außerdem wird feiner Kies als Mulchschicht eingesetzt. Sie hält die Feuchtigkeit gut und verhindert, dass kleine Tiere die Erde aufwühlen.
1 kleiner Sack mit Sand Zum Pflanzen von Blumenzwiebeln.
Langzeitdünger-Granulat zum Untermischen (siehe S. 229).
Wasserspeicherndes Granulat Verwende ich für Töpfe und Blumenampeln.

Bevor Sie anfangen …

Es hat in der Weltgeschichte noch niemals eine Pflanze gegeben, die aus Angst zu sterben nicht gewachsen ist. Menschen hingegen tun solche Dinge ständig – lassen etwas sein aus Angst, dass es schiefgehen könnte.
99 Prozent des Erfolges beim Gärtnern hängen von der eigenen Einstellung ab und natürlich auch von einem gewissen Grundwissen über Pflanzen. Ich nenne Ihnen einige Regeln, die mir am Anfang geholfen haben. Die meisten zielen auf meine eigene Gefühlswelt. Pflanzen haben keine vergleichbaren Probleme und sind deshalb einfacher zu pflegen als Menschen.

1. Beim Gärtnern gibt es keine Magie – nur Dinge, die wir noch nicht wissen.

2. Es gibt keinen „grünen Daumen". Ich habe eine Menge Pflanzen eingehen lassen (und tue das noch immer), nicht weil mir das mystische Gefühl fehlt, sondern weil ich ein paar einfache Grundregeln nicht beachtet habe. Am wichtigsten ist, seinen Verstand zu gebrauchen.

3. Pflanzen möchten wachsen – dafür leben sie. Sie haben keine Hemmungen oder sind unsicher. Sie sind weder gefühllos noch emotionsgeladen. Im Gegensatz zu uns haben sie nie einen schlechten Tag oder sind übel gelaunt. Sie interessieren sich nur für ihr Überleben und ihre Fortpflanzung.

4. Experimentieren ist wichtig, wenn Sie etwas lernen wollen. Auch wenn's beim ersten Mal nicht klappt, heißt das nicht, dass ein Fluch auf Ihnen ruht. Überlegen Sie, was schiefgegangen ist, und probieren Sie es noch mal.

5. Es ist immer möglich, eine Pflanzenoase im Freien (oder im Haus) zu schaffen. Sie brauchen weder a) reich, b) begabt, c) alt und grau noch d) jung und stark und ein guter Bastler zu sein.

6. Sie brauchen keinen Garten zum Gärtnern.

7. Sie können neben dem Gärtnern auch allen anderen Beschäftigungen weiter nachgehen; es bleibt Ihnen noch genug Zeit (wenn Sie das wollen).

8. Pflanzen verschönern jeden Lebensbereich – gönnen Sie sich das Vergnügen.

9. Gärtnern macht Sie noch attraktiver; Pflanzen haben mit Lebenslust zu tun, und die ist ansteckend.

LE CHAMEAU

Dekoratives

Meine Leidenschaft fürs Gärtnern hat einen ganz persönlichen Ansatzpunkt: Ich liebe es, von Pflanzen oder Blumen umgeben zu sein, und bin sehr experimentierfreudig, wenn es um meine Wohnung geht. Eine neue Dekoration schafft gleich eine ganz neue Stimmung. Und Pflanzen tragen entscheidend dazu bei. Es gibt keinen Ort auf der Welt, den sie durch ihre Anwesenheit nicht verwandeln.
Pflanzen sind zu Requisiten auf der Bühne meines Lebens geworden. In der einen Woche bin ich von der schlichten Schönheit von Gestein und Farnen umgeben, in der nächsten schwebe ich durch ein Meer aus Lavendel, und dann, ganz plötzlich und ohne Vorwarnung, dürfen es nur noch Rosen sein.
Beginnen Sie, mit Pflanzen zu dekorieren, und Sie werden in neue emotionale Dimensionen vorstoßen. Auf den folgenden Seiten zeige ich Ihnen, wie ich mit Pflanzen Stimmungen erzeuge und meine private Bühne verändere. Es braucht dazu nur ein Minimum an Zeit, Aufwand und Geld. Selbstverständlich sind alle Anregungen nur als Vorschläge zu verstehen, die Sie nach Lust und Laune variieren können. Was macht mehr Spaß, als die eigene Wohnung zu verschönern und sie dann den Freunden vorzuführen?

Eine Thymiankollektion

Für mich sind meine Thymiantöpfe mehr eine Pflanzenkollektion als eine Kräuterecke für die Küche. Was Thymian für den einen, ist ein Swarovski-Teddybär für den anderen. Und Thymian braucht nicht einmal abgestaubt zu werden. Aber mal im Ernst: Töpfe mit Thymian sind perfekt dazu geeignet, den Garten ins Haus zu holen. Das Kraut wächst langsam, riecht fantastisch und ist so wunderbar sinnlich. Darum ist es der ideale Kandidat für die Topfbepflanzung (natürlich wächst er auch an einer sonnigen, gut durchlässigen Stelle im Garten). Ich habe unzählige Töpfe mit Thymian, in unterschiedlichen Formen, Größen und Farben, denn ich kaufe jedes Mal ein kleines Pflänzchen, wenn ich eine neue Sorte entdecke – und das ist erschreckend oft.

GUT ZU WISSEN

Die meisten Thymiansorten *(Thymus)* stammen aus dem Mittelmeerraum, was bedeutet, dass der Thymian es trocken, sonnig und sandig mag und nicht kalt und nass. Thymian ist eine immergrüne, winterharte, mehrjährige Pflanze. Somit bleibt Ihnen Ihr Thymian im Topf auch im Winter erhalten, und Sie können ihn das ganze Jahr über frisch ernten.

TIMING

Ganzjährig erhältlich. Sollte im Frühjahr umgetopft werden.

WAS SIE BRAUCHEN

Töpfe mit Thymianpflanzen Aus dem Gartencenter oder der Gärtnerei.
Blumenerde
Feiner Kies
Pflanztöpfe Terracotta ist am besten. Die Töpfe sollten etwas größer sein als der gekaufte Pflanzcontainer mit Thymian.
Ein sonniger Standort

WAS ZU TUN IST

Etwa zwei Drittel Blumenerde mit einem Drittel Kies mischen (so kann das Wasser besser ablaufen) und jede Pflanze in einen eigenen Topf setzen. An einen möglichst sonnigen Ort stellen. Bei mir ist das eine nach Süden gelegene Fensterbank oder die äußerste Ecke meines Balkons. Je mehr Sonne die Pflanzen bekommen, desto aromatischer sind ihre ätherischen Öle und desto betörender ihr Duft.

Thymian braucht nicht viel Pflege. Ich wässere ihn ab und zu im Sommer (und ab und zu heißt bei mir etwa alle 4–5 Tage, je nach Wetter – der Topf sollte trocken sein, aber nicht austrocknen) und selten im Winter (Kälte ist okay, aber Kälte und Feuchtigkeit in Kombination sind nicht gut).

Jeder Thymian hat seine eigene Wuchsform – der kriechende Thymian will kriechen und der rankende ranken. Regelmäßig einige Stängel abknipsen, damit sich unten neue Blätter bilden. So verholzt der Thymian nicht so schnell und bekommt keine lichten Stellen.

Die buschig wachsenden Sorten bleiben kompakt und rund, wenn sie ab und zu geschnitten und nach der Blüte in Form gebracht werden. So entstehen schöne dichte Thymianköpfe.

Mein liebster Thymian

Thymus caespititius **(manchmal auch *T. azoricus*)** Niedrigwachsende Sorte mit leuchtend grünen Blättern und blassrosafarbenen Blüten im Sommer. Aus Portugal.

T. x citriodorus **(Zitronenthymian)** Gezüchtete Kreuzung, deren Blätter intensiven Zitronenduft verströmen. Es gibt ihn in vielen Sorten mit unterschiedlichen Blattfärbungen. Ich mag 'Bertram Anderson' mit grau-grünen Blättern und gelben Einsprenkseln. 'Silver Queen' ist eine weitere Schönheit mit grausilbrig panaschierten Blättern.

T. ericoides 'Fragrantissimus' **(Orangenthymian)** Wunderbar zu gebratener Ente. Superlecker.

T. doerfleri **'Bressingham'** Hat graue Blätter und ist im Sommer mit rosa Blüten übersät. Aus Albanien.

T. herba-barona **(Kümmelthymian)** Mit winzigen dunkelgrünen Blättern, die nach Kümmel duften. Kommt aus Sardinen und Korsika.

T. pulegioides **(Breitblättriger Thymian)** Niedrigwachsend mit rosafarbenen Blüten im späten Frühling und Frühsommer. Sehr aromatisch. Stammt aus Europa.

T. serpyllum Bildet dichte Polster und ist in vielen Sorten erhältlich. Ich liebe 'Snowdrift', der im Sommer mit weißen Blüten übersät ist.

T. vulgaris **(Gemeiner Thymian)** Diesen Thymian kennen Sie bestimmt. Er wächst wild vom westlichen Mittelmeerraum bis nach Süditalien. Es gibt eine sehr schöne Sorte namens 'Silver Posie' mit fliederfarbenen Blüten im Sommer und grau panaschierten Blättern.

Federnelken in Blüte

Süß duftende Federnelken im Topf sind ein wunderschönes Geschenk. Und hier ist die Anleitung für einen schlichten, mit Federnelken bepflanzten Topf.

GUT ZU WISSEN Federnelken *(Dianthus plumarius)* gehören zu selben Gattung wie die Gartennelken und einige Nelkenarten, die streng genommen keine Nelken sind, aber unter diesem Namen bekannt sind. Mehr als hunderttausend verschiedene Sorten sind bisher von nelkenversessenen Gärtnern gezüchtet worden, – bestimmt wimmelt es im Internet von Chatrooms über Nelken. Mich interessiert vor allem, dass die meisten Federnelken überaus attraktive immergrüne winterharte Mehrjährige sind – und sich durch Langlebigkeit auszeichnen. Sie gehören nicht zu den Pflanzen, die schnell verschwinden und am Ende des Winters schon vergessen sind. Einige Federnelken duften zudem wunderbar intensiv. *Dianthus* ist eine Berg- und Wiesenpflanze, das heißt, sie mag nährstoffarme Böden.

TIMING Frühling bis Sommer

WAS SIE BRAUCHEN **Eine *Dianthus plumarius,* die Ihnen gefällt** Meine Lieblingssorten sind im Moment die weiße *D.* 'Mrs Sinkins', die rosafarbene *D.* 'Doris' mit scharlachroter Mitte, die pinkfarbene *D.* 'Moulin Rouge' mit weißen Blütenspitzen, und *D.* 'Gran's Favourite', eine weiße Sorte mit johannisbeerroten Streifen. Sie duften allesamt und sind fast überall erhältlich, entweder als blühende Pflanze oder als Steckling. Letzterer ist billiger, blüht aber oftmals erst im folgenden Jahr.
Ein passender Topf Wählen Sie einen Topf in der Größe des Pflanzcontainers oder etwas größer. Ein Blumenkasten ist ebenfalls gut geeignet. Natürlich können Sie die Nelken auch direkt ins Beet pflanzen, wenn der Boden gut durchlässig ist (wenn nicht, lockern Sie die Erde mit Kies auf).
Blumenerde gemischt mit viel Kies.
Ein sonniger Standort

WAS ZU TUN IST Topf (oder anderes Gefäß) mit Erde füllen und Nelken einpflanzen. Sie sollten auf gleicher Höhe wie zuvor im Container gepflanzt werden Darauf achten, dass die unteren Blätter nicht mit Erde bedeckt sind. Gut angießen. Nelken blühen von Mai bis November, wenn die welken Blüten regelmäßig abgepflückt werden (siehe S. 231 zum Abpflücken der welken Blüten). Das genügt an Pflege.

SONSTIGES Die Nelkenblütenblätter sind essbar – und köstlich in Salaten und auf Desserts –, wenn die weiße 'Ferse' entfernt wird (sie schmeckt bitter). Besonders schön sind kandierte Blüten. Dazu werden sie mit steif geschlagenem Eiweiß eingepinselt und mit feinem Zucker bestreut. Nun noch trocknen lassen und fertig.

Leuchterblumen an der Wand

Dies ist sozusagen die Weiterentwicklung einer Deko-Idee meiner Mutter. Sie hat oftmals schöne Gegenstände an einem ungewöhnlichen Ort präsentiert und dadurch zur Kunst erhoben. Ein blank geputzter Apfel, platziert auf der Ecke des Kaminsimses, ist solch ein kleines Kunstwerk.
Ich gehöre zu den Menschen, die sich oft und gern in Gärtnereien herumtreiben und jedes Mal mit einem kleinen Pflänzchen heimkehren, dem sie einfach nicht widerstehen konnten. Ich suche dann nach einem Ort, wo ich es anschauen kann, bevor ich ihm ein endgültiges Zuhause gebe. Deshalb habe ich Konsolen an der Wand montiert, die mir als kleine Altäre für meine Kostbarkeiten dienen. Ich habe festgestellt, dass diese Art der Präsentation viel Spaß macht. Irgendwann habe ich die Leuchterblume für mich entdeckt. Sie ziert das ganze Jahr über meine weißen Wände geschmackvoll mit ihren blaugrauen herabhängenden Herzen.

GUT ZU WISSEN *Ceropegia linearis* subsp. *woodii* (Leuchterblume) wird in den meisten Gartencentern oder Gärtnereien in der Abteilung für Zimmerpflanzen angeboten. Es ist eine immergrüne Fettpflanze aus der östlichen Kapregion. Sie ist extrem anspruchslos, sieht aber im Winter wunderschön aus. Im Frühling erscheinen neue graugrüne Triebe und winzige, seltsame, purpurfarbene Blüten. Die hängenden Triebe werden bis zu 1 Meter lang.

TIMING Ganzjährig

WAS SIE BRAUCHEN **Töpfe mit *Ceropegia linearis* subsp. *woodii***
Dekorative Pflanztöpfe (optional).
Kakteenerde
Wandkonsole (oder wahlweise Kaminsims bzw. Wandregal) Wandkonsolen finden Sie auf Flohmärkten oder in Antiquitätenläden. Genauso gut geeignet sind diese „magischen" Wandregale, deren Befestigung nicht zu sehen ist.

WAS ZU TUN IST Natürlich kann jede Leuchterblume auch in ihrem Pflanzcontainer bleiben, wenn der in ein hübschen Gefäß gestellt wird. Den Topf auf die Wandkonsole oder das Wandregal stellen. Dort wird die Pflanze zum tollen Hingucker. Von Frühling bis Herbst einmal wöchentlich gießen. Am besten kurz in ein mit Wasser gefülltes Spülbecken tauchen. Von Herbst bis Frühling nicht gießen.

SONSTIGES Wollen Sie Nachwuchs, dann warten Sie ab, bis jede Wurzel mindestens 2 neue Triebe hat. Einen Trieb ausgraben. Das geht am einfachsten, bevor die hängenden Triebe sich ineinander verwoben haben; sonst müssen sie wie Perlenketten entwirrt werden. Einen Topf (von etwa 8 cm Durchmesser) bis 1 cm unter dem Rand mit Kakteenerde füllen. Wurzelknolle hineingeben und die Wurzelspitzen mit Erde bedecken. Die Knolle sollte über der Erde liegen. Mit feinem Kies auffüllen (das verhindert Fäulnis). Ab und zu ein wenig gießen. Nach etwa 2 Wochen zeigen sich neue Triebe.

Geflecht aus Zweigen

In meiner Wohnung gibt es mittlerweile mehr Schüsseln als Vasen. Doch auch Schüsseln eignen sich wunderbar, um darin Blumenarrangements zu präsentieren. So kann auch eine Blume, die in der Vase schnell langweilig aussieht, zu neuem Glanz erstrahlen. Dazu die Blütenstängel einkürzen und die Blätter entfernen. Die Blume sieht praktisch aus wie neu (und ist auch meistens viel hübscher). Ein Geflecht aus Zweigen ist ebenfalls eine tolle Unterlage für solche Blumen. Mit ihm lassen sich auch Blumen aus dem Supermarkt oder von der Tankstelle aufpeppen, die sonst mit ihren langen Stängeln eher lächerlich und traurig aussehen.

TIMING Ganzjährig

WAS SIE BRAUCHEN **Kurzstielige Blumen** Wie oben beschrieben.
Einige Zweige Diese sollten möglichst gerade und etwa gleich dick sein. Achten Sie einmal darauf, wie wählerisch Hunde sind, die einen Stock suchen. Von ihnen können Sie lernen.
Gartenschere
Gartenschnur Nehmen Sie normale, weiche Schnur und nicht irgendein altes drahtiges Band. Übrigens: Eine dicke Rolle Gartenschnur ist ein schönes Mitbringsel.

WAS ZU TUN IST Sämtliche Zweige auf dieselbe Länge schneiden. Die Zweige sollten etwas länger sein als der Durchmesser der Schüssel, die Sie ausgewählt haben. Bitten Sie jemanden, 2 Zweige im rechten Winkel übereinander zu halten, wobei die Enden sich ein paar Zentimeter über dem Zweigende berühren. An der gekreuzten Stelle mit einer Gartenschnur zusammenbinden und verknoten. Mit 2 weiteren Zweigen genauso verfahren, so dass ein Quadrat entsteht.
Immer neue Zweige hinzunehmen und ihre Enden in gleichmäßigen Abständen an dem Geflecht festbinden. Mit der Zeit sieht das Geflecht aus wie eine Leiter. Nun auch im rechten Winkel dazu entsprechend verfahren, so dass ein netzartiges Gebilde entsteht.
Die überstehenden Schnurenden knapp über den Knoten abschneiden. Das Geflecht auf die Schüssel legen und in jedes Loch eine oder mehrere Blüte(n) stecken. Darauf achten, dass die Blumenstängel wirklich im Wasser stehen. Die Handarbeit ist, wie ich finde, Teil des Arrangements und muss nicht versteckt werden.

SONSTIGES Wenn Sie wenig Zeit haben, können Sie stattdessen auch ein passend zurechtgeschnittenes Stück Hühnerdraht in einer Schüssel festklemmen. Der Effekt ist ähnlich, allerdings ist es ein wenig mühsam, mit Hühnerdraht zu arbeiten, und deshalb nicht uneingeschränkt empfehlenswert.

Wand aus Farnen

Ein immergrüner winterharter Farn ist die ultimative Pflanze für jeden Einsteiger. Ich begrüne meine Wohnung mit Farnen und pflanze sie draußen als Bodendecker an problematische Standorte. Ein Farn im Topf kann abwechselnd beruhigend, majestätisch und geheimnisvoll wirken. Sie können damit eine formelle Umgebung schaffen oder den Urwald von Mandalay – je nachdem, wie und in welcher Zahl Sie Farne einsetzen. Meine absolute Lieblingstischdekoration ist eine große Tischschale mit vielen Farnen. Aber mit ihnen lässt sich auch gleich eine ganze Wand schmücken.

GUT ZU WISSEN Farne gibt es wirklich schon seit Urzeiten. Forscher haben versteinerte Urformen gefunden, die fast 400 Millionen Jahre alt sind – und somit älter als die blühenden Pflanzen, die wir heute kennen. Da sie zur Fortpflanzung keine Blüten besitzen, die Samen produzieren, vermehren Farne sich über winzige Sporen, die in den kleinen punktförmigen Sporenbehältern auf der Unterseite der Farnwedel sitzen. Wenn Sie sich vorstellen, dass Dinosaurier früher durch große Farnfelder trampelten, können Sie vielleicht ermessen, wie widerstandsfähig Farne sind.

Sie wachsen am besten im Halbschatten oder im Schatten und manche gedeihen sogar in den Ritzen von Steinmauern. Zwar besitzt nicht jeder eine passende Mauer, aber jeder hat eine Wand (entweder draußen oder drinnen), die im Schatten liegt. Ich finde, dass der folgende Vorschlag die Idee der Steinmauer wunderbar aufnimmt. Klar, Sie können jede beliebige Topfpflanze auf diese Weise an die Wand bringen, doch die meisten Pflanzen brauchen einfach mehr Licht als Farne. Für diese Pflanzen sollten Sie sonnige Wände reservieren, während dem Farn die dunklen Wände vorbehalten bleiben.

TIMING Ganzjährig

WAS SIE BRAUCHEN **Farne** Sind das ganze Jahr über im Gartencenter oder in der Gärtnerei vor Ort erhältlich. Kaufen Sie entweder viele kleine Farne (mit „klein" meine ich Pflanzen, die nicht höher als 30–45 cm werden). Sie können sich aber auch bei einem Farnspezialisten einen Katalog bestellen und aus Hunderten von edlen kleinen Schätzen wählen. Nehmen Sie möglichst unterschiedliche Sorten und mischen Sie immergrüne und laubabwerfende Farne. Denken Sie daran, dass einige Farne empfindlich sind und entweder im Haus wachsen müssen oder im Winter hereingeholt werden. Meine absoluten Favoriten finden Sie auf der nächsten Seite.

Ein Rankgitter mit Haken Daran aufgehängt können Töpfe immer wieder umdekoriert werden. Der gleiche Effekt lässt sich selbstverständlich auch ohne Gitter erzielen, indem Nägel oder Haken direkt an der Wand befestigt werden.

Sichere Ampelhalter Damit können Sie Blumenampeln am einfachsten und besten an der Wand aufhängen. Sie können auch Pflanztöpfe verwenden, die an der Rückseite flach sind und ein Loch zum Aufhängen haben.

Töpfe Ein Topf mit einem Durchmesser von 20 cm ist perfekt für einen 45 cm hohen Farn.
Erde Die meisten Farne lieben mittelschweren Humusboden. Dazu können Sie auch Laubkompost (siehe S. 162) mit Erde mischen. Blumenerde tut es aber auch.

WAS ZU TUN IST

Am besten überlassen Sie einem Hobbybastler die Arbeit, wenn Sie sie selbst nicht gern tun. Aber ich muss gestehen, dass es kaum eine größere Befriedigung im Leben gibt, als mit Hammer und Bohrmaschine zu hantieren. Entweder Nägel in die Wand schlagen oder S-förmige Haken in das an der Wand sicher angebrachte Rankgitter hängen. Töpfe mit Erde füllen und die Farne einpflanzen. Es sollte oben ein ausreichend tiefer Gießrand bleiben. (Wenn Sie sich nicht dreckig machen wollen, können Sie die Plastikcontainer, in denen Sie die Farne gekauft haben, auch in die Wandtöpfe setzen und sie erst umtopfen, wenn Sie Zeit und Lust haben.) Töpfe an Nägel oder Haken hängen.
Die Pflanzen sollten auf jeden Fall ausreichend gegossen werden. Dazu die Töpfe alle paar Tage abnehmen, in das mit Wasser gefüllte Spülbecken tauchen oder sie in der Badewanne abbrausen.
Sollte Ihnen das alles nach zu viel Arbeit aussehen, lässt sich der Urwaldeffekt auch durch Farngruppen auf dem Boden erzielen. Alternativ können Blumenampeln zum Einsatz kommen.

EIN PAAR MEINER FARN-FAVORITEN

Gartenfarne gibt es in einer Fülle von Sorten mit unterschiedlichen Winterhärte-Einstufungen. Die unten genannten Farne lassen Sie nie im Stich, denn sie sind immergrün und eignen sich für trockene oder feuchte Standorte gleichermaßen. Sie sind in Europa heimisch und gerade das gefällt mir besonders gut.

Gemeiner Tüpfelfarn *(Polypodium vulgare)* Hat schöne lange lanzenartige Farnwedel (Farnblätter), die einem breit gezähnten Kamm ähneln. Höhe 10–50 cm.
Weicher Schildfarn *(Polystichum setiferum)* Hat anmutig gebogene Wedel, die weich gefiedert sind. Höhe etwa 60 cm.
Hirschzungenfarn *(Asplenium scolopendrium)* Hat ungeteilte bandförmige Wedel und sieht unheimlich urwüchsig aus. Höhe 45–60 cm.

SONSTIGES

Sie können ohne Skrupel Farne fürs Haus kaufen. Ich habe festgestellt, dass jeder Farn, den ich von der Gärtnerei mitgebracht habe, sich im Topf oder in der Pflanzampel wohlfühlt. Lesen Sie einfach das Pflanzetikett, dann wissen Sie, was der Farn braucht und wie groß er wird, und brauchen lediglich den Anweisungen zu folgen.

Sukkulenten-Landschaften

Als Kind konnte ich oft stundenlang dasitzen und Großmutters Frisierkommode betrachten. Auf ihr standen kleine Knopfkästchen, Porzellanschälchen mit Schmuck sowie kleine Gläser mit Haarnadeln, winzige silberne Fotorahmen und auch eines dieser alten Frisiersets, bestehend aus Haarbürste, Kamm und Handspiegel, die inzwischen aus der Mode gekommen sind. Jedes Teil war für sich genommen wertvoll und hatte seinen genauen Platz. Der ganze Frisiertisch erschien mir wie eine Landschaft aus vielen kleinen Utensilien. Heute mache ich das Gleiche mit kleinen Blumentöpfen: Ich arrangiere sie auf einer Unterlage zusammen mit hübschem Nippes. Sie sind klein, äußerst faszinierend und haben oftmals eine geometrische Form. Von oben betrachtet, erinnern sie an ein Kaleidoskop oder an türkische Fliesen.

GUT ZU WISSEN

Sukkulenten (und dazu gehören auch Kakteen) sind Pflanzen mit fleischigen Blättern oder Stämmen, die Wasser speichern können. Diese Eigenschaft ist für sie überlebensnotwendig, schließlich sind sie in der Wüste zu Hause. Es gibt sie in einer Vielzahl von Formen, jede einzelne Sorte hat sich ihrem unwirtlichen Lebensraum angepasst. Was die Pflege angeht, brauchen Sie nicht viel zu beachten. Sukkulenten gehen nur ein, wenn sie totgegossen werden. Somit sind sie ein ideales Geschenk für jeden „Pflanzenmörder".

TIMING

Ganzjährig

WAS SIE BRAUCHEN

Eine Sammlung von Sukkulenten Sie sind ganzjährig in kleinen Töpfen in jeder guten Gärtnerei, in jedem Gartencenter oder in großen Baumärkten erhältlich. Die Auswahl ist riesig. Da ihre Pflege immer gleich ist und sie zudem preiswert sind, können Sie hemmungslos drauflos kaufen. So als hätte Ihnen jemand direkt vor Tiffany's einen Blankoscheck in die Hand gedrückt.
Ein breites, flaches Pflanzgefäß Es sollte genug Platz für alle Ihre Sukkulenten bieten und Abflusslöcher im Boden besitzen.
Kakteenerde Gibt es in Säcken.
Feiner Kies oder Sand

WAS ZU TUN IST

Das Gefäß bis knapp unter den Rand mit Kakteenerde füllen und die Sukkulenten vorsichtig einpflanzen. Sie sollten nicht zu dicht stehen. Stellen Sie sich eine karge steinige/sandige Landschaft vor und pflanzen Sie entsprechend. Mit feinem Kies oder Sand auffüllen. Das ist wichtig, dann faulen die Pflanzen beim Gießen nicht gleich. Wenn im Winter gepflanzt wird, ist das Gießen überflüssig. Im Frühling oder im Sommer nur mäßig gießen (das gilt auch beim Umtopfen einer einzelnen Pflanze). Ich wässere meine Sukkulenten dann alle 2 Wochen, indem ich den ganzen Topf für etwa eine Stunde auf ein Tablett mit Wasser stelle. Im Herbst das Gießen langsam einstellen und den Pflanzen eine Winterruhe gönnen.
Diese Pflanzen wachsen tatsächlich. Oftmals haben sie seltsame Blüten und bilden lange Stiele, gerade so, als wollten sie zu Bäumen heranwachsen.

Meine Lieblings-Sukkulenten

Echeveria Hat dekorative Rosetten aus wachsartigen Blättern, oftmals mit graugrüner Blüte oder rotrandigen Blättern.
Haworthia Hat feine, spitz zulaufende, dickwarzige Blätter und erinnert an seltsame Seeungeheuer.
Pachyphytum oviferum Besteht aus vielen aufgeblasenen, löffelförmigen Blättern.
Sempervivum (Hauswurz) Bildet eine eigene Gattung, weil sie draußen oder im Haus wachsen.

Sonstiges

Ich lasse die Pflanzen oft in ihren kleinen Plastik-Pflanzcontainern, damit ich sie wie Schachfiguren immer wieder verschieben kann. Als Mitbringsel pflanze ich sie in flache Gefäße. Kleine Tröge oder Schalen mit Sukkulenten sind ideale Hochzeitsgeschenke – nicht zuletzt, weil sie sogar wachsen, wenn man sie vernachlässigt (und frisch verheiratete Paare sind immer sehr beschäftigt).

Tankstellenblumen-Mogelstrauß

Das ist keine Idee, sondern eher ein kleines Geheimnis, das ich anwende, wenn mir mal wieder ein Geschenk fehlt. Es erzielt jedes Mal den gewünschten Effekt und kommt bei Alt und Jung, Männern und Frauen gleichermaßen gut an. Dazu habe ich immer eine Schere und etwas Gartenschnur im Auto. Ein kleiner Blumenstrauß sieht hübsch aus und kann sofort in ein Milchglas oder in ein kleines Kännchen gestellt werden. Bei größeren Sträußen ist das nicht so einfach, denn Ihr Gastgeber muss erst lange nach einer passenden Vase suchen. Dabei könnte er die Zeit viel besser nutzen und Ihnen schon mal einen Drink einschenken. Ein kleiner Strauß kann dagegen gleich mit Wasser versorgt werden und verschwindet nicht im Spülbecken, wo er den Abend über vor sich hinvegetiert.

TIMING Ganzjährig

WAS SIE BRAUCHEN **Ein Strauß Blumen aus dem Supermarkt oder von der Tankstelle** Am besten entscheiden Sie sich für eine Sorte, aber gemischte Sträuße gehen auch. Eine Farbe ist schön, aber auch bunte Sträuße sind okay. Pflanzen mit Knospen sind perfekt, aber aufgeblühte Blumen tun's auch. Sie können (und sollten) so viele Nelken und Chrysanthemen kaufen, wie Sie wollen – ich gebe meist nicht viel mehr als 3,99 € dafür aus.
Gartenschere Eine stabile Küchenschere ist auch geeignet.
Ein Knäuel einfacher ungebleichter Gartenschnur Sie können natürlich auch Bindfaden, hellen Bast oder ein schönes Schleifenband nehmen.
5 Minuten Zeit

WAS ZU TUN IST Folie entfernen. Alle unerwünschten oder verwelkten Blumen aussortieren. Die Blätter vom Stängel entfernen und einen Bindfaden oder ein Schleifenband auf die entsprechende Länge schneiden. Die Blumen so nah wie möglich am Blütenansatz zu einem festen Strauß zusammennehmen. Bindfaden oder Schleifenband um die Stängel wickeln. Enden verknoten. Wenn das Band fest sitzt, die Stängel so weit wie möglich einkürzen. Darauf achten, dass alle dieselbe Länge haben. So halten Sie ruckzuck einen modischen kleinen Strauß in den Händen, der aussieht, als wäre er bei einem teuren Floristen gekauft. So einfach ist das.

Schnittblumen-Cocktail

Es kann ganz schön nervig sein, mit destilliertem Wasser zu hantieren oder mit dem richtigen pH-Wert zu experimentieren. Deshalb überlassen Sie das lieber dem Blumenhändler. Der verdient schließlich sein Geld damit, dass er die Blumen am Leben erhält. Aber in aller Bescheidenheit möchte ich Ihnen einige Grundregeln nennen, die das Blumenleben in der Vase verlängern, ohne dass Sie ein Thermometer oder spezielles Werkzeug brauchen oder gleich Ihren Kühlschrank leerräumen müssen.

GUT ZU WISSEN Hier nun einige Grundregeln:

1. Pflanzen am besten morgens schneiden, da ihr Zuckerspiegel dann am höchsten ist.
2. Überprüfen, ob Küchenschere oder Gartenschere wirklich scharf sind. Stängel etwas länger als nötig abschneiden.
3. Einen Eimer mit Wasser bereitstellen, damit die Stängel sofort hineingestellt werden können.
4. Alle Blätter unter Wasser entfernen.
5. Stängel unter Wasser erneut anschneiden und direkt in die Vase stellen.
6. Für die Vase handwarmes Wasser verwenden und mit dem Schnittblumen-Cocktail mischen (siehe unten).
7. Das Wasser wechseln, sobald es trübe wird.
8. Verwelkte Blumen aus der Vase nehmen. Vase wechseln, Stiele kürzen und mit den restlichen Blumen ein neues Arrangement schaffen.
9. Vase (zumindest zwischendurch) kühl stellen – Schnittblumen bleiben in einem unbeheizten Zimmer länger frisch.

TIMING Ganzjährig

WAS SIE BRAUCHEN **Wasser**
Zitronenlimonade (z. B. Sprite, kein Diätprodukt!).
Bleichlauge Normale flüssige Haushaltsbleiche (z. B. Eau de Javel) funktioniert.

WAS ZU TUN IST Für den Schnittblumen-Cocktail auf je 1 Tasse Wasser 1 Tasse Zitronenlimonade und 1/2 Teelöffel Bleiche geben. Die Limonade liefert Zucker und die Bleiche hält das Wasser sauber.

Pflanzenturm

Dies ist eine günstige und platzsparende Art, viele Blumen gleichzeitig zu präsentieren – in gewissem Sinne ein Prunkstück. Oftmals gebe ich ihm den letzten Schliff, indem ich die Pflanzen mit Leckereien kombiniere – ein kleiner Cupcake ist eine hübsche Überraschung an einem Ort, an dem man nicht mit ihm rechnet. Einmal entdeckte ich einen Schokoriegel unter dem Grün des Blumenturms, den ich irgendwann einmal dort versteckt hatte. Er schmeckte mir gleich nochmal so gut. Ich glaube, das nächste Mal werde ich dort Geld verstecken.

TIMING Ganzjährig

WAS SIE BRAUCHEN **Pflanzen** Farne sind wegen ihres Kaskadeneffekts wunderbar geeignet. Oder Sie nehmen verschiedene Zimmerpflanzen, eventuell auch hängende.
7 kleine Töpfe Alle in derselben Größe (Tontöpfe gibt es sehr günstig in jedem Gartencenter).
4 Tabletts oder Blechdosendeckel In derselben Form (wichtig!) und derselben Farbe (nicht ganz so wichtig), jedoch in unterschiedlichen Größen, damit sie alle ineinanderpassen.
Klebeecken oder doppelseitiges Klebeband

WAS ZU TUN IST 3 Töpfe mit der Öffnung nach unten auf das größte Tablett bzw. den größten Blechdosendeckel setzen. Klebeecken oder Klebeband auf jedem Topf befestigen und das nächstgrößte Tablett bzw. den nächstgrößeren Deckel obenauf setzen. Entsprechend fortfahren und Töpfe und Tabletts bzw. Deckel stapeln, bis eine Pyramide entstanden ist (eventuell müssen die Töpfe noch etwas hin- und hergeschoben werden, damit sie fest stehen). Pflanzen jeweils um den Tablettrand stellen und fertig ist der Blumenturm.

Ein Lobgesang auf den Efeu

Bei der Fülle an verführerischen Pflanzen wird der Efeu oft übersehen, doch gerade er ist, ebenso wie einige andere Immergrüne, in Wahrheit der Bill Gates für den Start-up-Garten: Er ist genau wie der Typ, der früher immer vorn in der Klasse saß – mit seinen dicken Brillengläsern, der Langweiler, der es zu etwas gebracht hat, derjenige, bei dem man sich heute fragt, warum man ihn um alles in der Welt früher nie bemerkt hat. Efeu wird nie von sich aus sagen: „Hallo, hier bin ich!" Dazu ist er viel zu bescheiden. Stattdessen verfolgt er hartnäckig und verlässlich sein Ziel: Er schmückt, polstert, bedeckt, beschützt und bietet den Hintergrund für die geltungssüchtigen Pflanzenstars oder die Launen des Gärtners. Efeu arbeitet hart, Sie brauchen ihn nicht zu verhätscheln und er lässt Sie immer gut aussehen. Er hat diese Lobrede wirklich verdient und steht darum bei der folgenden Idee im Mittelpunkt.

GUT ZU WISSEN

Gemeiner Efeu *(Hedera helix)* ist eine mehrjährige Kletterpflanze (genauer gesagt ein Selbstklimmer), die ursprünglich im lichten Unterholz Europas zu Hause ist, wo sie über Bäume und Felsen klettert. Dazu setzt sie spezielle Wurzeln ein (sogenannte Adventivwurzeln), die an ihren Trieben wachsen. Sie klammern sich an alle möglichen Oberflächen (vergewissern Sie sich selbst, wenn Sie beim nächsten Mal an einem Efeu vorbeilaufen). Die Weinranke ist eigentlich die jüngere Variante des Efeus und ihre Triebe sind oft eigene Mutationen. Ein solcher Trieb, abgetrennt, eingepflanzt und mit einer Sortenbezeichnung versehen, wird Kultivar genannt. Viele davon sind überall erhältlich.
Für viele Vögel und Insekten ist Efeu sehr wichtig, sie lieben ihn. Genauso wunderbar ist er für jeden Garten-Neuling, denn er ist praktisch nicht kaputt zu kriegen und lässt sich auch von Trockenheit und wenig Licht nicht beeindrucken. Ich pflanze Efeu sowohl draußen als auch drinnen.

TIMING

Frühling oder Herbst

WAS SIE BRAUCHEN

Kleine Efeupflanzen im Topf Erhältlich im Gartencenter (oder beim spezialisierten Züchter, wenn Sie etwas Besonders wollen).
Pflanzgefäß Stein, Terracotta oder was Ihnen sonst gefällt.
Blumenerde
Eine Handvoll Langzeitdünger-Granulat (siehe S. 229).

WAS ZU TUN IST

Wenn Sie Efeu zum Dekorieren verwenden, ist er als Solist am schönsten. Ein Topf mit kriechendem Efeu hat so etwas Strubbeliges und Schlichtes an sich: Er wirkt antik und ein wenig verwittert und genau das soll er auch. Möglichst ein großes Pflanzgefäß wählen – Stein ist prima, aber Terracotta ist auch gut. Falls vorhanden, ist auch eine breite Pflanzschale wunderbar. Das Gefäß mit Blumenerde füllen, das Düngergranulat untermischen (schließlich soll der Efeu lange darin bleiben) und zum Schluss die kleine Efeupflanze hineinsetzen. 9 oder 10 kleine Töpfchen mit *Hedera helix* 'Glacier' pflanze ich in eine große, 45 cm breite Schale.

Meine liebsten Efeusorten

Niedrige Sorten zur Topfbepflanzung:
H. helix **'Glacier'** Wegen seiner blassen Schönheit und seines nicht zu ausgreifenden Wuchses ist er ein beliebter Bodendecker. Ähnelt der Sorte 'Miss Havisham'.
H. helix **'Ivalace'** Glänzende dunkelgrüne Blätter, die zu trockenen Stellen neigen. Wird nur bis zu 1 Meter hoch, denn er steckt seine ganze Energie in seine Schönheit. Filigrane und interessante Sorte.
H. helix **'Buttercup'** Blassgrün bis leuchtend gelb (je nach Sonnenmenge) mit wunderbar großen fünflappigen Blättern.

Große Sorten zur Wandbegrünung oder zur Abdeckung hässlicher Stellen (Vorsicht: Sie lassen sich nur schwer wieder entfernen):
H. helix **'Oro di Bogliasco' (Goldherz)** Hat freche gelbe Kleckse auf der Mitte jedes Blattes (im Schatten sind es weniger).
H. hibernica **(Irischer Efeu)** Eine Efeusorte, die alles bedeckt, wenn Sie sie nur lassen. Sie ist dunkelgrün, geheimnisvoll und schön.

Partypflanzen mit toller Wirkung

Ich möchte Ihnen ein paar Tipps dazu verraten, wie Sie für Ihre nächste Party jedem Raum mit ausgefallenen Blumenarrangements den letzten Schliff geben können. Mit den von mir vorgeschlagenen Ideen können Sie geschickt überspielen, dass Sie kaum Geld ausgegeben haben und erzielen trotzdem eine prachtvolle Gesamtwirkung. Sie sollten die Arrangements mehrfach wiederholen, das vermittelt ein Gefühl des Überflusses. Und wählen Sie ruhig gewagte, leuchtende Farbkombinationen. Die einzige Voraussetzung ist, dass die Pflanzenstängel dick genug sind, um ohne Hilfe aufrecht zu stehen.

TIMING Ganzjährig

WAS SIE FÜR EIN ARRANGEMENT BRAUCHEN

Blumen
1 Stängel einer ausgefallenen und schönen Blume, z. B. *Strelitzia reginae* (Strelitzie oder Paradiesvogelblume), Lilie 'Star Gazer' oder *Zantedeschia* (Kalla)
1 Stängel einer hochwüchsigen und langen Blume, z. B. *Eremurus* (Steppenkerze), *Gladiolus* (Gladiole, nur die ganz riesigen), *Hedychium* (Zieringwer), *Kniphofia* (Fackellilie) oder hochwüchsige Lupinen
1 runde oder ballförmige Blüte, z. B. von *Allium* (Zierlauch) *Agapanthus* oder *Protea*
1 Palmblatt, z. B. *Washingtonia* oder *Howea forsteriana* (Kentia-Palme)
1 breites großes Blatt, z. B. *Alocasia, Calathea, Collocascia, Fatsia* oder *Hosta.*
1 große Wassermelone oder Ananas
Ein flaches Pflanzgefäß 1 Schüssel, Schale oder Pflanzenhalter; sollte genug Platz fürs Obst bieten. Ich nehme Plastik-Topfuntersetzer in Terrakotta-Optik
1 Apfelausstecher
Sonstiges Wunderkerzen, Holzspieße und kleine weiche Früchte.

WAS ZU TUN IST

Die Schmalseite einer Wassermelone oder Ananas begradigen und die Frucht in das flache Gefäß setzen. So steht sie fest und der Saft bleibt in der Frucht. Das ist die „Vase". Sie sollten in etwa wissen, wie Ihr Arrangement aussehen soll. Nun für jeden Stängel mit dem Apfelausstecher Löcher in die Frucht bohren. Dabei darauf achten, in welchem Winkel jede Blume stehen soll. Meine Arrangements werden oft sehr hoch. Mit Zieringwer kann das Ganze schnell bis zu 2 Meter erreichen. Dazu stelle ich dann die Strelitzie, Stängel halb eingekürzt, und die Pomponbälle des Zierlauchs. Die Blüten stehen auf unterschiedlicher Höhe und in verschiedenen Winkeln. Ein Palmblatt ragt etwa auf Höhe der Strelitzie heraus. Und die übrigen Blätter bedecken unschöne Stellen unten an der Frucht. Anschließend 3 unterschiedlich hohe Spieße hineinstellen. Auf jede Spitze 1 Pflaume oder 1 Klementine spießen. Eventuell noch 1–2 Wunderkerzen ins Arrangement stellen – oder vielleicht sogar ein Räucherstäbchen. – Am Tag nach der Party das Arrangement auseinanderpflücken, die Stängel ins Wasser stellen und das Obst essen, falls nicht schon andere in der Nacht zuvor dieselbe Idee hatten.

Das amüsante Gruselkabinett

Während ausgedehnter Sommerferien in Nordwales habe ich früher immer jede Menge toter Insekten gesammelt, die ich mir dann später an Regentagen auf der Fensterbank anschaute. Dies ist mir zur Gewohnheit geworden und es gibt zwei Gründe, warum ich es hier überhaupt erwähne: Erstens, weil Sie auf Ihren Streifzügen durch den Garten ganz bestimmt irgendwelche kleinen Dinge aufsammeln werden, wie etwa flügelförmige Samen oder getrocknete Kelchblätter, die nach einem Zuhause suchen – wenn auch nur auf Zeit –, und zweitens, weil es unbezahlbar ist zuzuschauen, wie Ihre urbanen Freunde sich mit einer Lupe über den Körper einer Hummel beugen und ihn voller Interesse beäugen.

TIMING Ganzjährig

WAS SIE BRAUCHEN **Einige alte Setzkästen** Darin haben die Drucker früher ihre Buchstaben aufbewahrt, bevor sie von Computern verdrängt wurden. Setzkästen findet man noch auf Flohmärkten und in Antiquitätenläden. Sie können auch die Lokalredaktion Ihrer Zeitung anrufen und sich erkundigen, ob dort noch ein altes Exemplar herumliegt.
Etwas weiße oder pastellige Farbe
Stecknadeln mit Kunststoffköpfchen

WAS ZU TUN IST Den Setzkasten anmalen – das ist zwar nicht gerade spannend, aber wichtig, denn meist sind sie voller dunkler Farbreste. Und schließlich möchten Sie Ihre Schätze ja richtig anschauen können. Den Setzkasten entweder an einer Wand aufhängen oder mit einer passend zurechtgeschnittenen Glasscheibe als eine Art Schaukasten auf den Tisch stellen. Einfach während des Gärtnerns nach spannenden Objekten Ausschau halten und die Fächer des Kastens nach und nach mit Ihren Fundstücken füllen. Samen eignen sich ebenso gut wie faszinierende Blätter und Blüten.
Ich nutze diese Art von Kasten schlicht für alles Winzige, das ich herumliegen habe, aber nicht wegwerfen möchte. Halten Sie eine Lupe bereit. Falls Sie tote Insekten suchen, lohnt es sich, zur Artenbestimmung ein entsprechendes Buch zur Hand zu haben.

CAMPANULA
CARPATICA

Die Ruck-Zuck-Tischdeko

Wenn Sie Gäste einladen und möchten, dass alles besonders schön aussieht, ist es gut, die richtige Balance zwischen „übertrieben schick" und „nachlässig leger" zu finden. Obwohl es trügerisch einfach ist, Blumen auf dem Tisch so zu dekorieren, als wären sie gerade erst für eine Zeitschrift fotografiert worden (denken Sie daran, kleine kompakte Sträuße zu binden), können Sie mit Ihrer Dekoration auch sehr leicht den Eindruck vermitteln, Sie hätten viel Zeit und Geld investiert.

Mir ist das alles zu viel – ich mag keine gewollt zwanglos aussehenden Dekorationen. Deshalb möchte ich Ihnen einige Deko-Ideen für den Tisch präsentieren, die hübsch und raffiniert aussehen, kaum Arbeit machen, und Ihnen garantiert nicht den Ruf einbringen, Sie seien zu verbissen. Etwas Gutes hat das Ganze noch zusätzlich, denn da Sie hierbei nicht mit Schnittblumen arbeiten, brauchen Sie kaum Zeit zum Vorbereiten. Und eine solche Dekoration hält zudem viel länger.

TIMING Ganzjährig

WAS SIE BRAUCHEN **Kleine Pflanzen im Topf nach Wahl** Die Auswahl ist abhängig von der Jahreszeit. Diese kleinen Töpfchen mit spitz zulaufenden Grashalmen, die manchmal in Baumärkten neben der Kasse verkauft werden, sind sehr zu empfehlen, oder irgendwas anderes Hübsches, das Ihnen im Gartencenter ins Auge springt.

Die gleiche Anzahl an Blumentöpfen oder Gefäßen zum Hineinstellen Normale kleine Tontöpfe kosten nicht viel und passen immer. Oder Sie kaufen kleine Zinkeimer, die als Dreierset auf einem Tablett im Supermarkt verkauft werden. Noch besser ist es, wenn Sie Sammeltassen oder Porzellan-Blumentöpfe besitzen, die tief genug sind, um die Pflanze samt dem Plastikcontainer hineinzustellen – am besten sind gleiche oder zumindest ähnlich aussehende Gefäße.

1 Beutel mit Torfmoos (falls vorhanden).

WAS ZU TUN IST Eigentlich ist keine große Anleitung nötig: jeweils eine Pflanze in ein schönes Gefäß stellen, vom Moos einige Stücke abreißen und unansehnliche Stellen verdecken. Auf dem Tisch arrangieren. Wenn Ihre Gäste Ihnen Komplimente machen, nehmen Sie die Pflanze heraus und machen ihnen klar, dass es ab heute keine Entschuldigung mehr für einen hässlich gedeckten Tisch gibt.

Preiswerte Vasen selbst machen

Auch wenn Sie nicht gern basteln, wird Sie der Geldspareffekt bei der folgenden Idee überzeugen. Vasen kann man nie genug haben, und wenn man sie kauft, sind sie ziemlich teuer. Darum können Sie einfach alle alten Flaschen und Gläser, die Sie so herumstehen haben, von innen lackieren. Geben Sie Ihr Geld lieber für Pflanzen und Blumen aus, die Sie dann in die Vasen stellen. Wenn Sie farbiges Glas verwenden, sieht es noch schöner aus.

TIMING Ganzjährig

WAS SIE BRAUCHEN **Alte Flaschen und Gläser** Etiketten mit Waschbenzin entfernen, gründlich reinigen und abtrocknen. Je mehr farbige Gläser, desto besser.
1 Dose Acryllack
Ein feuchtes Tuch
Ein altes Blech Eines, bei dem es nichts ausmacht, wenn Farbe draufkommt.

WAS ZU TUN IST In die Flaschen und Gläser jeweils etwas Acryllack geben und so schwenken, dass die Innenseite vollständig damit überzogen ist. Überschüssige Farbe abgießen und Tropfen, die sich an den Rändern absetzen, mit einem feuchten Tuch abwischen. Flaschen oder Gläser für einige Stunden auf den Kopf stellen. Über Nacht umgedreht auf einem alten Blech trocknen lassen. Wenn Sie, so wie ich, einen halbtransparenten Effekt mögen, können Sie den Acryllack leicht mit Wasser verdünnen. Das Licht schimmert dann ein wenig durch die Lackschicht.

Aloe in der Schale

Ich habe diese Deko einmal in einem Schaufenster gesehen und dachte, dies sei die einfachste Art und Weise, einen Raum aufzupeppen. Die Idee einer „Wüste in der Schale" ist nicht neu (meine Großmutter hatte eine, als ich sehr klein war), aber wenn man heutzutage mehr als zwei identische Teile nebeneinanderstellt, wird dies gleich zu einem Design-Statement erhoben.

GUT ZU WISSEN Aloe vera stammt aus den trockenen Gegenden Südafrikas. Solange sie weder Frost noch Feuchtigkeit ausgesetzt ist, wird sie auch bei uns ohne Probleme überleben. Wir kennen heute ihre heilenden Eigenschaften; sie lindert Sonnenbrände und verschließt Wunden, aber für mich ist sie in erster Linie eine Zimmerpflanze – besonders, wenn sie wie unten beschrieben präsentiert wird.

TIMING Ganzjährig

WAS SIE BRAUCHEN **3 kleine Aloe-vera-Pflanzen** Meist in gut sortierten Gartencentern erhältlich. Sie brauchen nicht unbedingt Aloe vera zu nehmen – jede andere Sukkulente tut es auch.
Ein Beutel mit hellem, feinem Sand Gibt es im Gartencenter als Spielplatzsand oder in der Tierhandlung als Vogelsand.
3 identische Glasgefäße Goldfischgläser oder hohe, zylindrische Vasen eignen sich gut.

WAS ZU TUN IST In jedes Glasgefäß eine dünne Schicht Sand füllen und die Pflanze samt Pflanzcontainer so eingraben, dass dieser nicht mehr zu sehen ist. Mit Blumenerde bedecken. Die Schalen gut sichtbar in einer Reihe aufstellen. Sie sollen schließlich auffallen. Das war's schon.
Nun nur noch daran denken, die Pflanzen von Frühling bis Herbst einmal in der Woche zu gießen (zu viel Wasser lässt sie faulen). Im Winter kaum gießen, dann haben sie Ruhepause. Sollte das Zimmer durch die Heizungsluft zu warm sein, Pflanzen in dieser Zeit an einen unbeheizten Ort stellen. Die Aloe-vera-Pflanze freut sich über etwas Flüssigdünger, aber diesen möglichst nur zu Beginn des Frühlings geben.

SONSTIGES Im Sommer wird die Aloe vera wahrscheinlich Ableger hervorbringen – kleine Ausläufer unten an der Pflanze. Sie lassen sich einfach abnehmen. Einen Tag trocknen lassen und dann in einen Topf, gefüllt mit zwei Drittel Blumenerde und einem Drittel Kies oder Sand, setzen. Gießen und an einen warmen Ort stellen, bis sie wurzeln. Die Mutterpflanze mit etwas Flüssigdünger verwöhnen.

BE CALLED

NO
POLICE

NO
OBSTRUCTED
BE CALLED

NO
BE CALLED

Das Theater der Samenstände

Bestimmte Pflanzen sind am schönsten, wenn sie absterben. Andere trotzen dem kalten Winter, bleiben aufrecht stehen und sehen großartig aus, vor allem am frühen Morgen, wenn sie mit Raureif überzogen sind. Diese Pflanzen sind auch als Schnittpflanzen im Haus sehr attraktiv, wobei man ihre natürliche Schönheit wirken lassen oder sie mit Gold und Silber besprühen kann – perfekt zu Weihnachten oder Neujahr.

GUT ZU WISSEN

Getrocknete Samenstände sind im Blumengeschäft oder auf dem Markt erhältlich oder werden im eigenen Garten gepflückt. Oder einen Blumenstrauß nach dem Verblühen an einen trockenen Ort hängen und warten, was passiert.

TIMING

Samenstände halten ewig.

WAS ZU TUN IST

Sie brauchen kein Wasser, deshalb kann man sie überall hinstellen. Wachsen sie im Garten, dann lassen Sie sie am besten einfach dort stehen. Ich befestige trockene Samenstände mit stabilen Klemmen an einer großen Lampe. Angestrahlt lassen sie dramatische Effekte an einer kahlen Wand entstehen.

MEINE LIEBLINGS-SAMENSTÄNDE

Achillea **(Schafgarbe)** Schöne flache Blütenstände in wundervollen Farben von Cremeweiß bis Dunkelbraun. Alle Arten haben nach der Blüte schöne Samenstände. Sie brauchen einen gut durchlässigen Boden, vor allem im Winter.
Allium **(Zierlauch)** Sie sind die Stars unter den Samenständen. Die besten Sorten sind *A. christophii* und *A. schubertii*. Sie scheinen förmlich zu explodieren (siehe gegenüberliegende Seite). Wenn Sie eine Pflanze wegen ihrer Samenstände pflanzen, wählen Sie diese.
Echinacea **(Sonnenhut)** Die ultimative Präriepflanze für den Spätsommer und Frühherbst. Sie haben rosa, purpurfarbene und orange Blüten, die besonders schön aussehen, wenn sie verwelkt sind.
Eryngium **(Edeldistel)** Hat großartige stachlige Blätter und graue und violette Blüten, die einen Stachelkopf bilden. Alle Sorten sehen beeindruckend aus, aber *E. giganteum* 'Silver Ghost' ist mein persönlicher Favorit.
Gräser Die Blüten vieler Ziergräser sind einsame Spitze und rascheln beim Vorbeigehen, selbst wenn sie verblüht sind.
Lunaria annua **(Silberling)** Wächst problemlos. Hat herrliche papierähnliche Samenstände, die durchscheinend sind und an den Mond erinnern.
Rudbeckia **(Sonnenhut)** Blüht vom Spätsommer bis weit in den Herbst hinein. Die Blütenfarben changieren zwischen Hellgelb bis Dunkelamber. Beeindruckende, dunkle, manchmal kegelförmige Samenstände. *R. fulgida* var. *deamii* ist meine Lieblingssorte mit wunderschönen schwarzen Samenständen.
Sanguisorba **(Wiesenknopf)** Sie gleichen riesigen Streichhölzern und besitzen unauffällige dicht gebündelte Blüten am Ende der langen eleganten Stängel.
Sedum **(Fetthenne)** Großartige fleischige Blätter in wunderschönen Farben – noch auffälliger als die Blüten. Diese halten sich auch nach der Blüte den ganzen Winter über. Ich liebe *S.* 'Bertram Anderson' und *S. spectabile* 'Iceberg'.

Hängende Marmeladengläser

Schöne Dinge habe ich am liebsten auf Augenhöhe. Frische Küchenkräuter, selbst gepflückte Blumen, die ich beim Abwasch betrachten möchte – ich hänge sie an Fenstergriffe oder an irgendwelche Haken. Da ich knickrig bin, nehme ich dafür alte Marmeladengläser. Die sind für diesen Zweck einfach perfekt, weil sie einen Schraubrand haben (wie gut, dass ich süchtig nach Himbeermarmelade bin).

TIMING Ganzjährig

WAS SIE BRAUCHEN **Gespülte leere Marmeladengläser**
Bindfaden

WAS ZU TUN IST Für jedes Marmeladenglas ein langes Stück Bindfaden nehmen, diesen doppelt legen und so am Schraubrand des Glases festbinden, dass die Enden, nachdem Sie sie verknotet haben, eine lange Schlaufe bilden (siehe gegenüberliegende Seite). Diese als Aufhänger verwenden. Glas an einen Haken oder Ähnliches hängen. An der Wand hängt es mehr oder weniger aufrecht, so dass Sie Wasser hineinfüllen können. Gepflückte Blumen hineinstellen. Wenn Sie nicht wollen, dass andere von Ihrer heimlichen Nutella-Leidenschaft erfahren oder sich an der Ästhetik von Gänseblümchen im Senfglas stören, können Sie auf die Idee mit den Vasen von Seite 52 zurückgreifen.

WILKIN &
SONS
Tiptree
REGD.
TINY TIP RASPBERR
Conserve
FRUIT GROWERS & PRESERVERS
SINCE 1885
TIPTREE · ESSEX · ENGLA

Beete zum Billigtarif

Bei der Gestaltung eines Blumenbeetes können Sie sich wie ein Modedesigner fühlen und Ihren eigenen „Look" der Saison kreieren. Denken Sie dabei an „Stimmungen", denken Sie an „Struktur", denken Sie an „Farbschattierungen" …
Beetpflanzen sind ideal, um Haus und Balkon aus einer Laune heraus neu zu stylen, und das fast gratis. Sie können mit ihrer Hilfe die neuesten Farbtrends und abgefahrensten Kombinationen umsetzen, genau wie Sie es sonst vielleicht in Sachen Mode machen, wenn Sie zum nächsten Klamottenladen rennen und sich für wenig Geld die neueste Mode ins Haus holen, wohl wissend, dass Sie ihrer bald schon wieder überdrüssig sind.

Gut zu wissen

Ich spreche hier von diesen Plastikpaletten voll mit winzigen Pflanzen, die in riesigen Mengen als Beetpflanzen in Gartencentern angeboten werden. Diese Setzlinge werden von den Gärtnern in die Rabatten (für Sie und mich sind das Blumenbeete) gepflanzt, um Lücken zu füllen. Auch Liebhaber von Fensterbank- und Terrassenblumen nehmen sie gern für saisonale Pflanzungen. Da sie jung und deshalb klein sind, kosten sie nicht viel und brauchen weniger Platz als ihre ausgewachsenen Artgenossen. Sie werden sozusagen industriell produziert, um dann massenhaft in den Regalen zu landen und sofort gepflanzt zu werden.
Traditionell umfasst der Begriff „Beetpflanze" Einjährige oder nicht winterharte Pflanzen, die die Farben des Sommers ins Beet bringen. Aber es gibt auch winterharte Mehrjährige, die unter dieser Bezeichnung verkauft werden. Wenn Sie sich gut um sie kümmern, werden Sie lange Freude an ihnen haben. Auf jeden Fall kann ich mit Beetpflanzen auf preiswerte und einfache Weise neue Pflanzen entdecken und herausfinden, ob meine Liebe groß genug ist, ihnen einen dauerhaften Platz in meinem Leben einzuräumen, oder ob ich stattdessen lieber eine wertvollere Sorte der gleichen Art wähle, die es nicht überall gibt. Wenn ich mich gegen sie entscheide, habe ich außer ca. 59 Cent pro Stück und der Zeit fürs Einpflanzen nichts verloren.

Timing

Frühling und Sommer. Allerdings gibt es auch im Herbst und Winter genug günstige Setzlinge, die ich nur saisonal pflanze.

Was Sie brauchen

Beetpflanzen Die billigsten sind Setzlinge. Kaufen Sie so viele Pflanzen, wie Sie unterbringen können – und vielleicht noch ein paar mehr. Ich nehme meist Pflanzen derselben Sorte. Kaufen Sie einfach die Pflanzen, die Ihrem ästhetischen Empfinden am ehesten entsprechen.
Pflanzgefäße wie etwa Blumenkästen Oder Lücken im Blumenbeet.
Blumenerde Falls die Pflanzen in den Topf gepflanzt werden.

Was zu tun ist

Angaben zu den Pflanzabständen finden sich auf dem Etikett und sollten möglichst befolgt werden, denn so hat die Pflanze genug Platz zum Wachsen und die Bepflanzung bleibt länger schön. Blumentöpfe (falls diese benutzt werden) mit Erde füllen, Pflanze von unten aus dem Plastikcontainer drücken und in die Erde setzen. Darauf achten, dass die Erde um die Pflanze herum schön verteilt und ausreichend fest ist. Gut angießen. An einem geeigneten Standort wachsen lassen und ausreichend gießen. Welke Blüten abpflücken, das verlängert die Blütezeit (siehe S. 231).

Meine Lieblingsbeetpflanzen

Aster (Aster)
Begonia (Begonie)
Bellis perennis (Gänseblümchen)
Calendula (Ringelblume)
Dianthus barbatus (Bartnelke)
Erysimum cheiri (Goldlack)
Fuchsia (Fuchsie)
Gazania (Gazanie)
Impatiens (Fleißiges Lieschen)
Lobelia (Lobelie)
Nemesia (Elfenspiegel)
Osteospermum (Kapkörbchen)
Pelargonium (Pelargonie)
Petunia (Petunie)
Primula (Primel)
Ranunculus asiaticus (Ranunkel)
Viola x wittrockiana (Stiefmütterchen)
Zinnia (Zinnie)

Mini-Alpenveilchen-Sucht

Kurz vor Weihnachten gehe ich immer auf den Markt und kaufe mindestens 4 Paletten mit Alpenveilchen in Knallfarben (meistens alle kräftigen Rottöne), um sie in kleine Töpfchen zu pflanzen und sie an Freunde und Verwandte zu verschenken. Das mache ich jedes Jahr und bin überzeugt, nun für Weihnachten alles vorbereitet zu haben. Aber dann passiert es: Auf dem Weg nach Hause und vor dem Einpflanzen legt sich ein Schalter in meinem Kopf um und ich entwickle eine solche Zuneigung zu den Pflanzen, dass ich sie nicht mehr verschenken kann. Bis heute habe ich es nur einmal geschafft, ein Alpenveilchen zu verschenken, und das auch nur unter hohem emotionalem Druck. Ich weiß nicht, was diese kleinen schmetterlingsähnlichen Blüten mit ihren wunderhübsch gezeichneten herzförmigen Blättern in mir auslösen, aber ich komme nicht dagegen an.

Gut zu wissen *Cyclmanen* (Alpenveilchen) sind Mehrjährige und stammen aus verschiedenen Regionen Europas, Asiens und Afrikas. Die Pflanzen, die wir hier angeboten bekommen, stammen meist aus den Wäldern des Mittelmeerraumes. Darum bevorzugen sie Halbschatten, einen geschützten Standort und, ganz wichtig, eine gut durchlässige Erde.

Als knollenbildende Pflanze lieben Alpenveilchen es nicht, wenn sie gestört werden. Trotzdem kann man Alpenveilchen aus dem Gartencenter problemlos nach draußen pflanzen, wenn sie im Haus verblüht sind. Doch so viel Mühe mache ich mir meist nicht. Wenn ich Alpenveilchen haben möchte, die mich mein Leben lang begleiten (einige Knollenpflanzen wurden schon auf älter als 100 Jahre datiert), gehe ich lieber zu einer Spezialgärtnerei und gebe etwas mehr Geld aus. Die billigen können Sie jedoch, ebenso wie ich, im Überfluss kaufen und ein paar der folgenden Ideen damit umsetzen.

Timing Herbst bis Winter

Ideen für Alpenveilchen Hier nun einige Vorschläge, wie Sie die Paletten der Mini-Blüher aus dem Gartencenter arrangieren können.

- Alpenveilchen in leere Blechdosen pflanzen (dafür eignen sich große Sardinenbüchsen oder Dosen von Tomatensuppen sehr gut). Dazu ein Abflussloch in den Dosenboden bohren, Dose mit Blumenerde füllen und etwas Kies untermischen. In jede Dose eine Pflanze setzen.

- Gehen Sie ähnlich wie bei der auf S. 157 beschriebenen Pflanzmethode für Frühjahrszwiebeln vor. Dazu mehrere Alpenveilchen mit oder ohne Pflanzcontainer in einen mit Folie ausgelegten, ausreichend tiefen und breiten Korb pflanzen. Die Blätter verdecken ggf. die Ränder der Plastiktöpfe. Wenn Sie die Alpenveilchen samt Container hineinsetzen, hat dies den Vorteil, dass Sie die Pflanzen zum Gießen sehr leicht samt Topf herausnehmen können. So werden sie nicht ertränkt und die Hände bleiben einigermaßen sauber.

❊ Dieser Vorschlag erinnert an die gute alte Zei: Dazu die Mini-Alpenveilchen in eine Porzellanschüssel setzen. Viele Leute lassen Alpenveilchen jahrelang in diesen Gefäßen, doch mich quält der Gedanke, dass sie dort mit ihren Wurzeln im Wasser stehen, denn Abflusslöcher haben die Schalen ja nicht. Darum am besten eine Porzellanschüssel mit Abflussloch verwenden oder die Plastiktöpfchen direkt hineinstellen und das Arrangement nur als vorübergehende Dekoration nutzen. Ich habe schon alle möglichen Schüsseln und Schalen ausprobiert – und die Zwischenräume mit Steinen aufgefüllt oder unschöne Stellen mit Moos abgedeckt – und sogar Kaffeebecher und große alte Teetassen verwendet (weiße Alpenveilchen sehen darin übrigens besonders toll aus).

❊ Falls Sie es, anders als ich, übers Herz bringen sollten, 1–2 Pflanzen zu verschenken, dann probieren Sie's mit den beschriebenen Ideen. Oder Sie binden einfach ein hübsches Schleifenband um einen kleinen Topf mit leuchtend roten Alpenveilchen und schon haben Sie ein hübsches Geschenk – z. B. in der Weihnachtszeit – für Ihre Lieben.

SONSTIGES

Mini-Alpenveilchen können im Haus oder draußen stehen. Wenn Verwelktes regelmäßig abgepflückt wird (siehe S. 231), blühen die Alpenveilchen so lange, bis Sie genug von ihnen haben.

MEINE LIEBLINGS-ALPENVEILCHEN

Dies sind die Alpenveilchen, die ich das ganze Jahr über schätze. Sie stehen bei mir in Töpfen und ich hüte sie wie meine Augäpfel – genauso wie diese Geizkragen in Büchern das immer machen.

C. cilicium f. album Im September und Oktober erscheinen weiße, nach Honig duftende Blüten. Die Sorte wird von den meisten Züchtern als winterhart eingestuft.
C. coum Blüht ab Januar (auch im Schnee, juhuu!) in Weiß und Rosa und liebt einen geschützten Platz (z. B. an einer Mauer).
C. cyprium Diese Art stammt aus Zypern und ist frostempfindlich. Im Oktober und November erscheinen intensiv duftende weiße Blüten.
C. hederifolium Blüht im August in Weiß und Rosa und liebt kalkhaltigen Boden.
C. persicum f. albidum Reinweiße Blüten im Frühling und intensiver Maiglöckchenduft. Frostempfindlich, deshalb ist ein geschützter Standort am besten.
***C. pseudibericum* 'Roseum'** Blüht im Februar und ist in milden Gegenden durchaus winterhart. Hat purpurrote Blüten mit einem intensiven Duft.
C. repandum Blüte im April und Mai. Hat karminrote Blüten mit typischem Veilchenduft.

Hopfen zur Dekoration und Beruhigung

Ich liebe Hopfen. Er ist Wachs in meinen Händen und ich kann immer wieder etwas anderes damit machen. Jeder sollte eine Hopfenpflanze haben: Im Topf oder im Freien bereitet sie den ganzen Sommer über viel Freude. Blätter und zapfenförmige Blütenstände sind grün und unglaublich hübsch. Zudem gehört der Hopfen zu den wenigen Pflanzen, die auch getrocknet wunderbar aussehen. Zur Girlande gebunden, ist er z. B. eine schöne Weihnachtsdeko. Und ein mit Hopfenblüten gefülltes Kissen garantiert süße Träume.

GUT ZU WISSEN

Humulus lupulus (Hopfen) ist eine rankende winterharte mehrjährige Pflanze, die wild an waldnahen Standorten in nördlichen gemäßigten Klimazonen wächst. Er rankt sich an fast allem (bis zu einer Höhe von 6 m) empor. Als Mehrjährige stirbt Hopfen im Winter ab und wächst im nächsten Frühling wieder neu. Sie können also zum Gestalter werden und jedes Jahr ein neues Arrangement ausprobieren. *Humulus lupulus* ist in den meisten gut sortierten Gartencentern oder übers Internet erhältlich. Vergewissern Sie sich, dass Sie eine weibliche Pflanze bekommen, denn nur die haben diese wunderschönen Blütenstände. Die gelbe Sorte 'Aureus' hat die schönste Blattfärbung in der vollen Sonne. *Humulus lupulus* bevorzugt einen nährstoffreichen Boden sowie Sonne oder Halbschatten. Im Frühling pflanzen, gut gießen und ranken lassen.

TIMING

Frühling

WAS SIE BRAUCHEN

So viele *Humulus lupulus*, wie Sie unterbringen können
Pflanzgefäße Ich setze 2 Pflanzen in einen tiefen Topf mit 35 cm Durchmesser.
Blumenerde
Langzeitdünger-Granulat (siehe S. 229). Am besten 1 Handvoll.
Rankhilfe Ich nehme Gartenschnur oder ein dünnes Seil.

WAS ZU TUN IST

Für eine Pflanzung im Topf Blumenerde mit Düngergranulat mischen, Pflanze aus dem Plastikcontainer nehmen und in die Erde setzen. Darauf achten, dass ausreichend Platz zwischen Erde und Gefäßrand bleibt, damit das Wasser beim Gießen nicht gleich überläuft. Die Erde braucht nämlich etwas Zeit, um es aufzunehmen.

Für eine Pflanzung im Beet zuvor 1 Handvoll Langzeitdünger ins Pflanzloch geben. Die Pflanze vorsichtig mit einer Gartenschnur oder einem dünnen Seil anbinden, damit sie dort in die Höhe ranken kann, wo Sie es wünschen. Sie können Ihr Hopfen-Experiment z. B. mit einem Topf und einem einfachen Rank-Obelisken starten (siehe dazu Prunkbohnen-Wigwam S. 118). Denken Sie in größeren Dimensionen, brauchen Sie ein Rankgerüst bzw. -gitter oder eine Pergola. Sie können im Sommer auch einen Sichtschutz aus Hopfen anlegen, indem Sie Seile an einem Haken oben an einer Wand befestigen und diese wie ein Netz nach unten führen. Es gibt, wie Sie sich vorstellen können, unzählige Möglichkeiten. Achten Sie lediglich darauf, die Pflanze ausreichend zu gießen.

Weitere Ideen mit Hopfen

Und hier sind noch einige weitere Ideen dazu, wie Sie mit Hopfen kreativ werden können:

- Für ein Hopfenkissen 1 Handvoll Hopfenblütenstände (von einer weiblichen Pflanze) ein paar Tage trocknen lassen. Aus weichem Stoff (Baumwollmusselin ist schön!) 2 Quadrate ausschneiden. Die Quadrate mit der Nähmaschine von links an 3 Seiten passgenau aufeinandernähen, auf rechts drehen und bügeln. Anschließend mit den Hopfenblüten füllen und die noch offene Seite von Hand zunähen. Den Kopf aufs Kissen legen und die Augen schließen … Voilà.

- Für eine Hopfengirlande den Hopfen unten am Boden abschneiden, am besten am Ende des Sommers bzw. wenn schon genügend Blütenstände zu sehen sind. Jeden Trieb ganz vorsichtig von der Rankhilfe lösen. Wenn einige Blütenstände beschädigt werden, macht das nichts. Die Ranken mit ins Haus nehmen und an oder über was auch immer Sie möchten hängen: an Deckenhaken, über die Küchenanrichte, den Kaminsims oder das Himmelbett etc. Die Blütenstände trocknen nach und nach und sterben einen schönen Tod. Sie sollten nicht im Weg sein, sonst würden sie zu leicht beschädigt. Zu Weihnachten sehen sie immer noch wunderschön aus. Besprühen Sie sie mit Goldfarbe, wenn Sie möchten, das macht die Sache noch festlicher.

- Wenn Sie nur Platz für eine Hopfenpflanze haben, aber verrückt nach Hopfenranken sind, machen Sie sich keine Sorgen. Sie können sie nämlich auch direkt bei einem Hopfenbauern kaufen (Adressen finden Sie im Internet).

Tontöpfe im Vintage-Look

Das ist ein uralter Trick, um neue Tontöpfe auf alt zu trimmen. Die „Patina" ist, wie ich finde, auf jeden Fall dem auffälligen Orange nagelneuer Tontöpfe vorzuziehen.

GUT ZU WISSEN Joghurt bringt Moose und Flechten dazu, sich auf der Topfoberfläche anzusiedeln. Fragen Sie mich bitte nicht nach der wissenschaftlichen Erklärung dafür. Ich vermute ganz einfach, dass sie den Sporen der Pflanzen Nahrung bieten.

TIMING Ich mache das meist im Frühling.

WAS SIE BRAUCHEN
Tontöpfe
Pinsel
Vollfetter Joghurt oder Buttermilch mit lebenden Kulturen

WAS ZU TUN IST Die Außenseiten der Töpfe dick mit Joghurt oder Buttermilch bestreichen und nach draußen stellen. Um den Vorgang zu beschleunigen, sollten die Töpfe möglichst feucht stehen. Am besten in den Schatten stellen und ab und zu mit Wasser besprühen, bis die Natur die gewünschte Patina gebildet hat. Manchmal warte ich nicht so lange, sondern bepflanze meine Töpfe sofort und stelle sie in die Sonne, wenn die Pflanze sonnig stehen muss. Dadurch trocknet der Joghurt aus und flockt am Anfang noch etwas. Aber wenn der Topf immer ausreichend feucht gehalten wird, bekommt er trotzdem dieses schöne abgenutzte Aussehen, vor allem, wenn die Pflanze wächst und ihm Schatten bietet.

SONSTIGES Es gibt verschiedene Varianten für die Methoden. Der Joghurt kann auch mit Wasser verdünnt oder mit Moosstückchen und Schmutz gemischt werden. Organischer Dünger unterstützt die Bildung der Patina ebenfalls.

Großer Auftritt für Mauerblümchen

Ich hasse es, dass mein Hinterhof komplett mit Steinen zugepflastert ist und es nicht eine einzige Ritze oder Fuge gibt. Falls Sie eine Pflasterung haben, die Ritzen aufweist, oder eine Mauer, in der an einigen Stellen der Mörtel fehlt, dann können Sie sich wirklich glücklich schätzen. Pflanzen Sie ein Gänseblümchen, das sich langsam in allen Zwischenräumen ausbreitet. Ich muss mich mit Gänseblümchen im Topf zufrieden geben und darauf hoffen, dass sich auch bei mir irgendwann eine Ritze im Pflaster auftut.

GUT ZU WISSEN *Erigeron karvinskianus* (Spanisches Gänseblümchen) ist eine mehrjährige Pflanze aus der Familie der *Asteraceae* (Asterngewächse). Sie stammt ursprünglich aus Mexiko, ist aber auch bei uns winterhart. Sie wächst wie Unkraut – die Gärtnereien müssen ein Vermögen damit verdienen –, deshalb findet sie sich oft auch in Nachbars Garten. Fragen Sie einfach, ob Sie einen Teil ausgraben dürfen und pflanzen Sie sie dann ein. Den ganzen Sommer über erscheinen kleine zarte Blütchen, die zuerst weiß und später rosa leuchten, als seien sie von einer Fee mit Lippenstift geküsst worden.

TIMING Frühling

WAS SIE BRAUCHEN 1 *Erigeron-karvinskianus*-Pflanze (Spanisches Gänseblümchen) Ist im Frühsommer in jedem Gartencenter erhältlich.
1 Ritze in Ihrer Pflasterung oder Mauer

WAS ZU TUN IST Das Gänseblümchen am besten in den Schatten pflanzen, wo es etwas Feuchtigkeit bekommt. Es wird sich von dort aus in der Pflasterung ausbreiten, indem es seinen Samen verstreut. Sie brauchen es also nicht gleich an mehreren Stellen zu pflanzen. Einige Standorte sind ungeeignet, darum können Sie sich das Geld sparen. Darauf achten, dass die Ritzen zwischen der Pflasterung oder in der Mauer mit etwas Erde gefüllt sind. Pflanze wenn nötig teilen (siehe S. 160) und hineindrücken.

SONSTIGES Sie können genauso gut Samen kaufen, diese mit Erde mischen und in die Ritzen von Mauer oder Pflasterung geben. Während der Keimphase gleichmäßig feucht halten (z. B. mit einem Wasserzerstäuber).

Das weltbeste Hochzeitsgeschenk

Hochzeitslisten haben bestimmt ihre Berechtigung, aber ich tanze lieber ein wenig aus der Reihe. Das ist auch besser für Braut und Bräutigam und für mein Portemonnaie. Von einem Hochzeitsgeschenk sollten die Beschenkten lange etwas haben, es sollte zurückhaltend sein und stets an den Schenkenden erinnern. Ein Steintrog mit alpinen Pflanzen erfüllt all diese Kriterien und macht immer Freude.

GUT ZU WISSEN

Alpine Pflanzen sind wie kleine Juwelen – hart und schön. Es sind niedrigwachsende kleine Dinger, die es gelernt haben, selbst in schwierigsten Verhältnissen zu überleben, indem sie sich an Felsen klammern. Die meisten unserer Gartenpflanzen sind mit ihnen irgendwie verwandt, und die alpinen Pflanzen sehen darum auch oft wie eine Miniaturausgabe von ihnen aus. Alpine Pflanzen sind extrem winterhart, sie trotzen Kälte und Wind, aber sie können Nässe nicht ausstehen (durch Schnee, Eis und Gestein ist der Boden in den Bergen extrem trocken). Deshalb ist ein mit ihnen bepflanzter Steintrog ein perfekter Kandidat für den Balkon oder die Fensterbank.
Sie können fertig bepflanzte Steintröge natürlich auch in der Gärtnerei bestellen. Die Tröge sind oft aus Tuffkalk, der wie Felsgestein aussieht, aber nur einen Bruchteil des Gewichts hat. Es gibt sie in allen möglichen Formen und Größen, von ganz klein bis ganz groß. Fertig bepflanzte Tröge kosten je nach Qualität des Gefäßes 30 € aufwärts, aber für viel weniger Geld können Sie Ihren eigenen Trog bepflanzen, und niemand braucht es zu erfahren.

TIMING

Frühling bis Sommer

WAS SIE BRAUCHEN

Alpine Pflanzen In gut sortierten Gartencentern gibt es alpine Pflanzen wie *Pulsatilla* (Küchenschelle oder Kuhschelle) oder *Dianthus plumarius* (Federnelke) schon ab ca. 1 €. Sie sind alle unterschiedlich und die Auswahl ist wahrscheinlich der schwierigste Teil des gesamten Projekts.
Pflanzgefäß Tröge aus Tuffkalk sind in Spezialgärtnereien zu bekommen. Ein einfaches Pflanzgefäß tut es aber auch. Es sollte möglichst breit und flach sein. Ich verwende oft einfache Terracotta-Schalen. Egal, was Sie nehmen, achten Sie darauf, dass das Gefäß mindestens ein Abflussloch im Boden hat und im Winter nicht birst (wenn Sie Terracotta-Töpfe verwenden, sollten Sie überprüfen, ob „frostfest“ auf dem Etikett steht).
Tontopfscherben oder etwas Kies. Zum Bedecken des Gefäßbodens.
Erde-Kies-Mischung Ich mische Blumenerde mit Kies im Verhältnis 1:1.
1 Handvoll Langzeitdünger-Granulat (siehe S. 229).
Interessante Steine Abgebrochene Schiefersteine sind ideal. Alternativ dazu:
Kieselsteine oder kleine Felsbrocken – schließlich wollen Sie ja einen Berghang en miniature kreieren.
Etwas feiner Kies (etwa erbsengroß) Zum Bedecken der Erde.

Was zu tun ist Zum besseren Wasserabfluss den Boden des Gefäßes mit einer Schicht aus Tonscherben oder Kies bedecken. Darauf eine Schicht aus Erde, vermischt mit dem Düngergranulat, geben und nun entweder a) Pflanzen kunstvoll darauf platzieren, Zwischenräume mit Erde auffüllen, Pflanzen fest andrücken und die Steine um die Pflanzen verteilen oder b) die Schieferstücke längs in die Erde stecken, die Spalten mit Erde füllen und die alpinen Pflanzen in die Erde setzen (die Pflanzen können einiges aushalten, darum fest andrücken). In beiden Fällen die Erde dicht um die Pflanzen herum mit Kies oder Sand bedecken. So bleibt das Wasser nicht direkt bei den Pflanzen stehen. Das hassen sie nämlich. Das ganze Arrangement gut wässern, dabei nicht von oben, sondern um die Pflanzen herum gießen.

Das Geschenk sollte, wenn möglich, vor der Hochzeit beim Empfänger eintreffen, zusammen mit einem Universaldünger, der nach dem ersten Jahr in jedem Frühling zum Einsatz kommen soll. Ein Blatt mit Gießanleitung ist ebenfalls sehr nützlich. Darauf ist zu vermerken, dass alpine Pflanzen regelmäßig (d. h. ungefähr einmal in der Woche) gegossen werden müssen – zumindest, bis sie gut angewachsen sind.

Sonstiges Eine schöne Alternative ist auch ein Baum in einem Topf. Das kann beispielsweise ein Zitronenbäumchen *(Citrus limon)* sein, das allerdings vor dem Winter ins Haus geholt werden muss. Oder ein Fächerahorn *(Acer palmatum)*, der wie ein etwas zu groß geratenes Bonsaibäumchen aussieht. Er kann längere Zeit im Topf wachsen und ist bestimmt eine der schönsten Pflanzen auf Erden. Versandhändler im Internet oder eine Baumschule vor Ort besorgen die Auslieferung, zusammen mit einer persönlichen Nachricht und einer tiefen Verbeugung. Sie brauchen sich um nichts zu kümmern.

Bunte Kürbisvielfalt

Feste, süß angebratene Butternusskürbisse gehören zu meinen absoluten Wohlfühl-Gerichten. Trotzdem baue ich Kürbisse nicht zum Essen an. Erstens sind sie zum Zerstückeln viel zu schön und zweitens ist es für mich ein Alptraum, die unebene Schale entfernen zu müssen.
Stattdessen empfehle ich Ihnen, nur einen einzigen Kürbis zu ziehen, und das allein seines dekorativen Charakters wegen. Wenn Sie die Pflanze gut behandeln, wird sie in die Höhe schießen. Eine rankende Sorte wird sich wie die Triffids – jene legendären Killerpflanzen aus dem nach ihnen benannten Science-Fiction-Klassiker – lianengleich einfach über alles recken. Und dabei wird die Pflanze eine großartige Laubfärbung annehmen und außergewöhnliche Früchte tragen, die sich wunderbar als Deko eignen. Dieses Projekt ist genau das Richtige für ein kleines Stück Erde, für das Sie keine andere Verwendung haben oder schlicht für jede andere Stelle, an der genug Platz für einen großen Topf ist.

GUT ZU WISSEN Alle Kürbis-Arten gehören zur weit verzweigten Gattung der *Cucurbita* und werden üblicherweise in 2 Gruppen eingeteilt: Sommerkürbisse (zu denen die Gartenkürbisse wie Patissons, aber auch die Zucchini gehören), die im Sommer geerntet werden, und Winterkürbisse (wie ein Moschuskürbis – z. B. Hokkaido – oder ein Butternusskürbis), die meist im Spätsommer reif für die Ernte sind. Letztere haben eine viel härtere Schale und festes Fleisch, das geschält und gekocht werden muss. Außerdem gibt es auch jede Menge dekorativer Zierkürbisse, die meist nicht essbar sind. In Gärtnereien und Gartencentern können Sie von vielen Kürbissen vorgezogene Jungpflanzen kaufen, doch die eigene Aussaat ist recht lohnend, denn Kürbisse wachsen sehr schnell.

TIMING Spätfrühling bis Frühsommer

WAS SIE BRAUCHEN **Samen** Machen Sie sich einen schönen Nachmittag im Gartencenter und suchen Sie sich anhand der schönen Fotos ein Tütchen Saatgut aus. Meist gibt es gemischtes Saatgut für Winterkürbisse, aus denen unterschiedliche Sorten wachsen. Achten Sie auf Größe und Wuchseigenschaften. Diese Angaben sind ebenfalls auf dem Tütchen vermerkt. Haben Sie nur wenig Platz, empfiehlt sich eine rankende Sorte, die kontrolliert in die Höhe wachsen kann. Ich wähle oft eine Mischung mit nicht essbaren Zierkürbissen.
Nährstoffreiche Erde Die Pflanzen lieben gute Kost. Bei Beetpflanzen darauf achten, etwas organischen Dünger unterzumischen, wie etwa guten Kompost. Das Gefäß für die Topfpflanzung sollte ausreichend groß sein. Blumenerde oder spezielle Gemüseerde verwenden.
Die richtige Temperatur Die Pflanzen gehen sofort ein, wenn das Saatgut zu früh gesät wird und es zu kalt ist. Deshalb warten Sie besser, bis es draußen etwas wärmer wird. Sie sollten sich bis zum späten Frühling oder Frühsommer gedulden, wenn sich die Erde wirklich schon warm anfühlt.
Ein sonniger geschützter Standort Ich wähle meinen Balkon.

Was zu tun ist Die Samenkörner als Dreiergruppe direkt etwa 2 cm tief in den Boden säen, gießen und jeweils ein umgedrehtes Marmeladenglas darüberstellen, damit die Sämlinge es warm haben und in der feuchten Umgebung gut keimen können. An jedem Keimling zeigen sich zuerst 2 Keimblätter, bevor sich dann die ersten Laubblätter bilden. Das Marmeladenglas abnehmen. Die beste Pflanze auswählen und die beiden anderen entfernen (falls Sie Schnecken im Garten haben, lieber auch diese stehen lassen!). Die Erde leicht feucht halten.
Bei der Aussaat einer schnell wachsenden Kürbissorte gibt es mehrere Möglichkeiten, diese zu lenken und sie unter Kontrolle zu halten. Mit Zeltheringen z. B. lassen sich die Triebe kreisförmig am Boden befestigen. Und Bambusstäbe eignen sich, um ein Wigwam-ähnliches Gerüst zu bauen. Kleine Sorten wachsen senkrecht nach oben, wenn sie in kurzen Abständen festgebunden werden. Es gibt eigentlich keine verbindlichen Regeln: Das Vergnügen an diesen Pflanzen besteht gerade darin, sie einfach wachsen zu lassen. Dann ranken und winden sie sich über alles und schaffen so eine wunderschöne urwaldgleiche Atmosphäre.
Sollen die oftmals bizarren Winterkürbisse den ganzen Winter über das Haus schmücken, ist es ratsam, die Früchte zunächst so lange wie möglich an der Pflanze wachsen zu lassen und sie erst bei Frostgefahr zu ernten, damit ihre Haut von selbst hart werden kann. Zeigen sich Risse auf der Haut, ist ein guter Zeitpunkt gekommen, um die Frucht abzuschneiden. Dabei sollte ein langes Stück vom Stiel an der Frucht verbleiben. Die Kürbisse müssen sich dann 10 Tage in der Sonne erholen (oder bei schlechtem Wetter auf einer sonnigen Fensterbank im Haus).

Sonstiges Kürbisse lassen sich gut trocknen. Leider besitze ich keinen dunklen Keller, in dem ich sie zu diesem Zweck lagern kann. Aber ich liebe es, sie in großen Holzschalen zu stapeln oder auf dem Boden zu verteilen – wie auf einem arabischen Basar. Das ist, wenn es draußen kalt und nass ist, die perfekte Dekoration für ein Picknick im Haus mit Kerzenlicht und einer wärmenden Kürbissuppe.

Einen Weihnachtskranz binden

Kränze sind nicht nur was für Perfektionisten, sie sind ganz einfach zu binden. Sie begrüßen Sie und alle anderen Heimkehrenden abends nach getaner Arbeit auf freundliche und respektvolle Weise.

TIMING

Winter

WAS SIE BRAUCHEN

1 Armvoll immergrüne Blätter und Zweige Hierfür ist natürlich die Stechpalme gut geeignet, aber auch Kiefer, Zeder, Tanne, Wacholder, Buchsbaum, Lorbeer, Eukalyptus, Salbei und sogar Magnolie oder Kamelie sind eine gute Wahl. Das alles gibt es auf dem Markt, im eigenen Garten oder vielleicht auch bei einem freundlichen Nachbarn.
Stabile Gartenschere
1 Rolle dünner Draht Ähnlich wie Kupferdraht, aber in Schwarz oder Grün.
1 Kranzunterlage Beim Blumenhändler, auf dem Markt oder im Bastelgeschäft z. B. aus Styropor oder Stroh erhältlich – oder Sie basteln sich selbst eine. Ich stelle meine aus dickem Draht her und binde die Enden mit dünnem Draht fest.
Sonstiger Schmuck Siehe unten.
Drahtschere

WAS ZU TUN IST

Etwa 10–15 cm lange Laub- oder Zweigstücke abschneiden und sie mit Draht zu kleinen buschigen Sträußchen binden. Für den Kranz nun die Sträußchen dicht übereinander auf die Kranzform legen und jeweils unten bis zur Mitte vorsichtig mit Draht umwickeln, dabei den Draht nicht abschneiden, sondern nur abrollen. Immer wieder neue Sträußchen auf das untere Ende der vorherigen legen und deren Ende dabei überdecken. Weiter mit Draht umwickeln und fortfahren, bis Sie wieder bei den ersten Sträußchen angekommen sind und die Kranzform komplett bedeckt ist. Der Kranz kann entweder so aufgehängt oder noch weiter geschmückt werden.

MEIN LIEBLINGSSCHMUCK

Für viele sind Beeren als zusätzliche Deko ein Muss. Natürlich können Sie ganz klassisch die Beeren von Stechpalme oder Feuerdorn wählen – oder auch Hagebutten. Bevorzugen Sie es etwas ausgefallener, eignen sich Perlen, die auf einen dünnen Draht aufgezogen wurden, oder Obst in Form von getrockneten Scheiben von Zitronen oder Granatäpfeln. Schön sind auch Kumquats, ins Laub gesteckte Blüten wie Amaryllis, Rosen oder irgendetwas Blühendes vom Blumenstand. Nüsse oder Eicheln sind auch prima – entweder au naturel oder mit Gold- oder Silberfarbe besprüht (mit einer feinen Nadel Löcher hineinbohren und Draht durchziehen, bevor sie am Kranz befestigt werden) … Ich glaube, es ist deutlich geworden: Den Ideen sind keine Grenzen gesetzt.
Zum Schluss kann der Kranz eventuell mit weißem oder silbernem Spray aus dem Blumenhandel besprüht werden – das gibt dem Kranz einen verschneiten Touch.

SONSTIGES Auf die gleiche Art und Weise lassen sich auch Girlanden wickeln. Dazu eine Unterlage aus Draht herstellen oder – was viel einfacher ist – die Zweige mit den Blättern einfach an einem Seil festbinden, das beispielsweise über den Kaminsims drapiert werden kann. Besonders schön sind wohlriechende Blätter wie etwa die vom Lorbeer, sie berauschen zudem ein wenig die Sinne.

Leckereien

Ich gehöre nicht zu den Leuten, die aus innerer Überzeugung oder aus einer Laune heraus zum Selbstversorger werden. Es mag durchaus möglich sein, eine ganze Familie nur mit Gemüse aus Balkonblumentöpfen zu ernähren, aber da ist für mich die Grenze zwischen Schönem und Nützlichem (vor allem, wenn man wie ich wenig Platz hat) deutlich überschritten. Ich bin ziemlich gefräßig und Essen ist eine meiner Lieblingsbeschäftigungen. Und darum baue ich vor allem essbare Pflanzen an, die schön aussehen und auch lecker schmecken.

Hier nun einige Rezepte für essbare Pflanzen, die einfach anzubauen sind – vom unverzichtbaren Küchenkraut bis hin zum sommerlichen Beerenobst. Es gibt nichts Schöneres, als nach einem langen Arbeitstag nach Hause zu kommen und sich mit einer Schüssel eigener Himbeeren zu entspannen. Und es ist einfach wundervoll, wenn sich jemand nach dem Genuss von frischen Spargelspitzen Hals über Kopf in einen verliebt.

Jeder weiß, dass Obst und Gemüse aus dem eigenen Garten besonders lecker sind. Aber ich will hier auch einmal betonen, dass es einem auch ein besseres Gefühl gibt, selbst angebautes Obst und Gemüse oder selbst gezogene Kräuter zu genießen. Sie sind ja das Ergebnis eines faszinierenden Prozesses, der wenige Wochen zuvor mit der Aussaat einiger Samenkörner seinen Anfang nahm.

Minzige Leckereien: Pfefferminz-Bonbons

Minze lässt sich über Gerichte streuen, Sie können sie gehackt in Saucen rühren, Öle damit aromatisieren und sogar Ihr Badewasser mit ihr parfümieren. Aber meist findet sich Minze bei mir, kalt oder warm, in Getränken wieder. Ich brauche Ihnen gewiss nicht zu erzählen, wie Pfefferminztee zubereitet wird. Aber es ist gut zu erfahren, wie Sie Minze anbauen können, damit Sie immer welche vorrätig haben. Am wichtigsten aber ist Minze, wie ich finde, für die Herstellung von Minzöl als Grundzutat für Pfefferminz-Bonbons. Sie schmecken köstlich und erinnern mich an Kocherlebnisse in meiner Jugend.

GUT ZU WISSEN Minze *(Mentha)* ist eine mehrjährige Pflanze, die sich über Rhizome (unterirdische Sprossteile der Pflanze) ausbreitet. Sie wächst auf kargen Böden, in der Sonne oder im Schatten. Minze kann sich unkontrolliert im Garten ausbreiten, wenn sie nicht gestoppt wird (Gärtner sagen auch Unkraut dazu). Deshalb empfiehlt es sich, sie im Topf zu pflanzen oder sie mitsamt Pflanzcontainer in die Erde zu setzen – es sei denn, Sie wünschen sich einen Garten voll Minze (das wäre schon ein wenig langweilig, wenn auch nicht das Schlechteste).
Es gibt viele verschiedene Minzesorten, jede mit ihrem eigenen Aroma, und Pflanzen wie etwa die Zitronenmelisse *(Melissa officinalis)*, die eigentlich keine Minze ist, aber wie Minze verwendet wird. Die gängigsten Sorten sind Grüne Minze *(Mentha spicata)*, Pfefferminze *(Mentha x piperita)*, Apfelminze *(Mentha suaveolens)* und Bergamotte *(Monarda didyma)*. Sie alle enthalten Menthol und andere Stoffe, die sie sehr „minzig" machen. Es lohnt sich, viele unterschiedliche Pflanzen zu kaufen, um die eigene Lieblingssorte unter ihnen zu entdecken.
Minze mit Blumenerde in Töpfe pflanzen oder draußen ins Beet setzen. Gut gießen, denn Minze ist sehr durstig. Im Sommer erscheinen bei allen Minzesorten kleine Büschel von meist lilafarbenen Blüten, die sich gut als essbare Salatdeko machen, aber auch in kleinen Vasen hübsch aussehen.
Während der Wachstumsperiode habe ich viele verschiedene Minzesorten im Haus. Sie duften großartig und ich möchte sie unbedingt alle in meiner Nähe haben. Im Winter stelle ich sie nach draußen und vergesse sie danach völlig. Minze kehrt im Frühling verlässlich wieder zurück, auch wenn sie total vernachlässigt wird.

TIMING Frühling oder Sommer

WAS SIE BRAUCHEN **Frische Minzeblätter** Es muss nicht unbedingt Pfefferminze sein. Ich mische meist verschiedene Minzesorten.
1 sauberes Marmeladenglas
120 ml süßes Mandelöl in Bio-Qualität Gibt es in gut sortierten Bioläden, meist im Kosmetikregal.
1 feines Baumwolltuch
200 g Puderzucker
1 Eiweiß (Größe L), zu festem Schnee geschlagen

Was zu tun ist Marmeladenglas bis oben mit frischen Minzeblättern füllen. Mandelöl leicht erhitzen. Dafür stelle ich das Öl in einem ofenfesten Messbecher in den Backofen, erhitze diesen auf die niedrigste Temperaturstufe und warte, bis die Kontrollleuchte ausgeht (das dauert etwa 6 Minuten). Das Öl über die Blätter im Glas gießen und mit einem sauberen Löffel vorsichtig umrühren, um alle vorhandenen Luftbläschen zu entfernen. Wenn die Mischung abgekühlt ist, den Deckel gut verschließen und das Glas 1 Monat an einen dunklen Ort stellen, damit die Minze das Öl aromatisiert.
Anschließend das Öl durch das feine Baumwolltuch seihen und dies gut ausdrücken. In einer Schüssel das Eiweiß verquirlen. Puderzucker darübersieben und unterrühren, bis eine glatte, feste Masse entstanden ist. Minzöl nach Belieben dazugeben. Die Paste wie einen Teig ausrollen und in mundgerechte Stücke (z. B. Rauten) schneiden. Bonbons nebeneinander auf Backpapier legen und über Nacht, mit einem Küchentuch abgedeckt, fest werden lassen.

Sonstiges Ölessenzen lassen sich auf die oben beschriebene Weise von jedem wohlriechenden Küchenkraut herstellen. Rosmarin, Lavendel und Thymian eignen sich dafür ganz besonders. Und ein kleines Fläschchen mit einer solchen Ölessenz ist ein schöneres Mitbringsel als dieses native Olivenöl mit eingelegten Kräutern, das mittlerweile nicht mehr wirklich originell ist.

Schnittlauch macht doppelt Freude

Auch auf der Fensterbank erfreut Schnittlauch gleich doppelt: Er lässt sich in der Küche vielfältig einsetzen und ist hübsch anzusehen. Am besten setzen Sie ihn in einen Topf, an den Sie leicht herankommen. Aber natürlich können Sie Schnittlauch auch in ein kleines Beet mit frischer Erde und etwas Schatten in Küchennähe pflanzen.

GUT ZU WISSEN

Schnittlauch *(Allium schoenoprasum)* gehört zur Familie der Zwiebelgewächse. Doch er macht sich auch wunderbar als Zierpflanze. Ich sehe häufig, dass Schnittlauch die Beete großer Gärten säumt. Er erinnert nämlich nicht zu sehr an Zwiebeln und seine Blüten (in Purpur, Rosa und Weiß) sind extrem hübsch.

TIMING

Am besten im Spätfrühling

WAS SIE BRAUCHEN

1 Tütchen Schnittlauchsamen vom Gartencenter
1 Blumenkasten oder 1 Topf
Blumenerde

WAS ZU TUN IST

Blumenkasten oder -topf mit Erde füllen und einige schmale Rillen ziehen – so nennen Gärtner es, wenn sie mit dem Finger in der Erde von einem Topfende zum anderen eine gerade Linie ziehen. Nun die Samen möglichst einzeln in die Rillen legen. Mit der beiseite geschobenen Erde wieder bedecken und leicht andrücken. Mit einer feinen Brause auf der Gießkanne vorsichtig angießen. Auf die Fensterbank stellen und warten.

Schnittlauch bevorzugt halbschattige Standorte und jede Menge Wasser (seine Stängel wachsen sehr dicht). Während der Wachstumsperiode etwas Flüssigdünger ins Gießwasser geben, damit der Schnittlauch gut wächst. Er wird bis zu 30 cm hoch und kann bis auf 3 cm über dem Boden zurückgeschnitten werden, und das 3–4 Mal in der Wachstumsperiode. Wenn Sie die Blütenstängel vor der Blüte abschneiden, regt das die Pflanze an, noch mehr Stängel zu produzieren.

Schnittlauch ist eine mehrjährige Pflanze. Das bedeutet, dass sie am Ende der Wachstumsperiode abstirbt und im nächsten Jahr wieder neu austreibt, jedoch nur, wenn Sie es den letzten Stängeln erlauben, Fotosynthese zu betreiben, um die unterirdischen Zwiebeln ausreichend mit Nährstoffen für das kommende Jahr zu versorgen. Darum sollten Sie die Stängel absterben lassen.

ZUM ESSEN ETC.

Ich mische reichlich Schnittlauchröllchen unter weiche Butter und reiche sie z. B. zu gekochtem Gemüse. Und auch einen Saure-Sahne-Dip zu Rohkost würze ich herzhaft damit. Schnittlauchröllchen lassen sich gut auf Vorrat in Eiswürfelbehältern einfrieren. Dafür die Behälter nur zu zwei Dritteln füllen, etwas Wasser angießen und einfrieren. Die gefrorenen Würfel herauslösen und in Tiefkühldosen oder -beutel umfüllen. So kann der Schnittlauch bei Bedarf schnell aufgetaut werden. Die hübschen Blüten machen sich außerdem sehr gut im Salat oder als Dekoration in kleinen Vasen.

Kräuter auf der Fensterbank

In meinem früheren Leben, als ich noch keine Ahnung vom Gärtnern hatte, pflanzte ich jedes Jahr aufs Neue einen Blumenkasten mit den Kräutern, die ich mag. Ich glaubte doch tatsächlich, ich hätte nun jederzeit frische Kräuter. Es dauerte jedes Mal nicht lange, bis ich mich fürchterlich ärgerte, denn einige der Kräuter gingen immer ein, und ich wusste nicht, was ich falsch gemacht hatte. Diese Erfahrung mit Kräutern setzte sich in der Ecke meines Kopfes fest, auf der „Schwierige Sachen" steht. Dabei hat mir nur eine einzige Information gefehlt:

GUT ZU WISSEN

Es gibt mehrjährige und einjährige Küchenkräuter. Das bedeutet, dass einige Kräuter lange Zeit im Topf wachsen können und andere am Ende der Wachstumsperiode absterben. Sie sollten deshalb nicht zusammen eingepflanzt werden. Ich erkläre Ihnen nun, wie Kräuter für ein leckeres Essen à la Jamie Oliver am besten zusammen gezogen werden können.

TIMING

Kräuter im Frühling pflanzen. Dann wachsen sie am stärksten.

GUTE PFLANZENKOMBINATIONEN

Lorbeer *(Laurus nobilis)*; Rosmarin *(Rosmarinus)*; Salbei *(Salvia)* Ein Trio aus hübschen, meist immergrünen Kräutern für den Einstieg. Am besten einen Blumenkasten in Größe der Fensterbank nehmen und etwas Kies unter die Blumenerde mischen. Pflanzen je nach Geschmack zusammenstellen. Daran denken, dass diese langlebige Bepflanzung auch dekorativ sein sollte. Nicht zu viel gießen – Kräuter mögen es lieber trocken. Durch regelmäßige Ernte bleiben sie in Form.

PFLANZEN IM EIGENEN TOPF

Minze *(Mentha)*; Thymian *(Thymus)*; Schnittlauch *(Allium schoenoprasum)* Ich habe überall verschiedene Minze- und Thymiansorten stehen und ich ziehe Schnittlauch auf der Fensterbank (siehe Rezepte S. 27, 82 und 85).

Oregano oder Wilder Majoran *(Origanum)* Es gibt ihn in vielen Arten. Egal, welche Sie wählen, der jeweilige Topf sollte etwas größer sein als der ursprüngliche Pflanzcontainer, damit die Pflanze Platz hat, sich auszubreiten (meiner fließt förmlich aus einem 30 cm großen Topf). Zum Pflanzen zwei Drittel Blumenerde mit einem Drittel feinem Kies mischen. Nur wenig gießen. Nach der Blüte Meeresalgendünger verwenden. Die Pflanze 6–7 cm über der Erde abschneiden. Sie wird im nächsten Jahr wieder neu austreiben.

EINJÄHRIGE KRÄUTER

Im Frühling und im Sommer gibt es sie in kleinen Pflanzcontainern in jedem Gartencenter (bitte nicht im Supermarkt; die dort verkauften Kräuter sind meist Setzlinge und müssen vor dem Einpflanzen noch geteilt werden – siehe Basilikum aus dem Supermarkt, S. 88). Einjährige als Solisten in einen Topf pflanzen. Der neue Topf sollte dabei etwas größer sein als der alte Pflanzcontainer. Einige Einjährige leben länger als andere, aber irgendwann können auch sie entsorgt werden. Schließlich gibt es im nächsten Jahr wieder neue. Was die einzelnen Kräuter brauchen, finden Sie in meiner Liste.

Basilikum *(Ocimum basilicum)* Siehe Rezept S. 88.
Kerbel *(Anthriscus cerefolium)* Halbschatten. Blumenerde, kein Kies. Nicht zu trocken werden lassen.
Koriander *(Coriandrum sativum)* Nicht die glücklichste Wahl, wenn wenig Platz zur Verfügung steht, denn für die Fensterbank wächst er fast zu hoch. Er benötigt Stützhilfen, die verhindern, dass er umkippt. Außerdem riecht er furchtbar, bevor er ausgewachsen ist. Darum sollte man seine Aufzucht vielleicht doch einem Experten überlassen.
Dill *(Anethum graveolens)* Volle Sonne. Blumenerde und eine Handvoll feiner Kies. Man zieht ihn besser im Beet als auf der Fensterbank, denn er muss gestützt werden, damit er nicht umkippt. Aber auch, wenn nur eine Fensterbank zur Verfügung steht, lohnt sich seine Aufzucht, weil er so köstlich ist.
Petersilie *(Petroselinum crispum)* Eigentlich eine winterharte Zweijährige, aber ich kaufe jedes Jahr einen neuen Topf. Petersilie ist eine gierige Pflanze und mag gute Pflege. Zum Pflanzen Blumenerde verwenden und gut wässern. Regelmäßig schneiden, um frischen Wuchs zu fördern. Einmal in der Woche mit flüssigem Meeresalgenextrakt düngen.

Basilikum aus dem Supermarkt

Bestimmt hat jeder, der gärtnert, ein Projekt, an das er sich immer wieder herantraut und das jedes Mal danebengeht. Bei mir ist das mit Basilikum der Fall. Bisher sind alle meine Versuche, es aus Samen zu ziehen und wachsen zu lassen, kläglich gescheitert. Basilikum ist eine empfindliche Pflanze und vielleicht bekommt sie von mir nicht die Aufmerksamkeit, die sie verdient. Der Verlust ist umso schmerzhafter, je mehr Zeit und Energie ich zuvor investiert habe. Deshalb halte ich mich mittlerweile an die Supermarkt-Methode, die mir ein erfahrener Gärtner gezeigt hat. Die Pflanze stirbt nach wie vor, aber erst beschert sie mir für etwa 2 Monate eine reiche Ernte. Das ist schon ein großer Fortschritt.

GUT ZU WISSEN

Basilikum *(Ocimum basilicum)* ist eine einjährige, manchmal auch mehrjährige Pflanze. Doch nur, wenn es in einer Umgebung wächst, die seiner ursprünglichen Heimat, den Tropen und Subtropen Asiens, ähnelt. Dort und im Mittelmeerraum wächst Basilikum in einem Lebensraum, der in Fachbüchern als „heißes, trockenes Unterholz" beschrieben wird. Meiner Meinung nach ist das irreführend, da es so klingt, als brauche es wenig Wasser. Doch nichts ist weiter von der Wahrheit entfernt. Basilikum produziert mehr von seinem aromatischen ätherischen Öl, je sonniger der Platz ist, an dem er steht. Doch dazu hat es nur die Chance, wenn es außerdem in einem ausreichend feuchten, nährstoffreichen Boden wächst. Das gilt übrigens für alle Pflanzen, die umwerfende Aromen und große Blätter besitzen.

TIMING

Die natürliche Wachstumsperiode des Basilikums ist der Sommer. Deshalb empfiehlt sich dieser Vorschlag für den Juli.

WAS SIE BRAUCHEN

1 großer Topf mit Basilikum Aus dem Supermarkt.
3 kleine Tontöpfe Natürlich eignen sich auch andere alte Töpfe, aber da sie einige Zeit auf der Fensterbank stehen werden (wahrscheinlich in der Küche), sollten sie so dekorativ wie möglich sein. Meine Töpfe haben einen Durchmesser von 8 cm.
Blumenerde

WAS ZU TUN IST

Pflanze aus dem Plastikcontainer nehmen. Sie werden sehen, dass es sich nicht nur um eine Pflanze handelt, sondern etwa um 50 einzelne, die zusammengepfercht sind wie Menschen in der U-Bahn. Sie brauchen mehr Platz – darum sterben sie auch so schnell ab. Nun vorsichtig die Erde mit dem Basilikum in 2 Hälften teilen. Die erste Hälfte nochmals teilen. Nun 1 Viertel nehmen und wiederum 4 Wurzelballen mit jeweils 3–4 Pflanzen abteilen. Die Wurzelballen zusammen in einen neuen Topf setzen und die Zwischenräume mit Erde füllen. Mit dem zweiten Viertel der Pflanzen ebenso verfahren. Die verbliebene Hälfte teilen und die 2 Hälften einander gegenüber in den dritten Topf pflanzen. So sind schließlich 3 Töpfe mit Basilikum bepflanzt. Gut gießen und 1 Woche stehen lassen, damit die Pflanzen wachsen können.

Basilikum liebt einen sonnigen Platz auf der Fensterbank – Sonne intensiviert seinen Geschmack. Zuerst die Blätter der wüchsigsten Pflanze pflücken. Dabei immer die Blätter vom unteren Teil eines Seitentriebs nehmen, damit neue Blätter nachwachsen können. Wenn der erste Topf kahlgepflückt ist, sollten die Blätter des zweiten Topfes groß genug sein. Und wenn auch der dritte Topf abgepflückt ist, sind die Blätter am ersten schon wieder nachgewachsen. Es ist wichtig, dass das Basilikum jeden Tag, zumindest aber jeden zweiten Tag gegossen wird. Sonst bekommt es keine schönen großen Blätter. Auf die beschriebene Weise können die Pflanzen über Monate wachsen. Und meine Befriedigung darüber, dass ich den kleinen, zusammengequetschten Setzlingen etwas Raum zum Atmen geben konnte, wird fast noch von der Vorstellung übertroffen, die 1,99 € mehrfach wieder reingeholt zu haben, die die Pflanze mal gekostet hat ... Nun ja, Kleinvieh macht auch Mist.

Kaskaden aus essbaren Blüten

Haben Sie jemals Ihre Nase in eine große, duftende gefüllte Rosenblüte gesteckt und es überkam Sie der Wunsch hineinzubeißen? Dann hab ich eine gute Nachricht: Sie können diesem Wunsch gefahrlos nachgeben, zumindest, wenn die Rose nicht mit irgendwelchen üblen Chemikalien gespritzt wurde. Die Liste der essbaren Blüten ist lang und, wie ich finde, ziemlich spannend, denn sie vereint zwei der besten Dinge des Lebens: Blüten und Essen. Ein Salat, über den eine Handvoll pfeffrig schmeckender Blüten gestreut wird, ist eine wunderbare Sache, und Sie können damit enorm viel Eindruck schinden. Jede essbare Blüte hat ihren ganz eigenen Geschmack und ist voller Nährstoffe. Die Blüten sind Nahrung für Körper und Geist zugleich. Kapuzinerkresse ist ein guter Einstieg.

GUT ZU WISSEN

Kapuzinerkresse *(Tropaeolum majus)* ist eine mehrjährige Kletterpflanze aus Zentral- oder Südamerika. Das heißt, sie kann Frost nicht ausstehen und wird darum bei uns meist als Einjährige gezogen. Natürlich können Sie Jungpflanzen kaufen, aber es ist viel billiger und befriedigender, es mit einem Tütchen Saatgut selbst zu versuchen. Kapuzinerkresse braucht nicht viel Pflege, lediglich etwas Wasser. Wie bei vielen Pflanzen, die nur wegen ihrer Blüten gezogen werden, gilt auch hier das Prinzip „Behandle sie schlecht und sie wachsen erst recht". Mit anderen Worten, die Kapuzinerkresse blüht noch üppiger, wenn sie in nährstoffarmem Boden wächst.

TIMING

Saatgut im März oder April säen.

WAS SIE BRAUCHEN

Kapuzinerkresse-Samen Kaufen Sie 1–2 Tütchen – es gibt sie fast überall. Für meinen Geschmack gilt: je leuchtender die Farben, desto besser. Die Saatgut-Hersteller haben viele wunderbare Mischungen entwickelt. Sie kombinieren z. B. gelbe und leuchtend rote Blüten mit flammenähnlichen Markierungen oder orangfarbenen Sprenkeln. Und wer es zurückhaltender mag, kann zwischen mahagonifarbenen und blassgelben Sorten wählen.
Blumentöpfe, Blumenkästen oder Blumenampeln *Tropaeolum* liebt es, alles zuzuranken, deshalb sind hängende Blumenampeln bzw. -kästen oder Blumentöpfe an der Wand perfekt. Die Pflanzen benötigen etwa 25 cm Abstand zum Nachbarn. D. h. 3 Pflanzen passen in eine Blumenampel mit 35 cm Durchmesser.
Blumenerde Eventuell mit etwas Kies mischen, damit die Blumenampel nicht zu schwer wird.
Ein sonniger Standort

WAS ZU TUN IST

Die Pflanzgefäße mit Erde füllen und jeden Samen mit 12 cm Abstand etwa 1 1/2 cm tief in die Erde drücken. Mit Erde bedecken und gut angießen, bis das Wasser aus dem Gefäßboden herausläuft. Das Pflanzgefäß nach draußen setzen und einige Wochen geduldig warten, bis sich die ersten Keimlinge zeigen. Danach einige Wochen weiterwachsen lassen, dabei die Erde immer

gut feucht halten. Dann etwa die Hälfte der Keimlinge entfernen, so dass die Jungpflanzen ungefähr im Abstand von 25 cm zueinander stehen. Die Pflanzen werden kräftiger, wenn sie mehr Platz zum Wachsen haben. Sie müssen nur noch dafür sorgen, dass sie gut gegossen werden. Die Kapuzinerkresse belohnt Sie dann mit Kaskaden traumhaft schöner Blüten, die Sie abpflücken, waschen und zum Verzieren von Gerichten verwenden können.
Kapuzinerkresse wird oft von der Schwarzen Bohnenblattlaus und von Raupen befallen (darum setzen Gemüsebauern sie oft zwischen ihre Pflanzen). In dem Fall nicht entmutigen lassen. Das passiert nun mal und lässt sich unter Kontrolle bringen: Entweder die Schädlinge mit den Fingern zerquetschen oder mit einem Wasserstrahl abspritzen. Außerdem gibt es gute natürliche Pflanzenschutzmittel am Markt, die für essbare Pflanzen gefahrlos anzuwenden sind (siehe S. 239). Es kommt nur darauf an, sofort tätig zu werden, wenn sich die Tierchen zeigen, und nicht zu warten, bis die Sache außer Kontrolle gerät.

SONSTIGES Küchenkräuter, Ringelblumen, Lavendel, Veilchen und Stiefmütterchen, Pelargonien und Taglilien sind weitere Pflanzen mit essbaren Blüten, die einfach zu ziehen sind. Siehe auch Borretsch für Eis und Feuerwerke, S. 134.

Sprossen zum Warmlaufen

Bei mir hat es eine Weile gedauert, bis ich durchblickt habe, was ich mit Bohnensprossen alles anstellen kann. Ich hatte dabei immer an pfannengerührte Gerichte denken müssen (viel zu viel Geschnippel!) und an dieses kleine rätselhafte Gemüse namens Babymais, das ich verabscheue. Doch der Weihnachtsmann hatte mit mir anderes im Sinn: An einem ruhigen zweiten Weihnachtstag säte ich mein erstes Tütchen mit Bohnensprossen. Bis heute habe ich es nicht bereut. Sie sind wahre Mineralien-, Protein- und Vitaminbomben und daher sehr gesund – das wird Anfängern bestimmt gut gefallen.

GUT ZU WISSEN In der Saatgut-Abteilung des Gartencenters sind Tütchen mit Bohnen und Samen erhältlich, die sich gut zum Keimen eignen. Es gibt sie entweder nach Sorten getrennt oder als Mischung. Sie können die gewünschten Samen, Nüsse, Bohnen oder Getreidekörner aber auch im Bioladen kaufen. Bedenken Sie, dass Sie ein Rohprodukt essen werden und sicher sein wollen, dass es gut für Ihren Körper ist. Deshalb sollte es chemisch unbehandelt sein. Es gibt viele Möglichkeiten, etwas keimen zu lassen (siehe meine Vorschläge auf der nächsten Seite), aber das beste und überall erhältliche Keimmaterial für einen Sprossen-Einsteiger ist *Phaseolus aureus*, auch bekannt als Mungobohne.

TIMING Wirklich ganzjährig – einfacher könnte Gärtnern im Haus nicht sein. Die Sprossen brauchen nicht mal Licht. Deshalb ist dies ein tolles Projekt für dunkle Wintertage.

WAS SIE BRAUCHEN **2 Teelöffel *Phaseolus aureus* (Mungobohnen) in Bio-Qualität** (siehe oben).
1 größeres Marmeladenglas
1 Stück feiner Baumwollstoff
1 Gummiband

WAS ZU TUN IST Zuerst die Bohnen in das Glas geben, mit Wasser auffüllen und gut schütteln, um die Bohnen durchzuspülen. In einem Sieb abtropfen lassen, zurück in das Glas geben und mit Wasser bedecken. Etwa 24 Stunden einweichen lassen, bis sie gequollen sind und einige Sprossenspitzen schon aus ihrer kleinen grünen Hülse herauslugen.

Das Stoffstück über die Glasöffnung legen und mit einem Gummiband befestigen. Glas umdrehen und Wasser abtropfen lassen. Nochmals mit Wasser füllen und die Bohnen zum Durchspülen gut schütteln. Wasser erneut abtropfen lassen und das Glas schräg gestellt an einen warmen Ort setzen (bei mir ist das der Platz unter dem Spülbecken, andere wiederum wickeln Papiertüten – oder etwas anderes, was das Licht von den Sprossen fernhält – um die Gläser). Keimlinge zweimal am Tag mit Wasser spülen (ich mache das immer nach dem Zähneputzen, dann vergesse ich es nicht).

Am zweiten oder dritten Tag sollten die Bohnen anfangen zu keimen. Dann drückt sich ein kleiner weißer Stoßzahn aus der aufgeplatzten grünen Hülse heraus. Sie können die Bohnensprossen nun so lange essen, bis sich kleine

Blätter zeigen. Das geschieht ungefähr am siebten Tag. Denken Sie daran, dass Ihre selbstgezogenen Sprossen niemals so aussehen werden wie die fertig gekauften, die unter Druck produziert werden (das können Sie zu Hause natürlich auch tun, wenn Sie feststellen, dass Sprossen Ihr Ding sind). Mit Bohnensprossen lässt sich unheimlich viel machen, aber ich streue sie am liebsten über Salate. Ich habe festgestellt, dass sie vor allem diese spindeldürren Mädels mit Größe XS, die alles dafür tun, dünn zu bleiben, in wahre Entzückung versetzen: Sie stürzen sich gierig auf eine Schale mit Sprossen, und das mit einer Begeisterung, die bei mir selbst nur Torte oder ein tolles Dessert auslösen. Aber bitte: Jede ganz nach ihrem Geschmack.

Sonstiges Auch Adzukibohnen, Alfalfa-Sprossen (die nahrhaftesten Sprossen überhaupt), Mandelkerne (mit Haut), Kichererbsen, Bockshornklee, Mais, Hirse, Hafer, Kürbiskerne, Quinoa, Reis, Sesamsamen und viele andere eignen sich zum Keimen. Wenn Sie eine Vorliebe dafür entwickeln, ist das erst der Anfang; ein Weizengras-Rasen oder ein im Haus gezogener Salat (siehe S. 95) sind die nächsten Projekte. Sprossen und Keime sind dann sozusagen nur etwas zum Warmlaufen.

Salatblätter als ganzjähriges Grünfutter

Es gibt verschiedene Möglichkeiten, während der Wachstumsperiode auf dem Küchenfenster leckeres frisches Grünzeug zu ziehen. Ob die Umsetzung schwierig ist, hängt natürlich davon ab, was Sie ziehen wollen. Darum ist für einen Anfänger wie mich ein Tütchen mit gemischten Salatsamen ein Geschenk des Himmels. Es erscheint verrückt, Salat in Plastikbeuteln zu kaufen, wo es doch so einfach ist, Salat selbst zu ziehen. Und wahrscheinlich lässt der Wunsch nach fertig abgepacktem Salat schnell nach, wenn Sie so gut organisiert sind, dass Sie alle paar Wochen neuen Samen säen. Ich bin es leider nicht, deshalb wähle ich einen Mittelweg, indem ich das, was ich kaufe, mit dem, was ich selbst ziehe, ergänze. Was bringt es schließlich, sich perfekt zu verhalten, wenn es einen total stresst?

GUT ZU WISSEN

Gemüsebauern nennen den Salat, um den es hier geht, Pflücksalat. Das Tolle an ihm ist, dass die junge Blattpflanzen nach der ersten Ernte erneut wachsen. Zum Teil wachsen sie zwei- bis dreimal nach und garantieren so einen ständigen Nachschub an jungen Blättern, die wir voller Genuss verzehren können.
Die Leute in den Saatgut-Betrieben investieren viel Zeit und Energie, um uns mit Mischungen (mit Namen wie 'Saldini', 'Saladisi', 'Mesclun' oder 'Niche') zu versorgen, die gut zusammen wachsen und von Frühling bis Herbst Salatblätter liefern – für weniger als den Preis eines abgepackten Schnittsalats aus dem Supermarkt. Wem würde das nicht gefallen?

TIMING

Durchgängig von Frühling bis Sommer. Beim ersten Versuch ist der Frühling am besten.

WAS SIE BRAUCHEN

1 Tütchen gemischte Salatsamen Im Gartencenter oder im Supermarkt erhältlich.
1 Saatkiste Dazu eignet sich jeder alte Plastikkasten. Darauf achten, dass er Abflusslöcher im Boden hat, damit das Wasser ablaufen kann und dass er auf Ihre Fensterbank passt. Ich bin mit leeren Speiseeispackungen gestartet, doch habe ich mich schon zu Saatkisten in der Größe 38 x 24 cm hochgearbeitet. Die sind stabiler und bieten natürlich Platz für mehr Blätter. Flache runde Tontöpfe sind ebenfalls schön, vor allem wenn sie auf den Tisch kommen.
Blumenerde

WAS ZU TUN IST

Das Gefäß mit Erde füllen und mit Gefühl auf eine Arbeitsfläche stoßen, damit sich die Erde gut verteilt und dem Saatgut eine gleichmäßig feste Unterlage bietet. Mit einem Bleistift Rillen hineinziehen, die Samen dünn darin verteilen und behutsam mit etwa 1 cm Erde bedecken. Mit einer feinen Brause auf der Gießkanne vorsichtig angießen oder die Schale für einige Stunden in eine flache Schale mit Wasser setzen, bis die Erde feucht schimmert. Das Gefäß auf eine sonnige Fensterbank stellen und darauf achten, dass die Erde nicht austrocknet.

Je nach Inhalt der Saatmischung wird das Saatgut innerhalb eines Zeitraums von wenigen Tagen bis zu 3 Wochen anfangen zu keimen. Ich werde zum Chirurgen, wenn sich die ersten Keimlinge zeigen, und nehme dort einzelne heraus, wo sie sehr dicht nebeneinander stehen. Danach hat jeder Keimling zumindest ein paar Zentimeter Platz, auch wenn das ist nicht unbedingt notwendig ist.
Das erste Büschel Salat kann ein paar Wochen später geerntet werden. Dabei die Blätter immer kurz über dem Keimblatt (erstes Blatt) oder über den ersten Laubblättern abschneiden oder abpflücken. So kann die Pflanze erneut austreiben. Ich stelle die Schale manchmal auch direkt auf den Tisch, dann kann jeder seinen eigenen Salat ernten.
Die Geschmacksvielfalt ist erstaunlich, und es lohnt sich, ab und zu die frischen Keimlinge zu probieren, um herauszufinden, wann sie am leckersten sind. Wenn Sie ganz junge Pflanzen bevorzugen, liegen Sie voll im Trend – das sind dann die sogenannten Microgreens und die sind im Moment absolut in.

Kirschtomaten machen süchtig

Der Mund schließt sich, leicht zubeißen … und dann plötzlich diese süße Explosion am Gaumen. Natürlich schmecken selbst angebaute Tomaten am allerbesten. Ich ziehe 1–2 Pflanzen am Küchenfenster. So habe ich sie schnell zur Hand, wenn mich die Tomatensucht wieder einmal überkommt.

GUT ZU WISSEN Die Tomate *(Solanum lycopersicum)* ist eine zarte einjährige Pflanze aus Südamerika und in vielen Sorten erhältlich. Tomaten lassen sich problemlos aus Samen ziehen, aber für den ersten Versuch empfiehlt es sich, Jungpflanzen aus dem Gartencenter zu kaufen. Gute, zuverlässige Kirschtomatensorten sind 'Sakura', die gut trägt, 'Red Cherry' oder 'Sweet Olive' wegen ihrer Süße, und die stets wunderbare 'Gardener's Delight', die ihrem Namen alle Ehre macht und in den meisten Gartencentern zu bekommen ist.

TIMING Tomatenpflanzen sind ab April erhältlich. Sofort kaufen.

WAS SIE BRAUCHEN

1 junge Tomatenpflanze (siehe oben).
1 Topf mit etwa 20 cm Durchmesser
Blumenerde
1 Bambusstab, mindestens 1,5 m lang.
1 Flasche mit Flüssigdünger für Tomaten Gibt es im Gartencenter.

WAS ZU TUN IST Junge Tomatenpflanze aus dem Plastiktopf nehmen und in einen neuen Topf pflanzen. Die Erde gut andrücken. Den Bambusstab seitlich in den Topf stecken (dabei die Wurzeln nicht beschädigen!). An ihm kann die Tomatenpflanze später angebunden werden. Die Pflanze gut gießen und den Topf mit einem Untersetzer an ein sonniges Fenster stellen. Der Untersetzer fängt überschüssiges Wasser auf. Die Erde feucht halten und die Pflanze einmal in der Woche mit dem Spezialdünger versorgen, dabei die Dosierungsanleitung beachten. Ab Mitte Juli sollten sich erste Tomaten zeigen. Genießen Sie jede einzelne!

SONSTIGES Für eine bessere Ernte noch folgende Tipps:

- Seitentriebe entfernen und nur den Haupttrieb stehen lassen. Die Seitentriebe wachsen aus den Blattachseln heraus und sind nicht mit den Fruchtständen zu verwechseln, die sich direkt aus dem Stamm zwischen den Blättern bilden.
- Im späten August, oder wenn die Pflanze bis an das obere Ende des Stabes gewachsen ist, die Spitze des Haupttriebes abknipsen. Das regt die Fruchtbildung an.
- Die älteren Blätter unten an der Pflanze abknipsen. So gelangt mehr Luft und Licht an die Pflanze und das begünstigt das Reifen der Früchte.

Möhren für Peter Hase

Ich kann mich nur bei selbstgezogenen Möhren überwinden, sie roh zu essen. Große wässerige Supermarktmöhren dagegen sind nur für eine Sache zu gebrauchen – für einen Möhrenkuchen. Der eigene Anbau von Babymöhren ist wirklich einfach und im August halten Sie dann wohlschmeckende, fingergroße Wurzeln mit Grün in den Händen – wie sie in snobistischen Restaurants angeboten werden – und können die bis in den Herbst hinein ernten.

Gut zu wissen Peter Hases liebstes Gemüse ist eine Pfahlwurzel – ein Speicherorgan, in dem die Pflanze Zucker für ihr Wachstum sammelt. Es handelt sich um eine zweijährige Pflanze (blüht im zweiten Jahr, um Samen zu produzieren), die in vielen verschiedenen Formen und Größen gezüchtet wird. Sein Elternwildstamm, *Daucus carota,* stammt aus Europa und Südwestasien.

Timing Aussaat am besten Ende April oder Anfang Mai

Was Sie brauchen **Möhrensamen** Gibt es im Gartencenter oder auch im Supermarkt. Für das Projekt Möhre eignet sich 'Primo' am besten, die reiche Ernte trägt, 'Early Nantes', eine alte Sorte für meine nostalgische Ader, und 'Parmex', mit einer kugeligen Form, die an eine Kirschtomate erinnert und perfekt für einen flachen Topf geeignet ist.
Pflanzgefäße Am besten gleich zwei. So können Sie im ersten Topf eine frühe Sorte ernten und die im zweiten Topf später knabbern. Ich nehme Terracotta-Töpfe, die sind hübscher, aber mit Plastiktöpfen geht es eigentlich noch besser, da sie kein Wasser durchlassen. Egal, welche Sie nehmen, die Töpfe sollten einen Durchmesser von 30 cm haben und mindestens 10 l fassen. Denken Sie daran, dass Möhren Platz zum Wurzeln brauchen.
Blumenerde
Ein sonniger Standort

Was zu tun ist Die Töpfe mit Erde füllen und ein- bis zweimal auf den Boden stoßen, damit die Erde sich setzt. Die Samen einzeln (mit etwa 1 cm Abstand) auf der Oberfläche verteilen und nur leicht mit Erde bedecken. Mit einer feinen Brause auf der Gießkanne angießen und geduldig warten. Die Töpfe draußen an einen sonnigen Ort stellen, feucht halten, nicht nass – Möhren mögen keine Nässe. Die ersten Möhren können im frühen August verzehrt werden. Ich serviere sie roh – nur gewaschen, mit dem ganzen Grün – aufgetürmt auf einer Platte mitten auf dem Tisch. So kann sich jeder bedienen und genießen.

Sonstiges Wenn Sie damit leben können, eine reiche Ernte der Optik zu opfern, dann sollten Sie Samen von federblättrigen Einjährigen wie etwa Jungfer-im-Grünen *(Nigella damascena)* oder Kornblume *(Centaurea cyanus)* unter die Möhrensamen mischen. Dadurch wirken nicht nur die Möhrenblätter noch prächtiger, sondern die Blumen halten auch die gefürchtete Möhrenfliege fern (für Möhren im Topf ist sie allerdings nicht so ein großes Problem wie für solche im Beet).

Erdbeeren in Blumenampeln

Erdbeeren sind nicht nur essbar, sondern auch zauberhaft als Dekoration – und machen sogar doppelt Freude, wenn sie in eine Blumenampel gepflanzt werden. Ich habe mich mit diesen komischen Erdbeertöpfen mit Löchern an den Seiten nie anfreunden können und finde Blumenampeln viel hübscher, denn darin wächst die Frucht auf Nasenhöhe. Gegenüber dem Beet, oder einem Standort nah am Boden, hat die Blumenampel außerdem den Vorteil, dass Erdbeeren dort vor glibberigen Kleinsttierchen sicher sind (unerklärlicherweise haben die den gleichen Geschmack wie wir). Und es ist auch nicht nötig, Stroh oder ein anderes Material unter die Früchte zu legen, damit sie nicht durch den Kontakt mit dem Boden faulen.

GUT ZU WISSEN

Erdbeeren *(Fragaria)* gehören zur Familie der *Rosaceae*. Und tatsächlich verrät ein Blick auf die Blüten die Ähnlichkeit mit Wildrosen. Es sind mehrjährige Pflanzen aus den Wäldern, Wiesen und Heckenlandschaften in Europa, Asien und Nordamerika. Sie bevorzugen Sonne oder leichten Halbschatten sowie einen nährstoffreichen Boden.

Erdbeeren, die als Nutzpflanzen angebaut werden, teilen sich in 4 Gruppen: früh, mittelspät, spät und immertragend. Der Name der Gruppe deutet auf ihre Fruchtzeit, wobei immertragende Sorten sowohl im Sommer als auch im Herbst geerntet werden können. Ich bevorzuge die frühen Sorten 'Rosie' und 'Honore' oder die mittelspäte Sorte 'Hapil', denn ab Juli kann ich persönlich eigentlich keine Erdbeeren mehr sehen. Wegen ihrer Struktur und ihres Geschmacks ist meine Lieblingserdbeere 'Elsanta'. Es gibt zwar Züchter, die sich auf Erdbeerpflanzen spezialisiert haben, aber ich kaufe meine meist bei meiner Gärtnerei vor Ort.

TIMING

Frühling bis Sommer

WAS SIE BRAUCHEN

Erdbeerpflanzen 2–3 kleine Pflanzen pro Blumenampel. Sie sind im Frühling im Gartencenter erhältlich.

Blumenampel Es gibt viele verschiedene Modelle zur Auswahl, aber es ist die Grundregel, dass Sie das bekommen, für das Sie bezahlt haben. Entscheiden Sie sich im ersten Jahr für ein billiges, bereits mit Folie ausgelegtes Modell. Falls Sie feststellen, dass es Ihnen Spaß macht und Sie mehr Zeit und Energie in Erdbeeren investieren wollen, dann können Sie immer noch ein langlebiges Modell wählen. Achten Sie darauf, dass die Folie durchlässig ist, damit überschüssiges Wasser ablaufen kann. Wenn die Ampel mit Plastik ausgekleidet ist, schneiden Sie Abflusslöcher hinein.

Blumenerde Eignet sich am besten für Blumenampeln, sie ist lehmfrei und deshalb leichter.

Feiner Kies Verhindert das Austrocknen der Erde.

Tomatendünger Der ist nicht nur für Tomaten ideal. Der Flüssigdünger enthält viel Kalium, das Blüte und Fruchtbildung unterstützt. Ich verwende ihn auch für einige andere Pflanzen.

Was zu tun ist Blumenampel mit Erde füllen und Erdbeerpflanzen vorsichtig kreisförmig am Rand einpflanzen. Die Lücken mit Erde auffüllen, dabei nach oben genug Platz für den Gießrand lassen und die Oberfläche mit etwas feinem Kies bedecken, damit die Erde nicht so schnell austrocknet. Die Ampel an einem hellen Standort aufhängen und gut wässern, bis die Erde sich vollgesogen hat und das Wasser unten herausläuft. Die Blumenampel immer gut feucht halten – Erdbeeren können nur fruchtig werden, wenn sie genug Wasser haben, um Saft zu produzieren. Deshalb sollten sie nicht zu stark austrocknen.
Sobald eine Blüte erscheint, mit der Düngung beginnen (bitte die Dosierungsanleitung auf der Flasche beachten) und den Dünger etwa alle 10 Tage ins Gießwasser geben. Ich halte mich nicht sklavisch an die Angaben, würde aber wahrscheinlich mehr Früchte ernten, wenn ich's täte. Ich kaufe gern jedes Jahr neue Pflanzen. So kann ich immer wieder neue Sorten ausprobieren. Zudem habe ich kein Gewächshaus, in dem meine Pflanzen überwintern können.

Zum Essen Ich nehme meine Blumenampel ab und stelle sie nach einem Essen mit Freunden auf den Tisch, am besten in eine dieser alten, runden, ofenfesten Formen (die, in denen diese ekligen glibberigen Fischterrinen zubereitet werden). Dazu reiche ich noch andere Schüsseln mit Sommerfrüchten, jede Menge Sahne und weißen Zucker. Nun kann sich jeder bedienen.

Stachelbeer-Hochstämmchen im Topf

Meiner unmaßgeblichen Meinung nach ist keine Frucht so sexy wie die Stachelbeere: süß, leicht säuerlich und saftig… Diese Qualitäten sind offensichtlich, aber daneben strahlt die Stachelbeere noch eine Anspruchslosigkeit und Lässigkeit aus, die sie für mich wahnsinnig attraktiv macht – zumal ihr Aussehen kaum vermuten lässt, wie köstlich sie wirklich ist. Und dann kommt noch die Pflaumenform und die fein geäderte Transparenz der Frucht hinzu sowie die feine Behaarung einiger Stachelbeeren; und der Biss in die Frucht, der köstlich und unanständig zugleich erscheint… Vielleicht sollte ich wirklich häufiger ausgehen.

Meine Mutter (die für vieles berühmt war, aber bestimmt nicht für ihre Kochkünste) servierte regelmäßig ein Stachelbeerdessert – eine wirklich umwerfende Köstlichkeit, für die man noch nicht einmal perfekte Beeren braucht.

Ich schlage vor, dass Sie sich ein Hochstämmchen kaufen. Das ist schön und nimmt nicht viel Platz ein. Die nachfolgenden Tipps zum Pflanzen und zum Pflanzgefäß gelten aber auch für einen herkömmlichen Strauch.

GUT ZU WISSEN

Früher wurden die Stachelbeere *(Ribes uva-crispa)* zur gebratenen Gans serviert – aus diesem Grund heißt sie in England „gooseberry". Sie ist die erste Beerenfrucht im Jahr, die reif ist (meist im Mai). Wenn Ihnen ein Plastikschälchen mit Stachelbeeren aus dem Supermarkt nicht reicht und Sie draußen genug Platz haben, ist es kinderleicht, eine Stachelbeere zu pflanzen. Sie ist außerdem winterhart.

TIMING

Stachelbeeren am besten im Herbst oder im Frühling pflanzen.

WAS SIE BRAUCHEN

1 Stachelbeerstrauch Kaufen Sie ihn in einer spezialisierten Gärtnerei (siehe Einkaufsadressen, S. 262), die Ihnen hilft, die passende Sorte zu finden. Oder Sie erstehen bzw. bestellen einen Strauch in einem größeren Gartencenter. Gute zuverlässige Sorten sind 'Greenfinch', 'Invicta' (mit grünen Beeren), 'Pax' und 'Rokula' (mit roten Beeren). Die Pflanze wird auch als „nackte Wurzelware" verkauft (d. h. ohne Erde oder Topf). Dann ist sie billiger, muss aber direkt eingepflanzt werden.

Ein möglichst geschützter Standort in voller Sonne oder im Halbschatten Stachelbeeren kommen eigentlich mit allen Verhältnissen gut zurecht. Sie brauchen nur ausreichend Wasser.

Pflanzgefäß Ihre Stachelbeere wird irgendwann ein größeres Pflanzgefäß wie etwa einen Holzkübel (etwa 50 x 40 cm) benötigen, aber das dauert. Anfangs am besten einen Topf verwenden, der etwas größer ist als der, in dem die Stachelbeere gekauft wurde. Ein Topf mit etwa 30 cm Durchmesser ist okay. Im Frühling in ein größeres Gefäß umtopfen, bis die endgültige Größe erreicht ist. Das wird ungefähr 3–4 Jahre dauern.

Pflanzerde

1 Handvoll Langzeitdünger-Granulat (siehe S. 229).

Was zu tun ist Wichtig: Wenn die Stachelbeere direkt in die Erde gepflanzt wird, muss der Boden etwa 1–2 Monate vor dem Pflanzen gut vorbereitet werden. Unkraut entfernen und ein viereckiges, etwa 50 cm großes, spatentiefes Loch graben. Etwas reifen Kompost hineingeben, um den Boden anzureichern, und mit einer Gabel unterarbeiten. Zum Schluss wieder mit der ausgehobenen Erde bedecken.

Wird die Stachelbeere in einen Topf gepflanzt, sollte der neue Topf die gleiche Tiefe haben wie der alte. Wenn Sie nackte Wurzelware verwenden, richten Sie sich nach der Erde am Hauptstamm, daran erkennen Sie, wie tief die Stachelbeere eingepflanzt war. Sorgen Sie dafür, dass alle Wurzeln Kontakt zur Erde haben. Dafür im Pflanzloch einen kleinen Hügel aufschütten und die nackten Wurzeln darauf verteilen, bevor das Pflanzloch wieder mit Erde gefüllt wird. Während der Pflanzarbeiten den Stamm der Pflanze festhalten und ein wenig hin- und herrütteln, damit auch Erde in die Lücken zwischen den Wurzeln fallen kann. Die Pflanze gut andrücken und ausreichend gießen.

Das Zurückschneiden des Hochstämmchens ist einfach: Lediglich die überflüssigen Triebe im Winter einkürzen, damit die Stachelbeere ihre schöne runde Lutscher-Form behält. Entscheiden Sie sich für einen Strauch, sollte der Gärtner Ihnen eine Anleitung fürs Zurückschneiden mitgeben, damit der Strauch die schöne Form eines geöffneten Kelchs, die die meisten Früchte hervorbringt, behält.

Zum Essen Hier nun das Dessertrezept meiner Mutter: Stachelbeeren zusammen mit etwas Kristallzucker (für den Geschmack) in einen Topf geben und zu einem Brei kochen. Durch ein Sieb oder eine Flotte Lotte streichen und reichlich Schlagsahne zufügen. Alles verrühren und mit gerösteten Mandeln bestreuen. Als Nachtisch gut gekühlt servieren.

Selbst gemachtes Johannisbeergelee

Auch wenn das Kochen von Marmeladen und Gelees eigentlich nicht besonders kompliziert ist, bekomme ich beim Anblick von Pektin stets eine Gänsehaut. Und Johannisbeeren enthalten furchtbar viel davon und sind obendrein noch wunderschön! – Okay, damit habe ich mich als Küchenfreak geoutet.

GUT ZU WISSEN Johannisbeeren *(Ribes rubrum)* sind laubabwerfende Sträucher aus Westeuropa. Sie sind als Säulenjohannisbeere (oft in der Form von einem I, U oder W) oder als Hochstämmchen (siehe Einkaufsadressen S. 262) erhältlich. Der Gärtner gibt Ihnen gerne Tipps fürs Zurückschneiden. Johannisbeeren sind nicht wählerisch, was die Beschaffenheit des Bodens und des Standorts angeht, solange sie ausreichend gegossen werden.

TIMING Pflanzung im Frühjahr verspricht eine schnelle Ernte.

WAS SIE BRAUCHEN **1 Johannisbeerpflanze** Als Säulenjohannisbeere (siehe oben).
Draht und Ringschrauben
Gut vorbereiteter Boden (siehe S. 105)
Weiche Gartenschnur

WAS ZU TUN IST An einer Mauer eine Rankhilfe aus Draht und Ringschrauben bauen. Die Johannisbeere ist ein Flachwurzler und mag es nicht, wenn sie vom Wind durchgeschüttelt wird. Den Strauch in die vorbereitete Erde setzen und mit der Gartenschnur vorsichtig an die Rankhilfe binden.
Die Johannisbeere im März mit einem Universaldünger versorgen und den Boden um die Pflanze herum mit einer Mulchschicht aus gut verrottetem Stallmist oder Gartenkompost bedecken. Regelmäßig gießen. Im Juli erscheinen die ersten Beeren (falls nötig, ein unauffälliges Netz darüberhängen, um Vögel abzuhalten). Pflücken, sobald die Beeren reif sind.

ZUM ESSEN Für Johannisbeergelee die gewaschenen Beeren in einer ofenfesten Schale für etwa 1 Stunde in den auf 180 °C (Umluft 160 °C, Gas Stufe 3) vorgeheizten Backofen stellen, bis der Saft ausgetreten ist. Zwischendurch immer wieder zerdrücken. Durch ein mit einem feinen Baumwolltuch ausgelegtes Sieb seihen und über Nacht abtropfen lassen. Am nächsten Tag eine Untertasse in das Gefriergrät stellen. Ausreichend Marmeladengläser heiß spülen, abtrocknen und dann bei geringer Hitze in den Backofen stellen. Johannisbeersaft abmessen und in einem passenden Topf auf 570 Milliliter Saft 450 Gramm Kristallzucker zufügen. Unter Rühren zum Kochen bringen, 5 Minuten sprudelnd kochen lassen, vom Herd nehmen und 1 Teelöffel der Johannisbeermischung auf die gefrorene Untertasse geben. Zurück in den Gefrierschrank stellen und 1–2 Minuten abkühlen lassen. Danach die Oberfläche mit dem Finger berühren. Wenn sie eine runzelige Haut bekommen hat, ist das Gelee fertig. Ansonsten die Flüssigkeit noch etwas länger kochen lassen und erneut testen. Das Gelee in die leicht erwärmten Gläser füllen und fest verschließen.

Vom Himbeerstrauch ernten

Ein üppig wachsender Himbeerbaum liefert frische Beeren und hat eine hübsche Form, die jeden Hinterhof oder Balkon ziert. Seine Anschaffung ist im wahrsten Sinne des Wortes ertragreicher als der Kauf eines Formschnittgehölzes. Ich möchte Ihnen erläutern, wie einfach Himbeeren im Kübel anzubauen sind. Sie wachsen aber genauso gut im Beet.

GUT ZU WISSEN Himbeeren gehören zur Gattung der *Rubus* – allesamt dornig und ziemlich widerstandsfähig. Sie stammen aus unterschiedlichen Regionen der Welt. Die Art, die wir essen, heißt *R. idaeus.* Am besten starten Sie mit der Herbstsorte 'Autumn Bliss'. Ihre Früchte können von August bis Oktober geerntet werden. In dieser Zeit, in der sich das Jahr langsam dem Ende neigt, gibt es nichts Köstlicheres. Das Großartige an dieser Sorte ist, dass sie sich selbst stützt – auch im Beet. Sie brauchen also Ihre kostbare Zeit nicht damit zu verbringen, eine Stütze zu bauen. Himbeeren werden als Fruchtruten verkauft, entweder als nackte Wurzelware oder als Containerpflanze. 'Autumn Bliss' ist z. B. eine sehr gefragte Sorte.

TIMING Himbeeren im Container sind ganzjährig erhältlich, doch im Frühjahr gepflanzte Himbeeren tragen noch im selben Jahr.

WAS SIE BRAUCHEN **5 Himbeerruten der Sorte 'Autumn Bliss'**. In den meisten Gartencentern oder übers Internet erhältlich.
1 großer Pflanzkübel Ich würde einen Holzkübel mit etwa 80 cm Durchmesser vorschlagen, der mit Folie ausgelegt ist. Wenn Sie keinen fertigen bekommen, können Sie einen herkömmlichen Kübel mithilfe von schwarzer Folie und einem robusten Tacker selbst auslegen.
Ein paar Ziegelsteine
1 Sack mit Kies oder Schottersteinchen
Pflanzerde Die ist für Obstgehölze am besten geeignet.
5 Bambusstäbe Sollten etwa 2,4 m lang sein.
Ein sonniger Standort Leichter Schatten ist auch okay. Schließlich stammt die Himbeere von Waldpflanzen ab.

WAS ZU TUN IST Suchen Sie zuerst einen geeigneten Standort. Dabei daran denken, dass es nicht einfach ist, den Kübel zu versetzen, wenn er erst einmal mit Erde gefüllt ist. Holzkübel und Kunststofffolie sollten Abflusslöcher haben, damit überschüssiges Wasser abfließen kann. Die Ziegelsteine zu einem Kreis legen und den Kübel daraufsetzen, damit er etwas erhöht steht. Den Boden mit einer Kiesschicht bedecken. So verstopft das Abflussloch nicht so schnell. Den Kübel mit Pflanzerde füllen und die Himbeeren zunächst samt Pflanzcontainer hineinstellen. Dabei sollten zwischen Oberkante des Containers und dem Kübelrand noch etwa 7–10 cm Platz sein. Die Himbeerruten kreisförmig im Holzkübel verteilen und die Zwischenräume mit Pflanzerde auffüllen. Erde gut andrücken. Nun die Container samt den Himbeerpflanzen herausnehmen,

so dass 5 gleich große Pflanzlöcher zurückbleiben. Die Pflanzcontainer entfernen und die Himbeerruten zurück in die Pflanzlöcher setzen. Die Erde rundherum gut andrücken, wenn nötig, mit Pflanzerde auffüllen. Vorsichtig neben jede Pflanze einen Bambusstab setzen, damit die Wurzeln nicht beschädigt werden.
Den Stab so tief wie möglich in die Erde drücken, damit er festen Halt hat. Dann die Enden der Stäbe zusammenführen und oben zu einer Art Wigwam (vgl. Foto S. 119) zusammenbinden.
Jede Himbeerrute an ihrer Stütze festbinden und die Erde wässern, bis das Wasser unten aus dem Kübel heraustropft. Es ist sinnvoll, die Erde um die Ruten mit einer dünnen Kiesschicht zu bedecken. So bleibt sie länger feucht. Im Sommer ist dann eine hübsche limonengrüne Pyramide entstanden und ab August zeigen sich die ersten Beeren.
Die Ruten im Februar dicht über dem Boden abschneiden und im März am besten mit einem Flüssigdünger versorgen, damit sie wieder gut austreiben. Auf Schädlinge wie den Himbeerkäfer achten, der mit einem biologischen Insektizid bekämpft werden kann (siehe S. 239). Auch Vögel mögen Himbeeren. Wenn Sie Ihre Ernte nicht mit ihnen teilen möchten, bedecken Sie den Wigwam mit einem unauffälligen Netz. Das hält die Vögel fern.

Sonstiges Himbeeren schmecken übrigens am besten, wenn Sie damit von jemand anderem liebevoll gefüttert werden – eine nach der anderen.

Heidelbeeren – für Muffin-Liebhaber

Eine selbstgezogene Heidelbeere ist etwas Wunderbares, genau wie ein Muffin (egal welcher). Zusammen bilden sie ein göttliches Duo. Heidelbeeren, oder auch Blaubeeren, sind leicht anzubauen und für sich genommen außerordentlich schön: Im Frühling bringen sie unzählige rosa Blüten hervor und im Herbst zeigen sie eine bezaubernde Laubfärbung.

Gut zu wissen

Kulturheidelbeeren gehören mit Cranberrys (Kranichbeeren) und Blaubeeren zur Gattung der *Vaccinium*. Es handelt sich dabei um Heidebeeren (aus der Familie der Heidekrautgewächse), die aus dem Osten Nordamerikas stammen. Die Heidelbeere ist ein laubabwerfendes Strauchgewächs und in unseren Breiten winterhart. Weil die Beeren lecker und gesund sind, haben viele clevere Menschen sich mit ihnen beschäftigt und eine Unmenge an Sorten gezüchtet. Meist werden die Sträucher im Zweier- oder Dreierpack verkauft, denn um Früchte zu bilden, müssen die Blüten bestäubt werden. Wenn Sie also verschiedene Pflanzen kaufen, sollten Sie sicherstellen, dass sich ihre Blütezeit überschneidet. Außerdem brauchen Heidelbeeren einen sauren Boden. Das heißt, dass der pH-Wert zwischen 4 und 5 liegen muss (Informationen dazu siehe S. 228). Falls Sie also draußen keinen Standort haben, an dem Rhododendren und Azaleen gut wachsen (das ist ein Hinweis auf einen wirklich sauren Boden), pflanzen Sie Heidelbeeren besser in einen Kübel.

Timing

Die beste Pflanzzeit für Heidelbeeren im Kübel ist das Frühjahr. Werden sie direkt in den Boden gepflanzt, ist zwischen November und März eine gute Zeit (d. h. nachdem die Blätter abgefallen sind).

Was Sie brauchen

2–3 Heidelbeersträucher verschiedener Sorten Am besten bei einer gut sortierten Gärtnerei oder einem speziellen Züchter bestellen, die auch beraten (siehe oben).
Tontopfscherben oder zerkleinerte Styroporreste Für eine gute Dränage.
Pflanzkübel, mindestens 35 cm Durchmesser 1 für jede Pflanze.
Saure Pflanzerde Gibt es in Säcken zu kaufen.
Rindenmulch oder Laubkompost Laubkompost siehe S. 162.
Terrasse oder Balkon in voller Sonne oder im Halbschatten

Was zu tun ist

Für jede Pflanze eine Schicht mit Tontopfscherben oder Styroporresten auf dem Boden des Pflanzkübels verteilen. Heidelbeere so einpflanzen, dass die obere Erdschicht die gleiche Höhe hat wie die Erde im Pflanzcontainer. Dabei sollte ein etwa 3 cm breiter Gießrand frei bleiben. Ich decke die Pflanzerde mit einer Schicht Rindenmulch ab, damit die Erde feucht bleibt, aber noch besser ist Laubkompost. Den Kübel mit Regenwasser oder gefiltertem Wasser ausreichend gießen (dieses Wasser ist weicher – d. h. es enthält weniger Kalk als Leitungswasser), bis es unten aus dem Pflanzkübel herausläuft. Es ist wichtig, die Pflanze gut feucht zu halten. Darum häufig, aber sparsam gießen. Leitungswasser ist besser als gar kein Wasser, aber Regenwasser oder gefiltertes Wasser

sind wesentlich besser für das gesunde Wachstum der Pflanze. Ich versorge meine Pflanzkübel während der Wachstumsperiode zwischen Frühjahr und Herbst alle 2 Wochen mit einem sauren Flüssigdünger (wenn ich daran denke). Die Pflanze hat 2 Wachstumsschübe. Die ersten Blüten zeigen sich an den Enden der Vorjahrestriebe. Im Sommer erscheinen dann Neutriebe nahe am Boden, die mehr Blüten und (meist saftigere) Früchte hervorbringen. Den Strauch in den ersten 3 Jahren, also bis die Pflanze gut angewachsen ist, nicht zurückschneiden. Nur etwaige tote und kranke Triebe entfernen, damit der Strauch sein schönes Aussehen behält. Danach können Sie sich dann mit den technischen Details zum Rückschnitt beschäftigen (siehe S. 232).

Zum Essen

Hände voller Heidelbeeren pur sind ein wahrer Hochgenuss. Gleich dahinter rangieren Heidelbeer-Muffins. Dafür am besten die echten, großen Amerikanischen Blaubeeren verwenden, die in amerikanischen Diners serviert werden. Zum Backen eignet sich ein Muffinblech mit 6 Mulden. Meist verwende ich eine fertige Backmischung aus dem Supermarkt, doch wenn Sie den Teig selbst machen möchten, habe ich folgendes Rezept für Sie:
2 Handvoll geputzte Heidel- oder Blaubeeren mit 1 Teelöffel Mehl mischen. In einer großen Rührschüssel 240 g Mehl, 130 g Kristallzucker, 2 TL Backpulver, 1/4 TL Natron und 1 Prise Salz mischen. In einer Schale 1 großes Ei, 1/4 l Buttermilch – vermischt mit 1 TL Vanille-Extrakt – und 6 TL zerlassener und wieder abgekühlter Butter verrühren und zu den trockenen Zutaten gießen. Vorsichtig unterheben, so dass ein krümeliger Teig entsteht. Zum Schluss die Beeren vorsichtig zufügen. Die Mulden des Muffinblechs gut einfetten oder mit Papier-Muffinförmchen auslegen und den Teig löffelweise in die Vertiefungen füllen. Im auf 180 °C (Umluft 160 °C, Gas Stufe 3) vorgeheizten Backofen etwa 1/2 Stunde backen (Stäbchenprobe machen!). Ich mag Heidelbeer-Muffins am liebsten zusammen mit einem großen Glas kalter Milch.

Dicke Bohnen – einfach unwiderstehlich

Wenn ich jemals auf einer einsamen Insel landen würde und hätte eine Schüssel voll dampfender dicker Bohnen, frisch gehäutet und mit Olivenöl und Zitronensaft serviert, ginge es mir gut.

GUT ZU WISSEN Es ist bewiesen, dass Menschen bereits seit 6000 v. Chr. dicke Bohnen (oder Puffbohnen) anbauen. Dicke Bohnen sind voll mit guten Dingen wie L-Dopa (auch Levodopa), das u. a. zur Behandlung der Parkinson-Krankheit und einer schwachen Libido eingesetzt wird. Die dicke Bohne ist eine aufrecht wachsende Pflanze, die bis zu 2 m hoch werden kann und winterhart ist. Ihr lateinischer Name ist *Vicia faba* und sie stammt ursprünglich aus Nordafrika. Nicht nur die hellgrünen Schoten sind hübsch, die Pflanze blüht auch sehr schön. Jede ihrer Blüten hat 2 sehr markante schwarze Punkte. Selbst wenn Sie draußen nicht genug Platz für mehrere Pflanzen haben, lohnt sich das Anpflanzen im Topf auf jeden Fall. Das geht natürlich auch mit Jungpflanzen.

TIMING Bohnen zwischen Februar und April aussäen.

WAS SIE BRAUCHEN **1 Tütchen mit Dicke-Bohnen-Samen** Gibt es im Gartencenter.
Torfpresstöpfe oder kleine Töpfchen in einer Saatkiste mit Deckel (optimal).
Anzuchterde (falls vorhanden).
Gut umgegrabene Pflanzstelle an sonnigem, geschütztem Standort Ist die Erde zu schwer, etwas Kies zur besseren Dränage zugeben. Bei Nässe faulen die Samen.
Bambusstäbe von ca. 2 m Länge
Gartenschnur

WAS ZU TUN IST Entweder die Samen in Reihen mit jeweils 20 cm Abstand direkt in den Boden säen. Oder Sie beginnen wie ich zuerst auf der Fensterbank mit der Einzelsaat in Töpfen. Dazu spezielle Anzuchterde verwenden (siehe S. 20). Das Saatgut etwa 5 cm tief in die Erde drücken und gut angießen. Innerhalb von 3 Tagen zeigen sich die ersten Sämlinge.
Kommt das Saatgut direkt in den Boden, ist nichts weiter zu tun. Wenn die Sämlinge zuerst an anderer Stelle vorgezogen wurden, nun am besten an einen geeigneten Standort setzen. Die Pflanze braucht eine Stütze, es sei denn, Sie haben eine Zwergsorte gekauft. Dazu einfach 2 Bambusstäbe an die Enden jeder Reihe setzen und jeweils mit einer Gartenschnur oben verbinden. Dazwischen können die Pflanzen dann emporwachsen. Nach weniger als 2 Monaten können Sie ernten. Die Schwarze Bohnenblattlaus liebt vor allem die jungen Triebspitzen. Deshalb diese bei ausreichender Größe ausbrechen und die Pflanze mit einem biologischen Insektizid besprühen (siehe S. 239).

ZUM ESSEN Die dicken Bohnen dämpfen und bei Tisch genussvoll aus der Schote lösen. Sehr lecker sind sie auch in einem Spargel-Risotto oder in Begleitung von gebratener Leber und einem guten Chianti …

Knoblauch selbst anbauen

Knoblauch ist supereinfach selbst anzubauen. Doch Sie sollten ihn beim Essen immer mit jemandem teilen. Die anderen merken schnell, wenn Sie egoistisch waren.

GUT ZU WISSEN

Allium sativum ist eine Zwiebelpflanze und gehört zur Familie der Zwiebelgewächse *(Alliaceae)*. Sie stammt aus Steppen- und Gebirgsregionen, vermutlich aus denen Zentralasiens. Die Pflanze hat graugrüne Blätter. Im Sommer erscheinen die glockenförmigen weißen Blüten in kleinen Dolden. Wir unterscheiden 2 verschiedene Arten von Knoblauch: den roten und den weißen. Ich bevorzuge Letzteren wegen seiner dickeren Zehen, die oft milder sind und sich leichter schälen lassen. Im Supermarkt wird meist der rote Knoblauch in getrockneter Form angeboten. Schon am Stängel lässt sich der Unterschied erkennen: Der Stängel des roten Knoblauchs hat eine papierartige Konsistenz, der des weißen ist, wenn er wirklich frisch ist, saftig-grün und stielartig.

TIMING

Spätherbst/Frühwinter (Oktober bis Februar, je nach Region). Der Knoblauch benötigt mindestens einen Monat Kälte, bevor es wieder wärmer wird. So können sich seine Zehen bilden.

WAS SIE BRAUCHEN

Knoblauch Lässt sich auch aus Knoblauchzehen aus dem Supermarkt ziehen, doch der Erfolg ist größer, wenn Sie frischen Knoblauch von jemandem kaufen, der ihn selbst anbaut. So beugen Sie Schädlingen vor und können den Knoblauch wählen, den Sie möchten. Versuchen Sie es auf dem Markt, wo Ihnen ein Gemüsebauer bestimmt weiterhelfen und Sie über die verschiedenen Varianten aufklären kann. Oder Sie gehen zu einem dieser schicken Bioläden, die bei kleinen Erzeugern einkaufen. Sie können Knoblauch aber ebenso gut über das Internet bestellen. Es ist nur wichtig, dass Sie wissen, welche Sorte Sie möchten.
Ein sonniger Standort Wählen Sie ein sonniges Plätzchen im Garten oder ein Pflanzgefäß in Südlage.
Gut durchlässiger Boden Trockene, gebirgige Regionen sind meist steinig. Deshalb etwas Kies unter die Erde mischen, falls sie zu schwer ist. Im Pflanzgefäß Blumenerde mit etwas Kies verwenden.

WAS ZU TUN IST

Die größten Zehen jeder Knolle entfernen (das sind meist die äußeren) und darauf achten, dass jede Zehe ihre eigene gestauchte Sprossachse aufweist (das flache Ende unten). Die Zehen, jeweils mit der Spitze nach oben, mit etwa 15 cm Abstand zueinander 5 cm tief in die Erde stecken. Die Stelle markieren und nur gießen, wenn die Erde sehr trocken ist.
Im zeitigen Frühjahr sprießen die ersten Triebe und bis zum Spätfrühling wird die Pflanze bereits bis zu 60 cm hoch sein. Wenn die Blätter verwelken, den Knoblauch vorsichtig ausgraben, damit die Zwiebel nicht beschädigt wird. Der Knoblauch kann dann sofort gegessen werden, aber besser ist es, ihn zur Lagerung mit der Knolle nach unten aufzuhängen, damit der Saft in die

Zwiebeln fließen und sie anschwellen lassen kann. Die Knollen halten sich, wenn sie gut belüftet gelagert werden, einige Monate in der Küche.

ZUM ESSEN Ich präsentiere meine erste Ernte jedes Jahr als Höhepunkt eines Menüs. Dazu schneide ich die ganzen Knollen in der Mitte quer durch, wickle sie in mit Olivenöl bestrichenes Backpapier und dann ab in den auf 180 °C (Umluft 160 °C, Gas Stufe 3) vorgeheizten Backofen damit. So werden sie halb gebraten, halb gedünstet. Dann serviere ich sie auf einer großen Platte zusammen mit knusprigem Weißbrot und gutem Olivenöl und lege einige Teelöffel dazu. Die Gäste können die weichen, süßlichen Zehen dann aus den Häutchen löffeln.

Safran – edler geht's kaum

Sicher, Sie brauchen wahnsinnig viele Blüten, um Safran in einer ausreichend großen Menge herzustellen, aber die Blüten sind so herrlich, dass sich allein schon deshalb das Pflanzen lohnt. Sie können Safrankrokusse in großen Mengen in Ihren Garten pflanzen, wenn Sie einen haben, oder in Pflanzgefäße, was den allgemeinen Ruf der Pflanze, selten und kostbar zu sein, ja nur noch unterstreicht.

GUT ZU WISSEN *Crocus sativus,* der Safrankrokus, ist eine herbstblühende mehrjährige Pflanze, die aus einer Zwiebel wächst (wie eine Knolle, aber eigentlich ein verdickter Stamm). Er hat violette Blüten mit dunkelblauer Äderung, die nach dem Öffnen ihren in 3 Narben verzweigenden Griffel zeigen (der weibliche Teil der Pflanze).
Man nimmt an, dass die Pflanze das Resultat von Züchtungen ist, ihre genaue Herkunft ist ungewiss – vermutlich stammt sie aus Griechenland. Sie wurde schon von den alten Hochkulturen angebaut und als Medizin, Duft, Färbemittel oder Gewürz verwendet. Heute wächst der Safrankrokus in Nordwales ebenso wie in Kaschmir. Safran ist eine sehr genügsame Pflanze und der Traum eines jeden Garteneinsteigers. Er liebt ein eher bequemes Leben an einem netten, geschützten und sonnigen Standort mit einem nährstoffreichen Boden.

TIMING Im Sommer pflanzen – Juni, Juli oder August.

WAS SIE BRAUCHEN **Einige *Crocus sativus*-Zwiebeln** Sie sind wunderschöne, seidig behaarte kleine Dinger mit dünnen Spitzen, die winzigen Mäuseschwänzen ähneln. Die Zwiebeln sind in Gartencentern oder über Blumenzwiebelspezialisten (siehe Einkaufsadressen, S. 262) erhältlich.
Pflanzgefäße Diese sollten mindestens eine Höhe von 25 cm haben (*Crocus sativus* möchte tief gepflanzt werden).
Blumenerde (bei Topfbepflanzung). Ich mische etwas Kies unter.

WAS ZU TUN IST Die Zwiebeln des Safrankrokus im Abstand von 10 cm etwa 15 cm tief in das Beet oder in die Erde im Topf stecken, damit sie Knollen bilden und sich fortpflanzen können. Gut angießen. Im Sommer nur sparsam gießen. Erst im September wieder mehr Wasser geben, das fördert das Wurzelwachstum. Der erste Austrieb zeigt sich im Oktober. Wenn Sie es über sich bringen, die Blüten für den Safran zu opfern, dann pflücken Sie sie und entfernen vorsichtig die Narben – die langen feurig-roten Stempelfäden. An einem warmen Ort etwa 1 Woche trocknen lassen (verträgt nicht viel Zugluft!). Wenn Sie Speisen servieren, die mit Ihrem eigenen Safran verfeinert sind, seien Sie nicht zimperlich, geben Sie ruhig ein bisschen damit an.

Ein Prunkbohnen-Wigwam

Sie können Prunkbohnen entweder in einem Topf oder im Beet ziehen. Die hier eingesetzte wigwamförmigen Kletterhilfe zeigt wunderbar, welchen Unterschied es macht, wenn Höhe als neue Dimension ins Spiel kommt.

GUT ZU WISSEN Die Prunkbohne *(Phaseolus coccineus)* ist eine zierliche mehrjährige Kletterpflanze, wird aber meist als Einjährige gezogen. Ursprünglich wurde sie als Zierpflanze aus ihrer Heimat Mittelamerika nach Europa gebracht: Mühelos klettert sie ohne Hilfe überall empor und eignet sich fabelhaft als Sichtschutz. Die meisten Prunkbohnen haben scharlachrote Blüten, die aus weiblichen und männlichen Teilen bestehen. Die Bestäubung findet durch Bienen statt, die auf den unteren Blütenblättern landen. So berühren sich Staubgefäß (der mit Pollen bedeckte männliche Teil der Blüte) und Stempel (der weibliche Teil der Blüte, dessen Fruchtknoten die Zellen enthalten; sie müssen befruchtet werden, damit sich die Bohnen bilden). Sie bekommen Prunkbohnen-Saat oder Jungpflanzen (Sie brauchen davon 8) in fast jedem Gartencenter. Für die kleine Variante im Topf reichen schon 3 Bohnenpflanzen. Verwenden Sie in diesem Fall Blumenerde.

TIMING Starten Sie zwischen Mai und Juni.

WAS SIE BRAUCHEN **1 Tütchen mit Prunkbohnen-Samen** Es gibt unzählige Sorten und jede hat ihre besonderen Vorzüge – nehmen Sie einfach die, die Ihnen am besten gefällt. Sie brauchen 8 Pflanzen pro Wigwam. Ich selbst säe immer gleich die doppelte Menge (siehe unten, „Was zu tun ist“).
Etwa 1 m² großes Stück Beet Am besten vorher umgraben. Prunkbohnen sind Tiefwurzler. Der Standort kann im Halbschatten liegen, aber besser ist Sonne. Wenn Sie wirklich eine reiche Ernte haben möchten und perfekt organisiert sind, können Sie das Erdstück bereits im Herbst zuvor vorbereiten. Heben Sie die obere Erdschicht ab, bedecken Sie die Stelle mit klein gerissenem Zeitungspapier oder mit Stallmist (der mit Stroh vermischt wurde), um die Feuchtigkeit zu binden, und bringen Sie die Erde wieder auf.
8 lange Bambusstäbe Sie sollten mindestens 2,4 m lang sein.
Stabile Gartenschnur

WAS ZU TUN IST Die Bambusstäbe am Rand des quadratischen Erdstücks in gleichmäßigen Abständen ausreichend tief in die Erde setzen. Fragen Sie einen großen Freund oder stellen Sie sich auf einen Stuhl, um die oberen Enden der Stäbe mit einer Gartenschnur fest zusammenzubinden. Nun 2 Bohnensamen unten an jeden Stock säen, etwa 5 cm tief (oder pflanzen Sie Jungpflanzen). Gut angießen. Die Bohnen werden ohne weitere Hilfe an den Stäben im Uhrzeigersinn emporranken und der Wigwam wird bald überquellen mit hübschen Blüten, denen einige Monate später die Bohnen folgen. Nicht vergessen, die Bohnen regelmäßig zu gießen.

Spargel – besonders für Verliebte

Das Anbauen von Spargel ist, genau wie die wahre Liebe, ein Langzeitprojekt, das eine Menge Hingabe verlangt. Wenn Sie diese Erfahrung also mit jemandem teilen wollen, ist sie ein guter Gradmesser für die Stärke Ihrer Gefühle. Spargel ist auf dem Markt oder im Laden meist sehr teuer und darum lohnt sich der Aufwand, es selbst zu probieren.

GUT ZU WISSEN Spargel *(Asparagus officinalis)* ist eine mehrjährige Pflanze und stammt aus den sandigen und küstennahen Regionen Europas, Asiens und Afrikas. Daher benötigt er einen sehr durchlässigen Boden.

TIMING Starten Sie im März.

WAS SIE BRAUCHEN **Spargeljungpflanzen** Das sind einjährige Pflanzen mit Wurzelwerk. Am besten bestellen. Sie werden dann in gutem Zustand von jemandem versandt, dem Spargel am Herzen liegt. Auf jeden Fall rechtzeitig ordern, um die Pflanzen im März setzen zu können. Wie viele Pflanzen Sie möchten, hängt vom Platz ab, der für dieses Projekt zur Verfügung steht. Die Pflanzen benötigen einen Pflanzabstand von 30 cm.
Ein unkrautfreier sonniger Standort

WAS ZU TUN IST Einen etwa 30 cm breiten und 20 cm tiefen Pflanzgraben ausheben und darin 2 Längsfurchen ziehen, so dass in der Mitte ein langgezogener Erdhügel von 8 cm Höhe entsteht. Nun das Wurzelwerk jeder Spargelkrone vorsichtig auf dem Erdhügel ausbreiten und mit etwa 5 cm Erde bedecken.
Im ersten Jahr werden die Stangen noch nicht gestochen, im zweiten erntet man jeweils nur 1 Stange pro Pflanze. Nach 3 Jahren kann die eigentliche Ernte beginnen und es können bis spätestens Ende Juni alle ausgetriebenen Stangen gestochen werden. Danach die Pflanze zu einem wunderhübschen farnartigen Gebilde wachsen lassen. Das ist ihre eigentliche Bestimmung. So sammelt die Pflanze wieder neue Kraft für die nächste Wachstumsphase. Zum Stechen von Spargel mit einem scharfen Messer einen sauberen Schnitt etwa 5 cm unterhalb der Erdoberfläche machen.
Die Pflanzen mit fruchtbarem Stallmist oder Grasschnitt abdecken, doch sobald der Frost vorbei ist, den Mulch abnehmen, damit die Pflanzen wieder neu austreiben können.
Die anfängliche Geduld macht sich bezahlt, sobald Sie frischen Spargel servieren können, der den Frühling ankündigt. Zumal der bestimmt tausendmal besser schmeckt als gekaufter Spargel.

ZUM ESSEN Ich dünste oder koche Spargel, bis er bissfest ist, und dippe ihn dann in geschmolzene Butter oder in das Eigelb eines weich gekochten Eis. Wenn Sie den Spargel allein essen, sollten Sie dies möglichst im Schein des Mondes tun – dieses edle Gemüse verlangt ein gewisses Maß an Ritual und Ehrfurcht.

Drinks & Co.

Getränke selbst herzustellen, hat etwas sehr Ursprüngliches. Es lässt mich zur wahren Verführerin werden. Die einzelnen Arbeitsgänge – Pflücken, Zerkleinern, Destillieren, Brauen und Gären – sind verführerisch und zauberisch zugleich. Aromen faszinieren mich und gerade Getränke, deren Textur weniger von ihnen ablenkt als die von Speisen, schärfen unsere Sinne für Zutaten, die uns sonst eher ihres Dufts als ihres Geschmacks wegen vertraut sind.

Ich liebe es, Kräutertees mit Rosenwasser zu aromatisieren, wenn ich in der richtigen Stimmung dafür bin – z. B. wenn ich Gäste erwarte. Und ich kann Ihnen versichern, dass kleine Schnapsgläser mit Rhabarbergelee – aromatisiert mit einem kleinen Schuss Alkohol – niemals, aber auch wirklich niemals langweilig wirken.

Ich möchte Ihnen allerdings nicht nur Pflanzen vorstellen, die Sie in Getränke verwandeln können, sondern auch ein paar Leckereien, die eine gute Begleitung dazu abgeben. Einige Ideen sind aufwendiger als andere. Aber auch ohne größere Vorbereitungen können Sie immer etwas Nettes servieren und sei es nur ein Gin Tonic mit Eis und einem Fruchtschnitz aus dem eigenen Garten als essbare Dekoration.

Verführerisches Rosenwasser

Ich bin versucht zu behaupten, dass Rosenwasser nur etwas für Mädchen ist, doch immer, wenn ich es verwende, sind eigentlich alle gleichermaßen fasziniert. Die Herstellung hat einen wissenschaftsfreakigen Touch (und genau das liebe ich), doch am Ende halten Sie ein wunderbares Wasser in Händen, mit dem Sie entweder Ihr Kopfkissen besprühen können – für einen dieser seltenen Momente der Muße – oder Sie verwenden es als Tonic, wenn Sie auf dreistufige Hautpflegeserien stehen. Sie können einige Tropfen Rosenwasser in Ihren Kräutertee geben oder Ihrem Biskuitkuchen damit ein köstliches Aroma verleihen. Fertig gekauftes Rosenwasser ist sehr teuer, aber in der eigenen Herstellung kostet es fast nichts.

TIMING Immer, wenn Sie duftende Rosen zur Verfügung haben.

WAS SIE BRAUCHEN **1 großer Strauß Rosen** Sie sollten frische Blüten verwenden, aber ich nehme manchmal auch gekaufte Blüten, die schon fast verblüht sind. Unabdingbar ist, dass sie duften.
1 kleiner Ziegelstein
1 großer Kochtopf mit gewölbtem Deckel Aber besten geeignet ist ein großer emaillierter Suppentopf, er muss allerdings einen hitzebeständigen Griff haben.
1 feuerfeste Schüssel Sie sollte, auf den Ziegelstein gestellt, in den Topf passen, auch wenn dieser mit dem umgedrehten Deckel zugedeckt ist.
Ein paar Beutel mit Eiswürfeln

WAS ZU TUN IST Rosenwasser wird durch Destillation gewonnen. Dazu die Blütenblätter abzupfen. Die Schüssel mittig auf dem Ziegelstein in den Topf stellen. Die Blütenblätter etwa bis auf Höhe des Schüsselbodens darum herum verteilen und mit Wasser bedecken. Den Deckel umgedreht auf den Topf legen und das Wasser sprudelnd zum Kochen bringen. Sofort die Eisbeutel oben auf den umgedrehten Deckel legen und die Hitze reduzieren, bis man das Wasser nur noch leise köcheln hört. Dadurch, dass das Wasser an dem kalten Deckel kondensiert und heruntertropft, füllt sich die Schüssel langsam mit Rosenwasser. Zwischendurch ab und zu kurz den Deckel anheben und den Inhalt der Schüssel kontrollieren. Nach rund 40 Minuten müsste die Schüssel gut gefüllt und die ganze Küche von Rosenduft erfüllt sein. Das destillierte Rosenwasser vollständig abkühlen lassen und in eine geeignete Flasche füllen. Wenn Sie eine dieser schönen alten französischen Flacons auftreiben können, haben Sie gleich ein ganz besonderes Geschenk. Nur noch mit einem Schleifenband umwickeln, einen neuen Korken aufsetzen – und fertig.

SONSTIGES Ich habe mir immer schon mal vorgenommen, das Gleiche mit Orangenblüten auszuprobieren, habe jedoch nie genug zusammenbekommen. Aber eigentlich können Sie zum Destillieren wirklich alle Blütenblätter verwenden, deren Duft Sie mögen.

Pelargonien-Bowle in der Eisschale

Dies ist eine herrliche Bowle aus nach Rosen duftenden Pelargonienblättern. Ich bereite sie gern im Sommer zu, mische sie entweder mit Sangria oder genieße sie pur – eine wahre Köstlichkeit. Bei besonderen Gelegenheiten serviere ich die Bowle in einer Schüssel aus Eis.

GUT ZU WISSEN

Die Heimat der meisten Pelargonien ist Südafrika und es sind durchweg frostempfindliche Pflanzen. Deshalb pflanze ich sie in Töpfe in meiner Küche und setze sie im Sommer nach draußen. Sie lieben einen hellen Standort mit durchlässigem Boden und guter Luftzirkulation. Ich pflanze sie an einen trockenen Standort aus und gieße sie im Winter fast nicht. Erst wenn die Erde sehr trocken ist, wässere ich erneut.
Kaufen Sie eine Pelargonie mit Rosenduft und pflanzen Sie sie in einen Topf mit Blumenerde. Im Frühling und im Frühsommer jede zweite Woche mit einem Flüssigdünger verwöhnen. Die Pelargonie im zeitigen Frühjahr auf etwa die halbe Größe zurückschneiden, damit sie schön buschig bleibt.

TIMING

Sommer

WAS SIE FÜR EINE SCHÜSSEL AUS EIS BRAUCHEN

Pelargonienblätter und -blüten
2 Plastikschüsseln Wenn man die kleinere Schüssel in die größere setzt, sollte ein Zwischenraum von etwa 2 cm frei bleiben. Keine Glasschüsseln verwenden, denn diese könnten springen, wenn das Wasser sich ausdehnt.
Klebeband
Mehrere verschieden schwere frostfeste Gewichte

WAS SIE FÜR DIE BOWLE BRAUCHEN

1 l naturtrüber Apfelsaft
200 g feiner Zucker
6 Blätter von *Pelargonium graveolens* (Rosengeranie) Es eignen sich auch andere nach Rosen duftende Pelargonienblütenblätter.
Saft und abgeriebene Schale von 4 Limetten

WAS ZU TUN IST

Zuerst die Schüssel aus Eis vorbereiten. Es sollte Ihnen jemand dabei helfen, die kleinere Schüssel, die in die größere gestellt wird, festzuhalten, während Sie sie exakt mittig mit Klebeband befestigen. Bis zur halben Höhe mit Wasser füllen und Pelargonienblätter zugeben. Mit den Gewichten so justieren, dass der Abstand zwischen den Schüsselböden in etwa den Abständen an den Seiten entspricht. Über Nacht in den Gefrierschrank stellen. Anschließend die obere Hälfte des Zwischenraums mit Wasser füllen und ebenfalls gefrieren lassen. Am nächsten Tag zum Herauslösen der Eisschüssel heißes Wasser in die innere Plastikschüssel gießen und die äußere Schüssel kurz in ein Spülbecken mit heißem Wasser stellen. Kein kaltes Wasser verwenden!
Für die Bowle Apfelsaft, Zucker und duftende Blätter leicht erhitzen, bis sich der Zucker aufgelöst hat. Limettensaft und -schale zufügen und abkühlen lassen. Durch ein Sieb in die Eisschüssel seihen.

Großartige Zitronenverbene

Sie ist eine dieser reizenden Pflanzen, deren Anblick recht unspektakulär ist, die einen aber mit ihrem Duft in Trance versetzen. Von allen nach Zitronen duftenden Pflanzen der Welt ist sie mit Abstand die großartigste.

Gut zu wissen

Die Zitronenverbene *(Aloysia triphylla)* ist eine laubabwerfende Mehrjährige, die ursprünglich aus Chile zu uns kam und daher auch nicht winterhart ist. Das bedeutet, dass unsere Winter zu kalt für sie sind und sie deshalb während der kalten Monate ins Haus geholt werden sollte. Allerdings kenne ich ein paar stolze Besitzer aus dem Südosten Englands, die sie mit Erfolg an eine geschützte Stelle in ihrem Garten gepflanzt haben.

Timing

Im Frühling pflanzen.

Was Sie brauchen

1 Pflanze *Aloysia triphylla* In gut sortierten Staudengärtnereien und Gartencentern meist in der Kräuterecke zu finden.
Pflanzgefäß Etwa 20 cm Durchmesser oder größer.
Blumenerde
1 Handvoll Langzeitdünger-Granulat (siehe S. 229).
Ein geschützter Standort Oder eine Stelle an einer warmen Mauer, wenn die Verbene draußen gepflanzt wird. In diesem Fall zusätzlich: etwas Kies und Rindenmulch.

Was zu tun ist

Wenn die Zitronenverbene in ein Pflanzgefäß gepflanzt wird, 1 Handvoll Düngergranulat unter die Blumenerde mischen. Das ist ausreichend für 1 Jahr. In den darauffolgenden Jahren entweder die obere Erdschicht gegen neue Erde und Dünger austauschen oder die Pflanze im Sommer alle paar Wochen mit einem normalen Flüssigdünger versorgen.
Falls Sie Ihr Glück im Garten probieren, die Pflanze möglichst an eine warme Mauer setzen. Zuvor etwas Kies ins Pflanzloch geben. Er sorgt für eine bessere Dränage. Es tut der Pflanze gut, wenn die Wurzeln im Winter mit Rindenmulch abgedeckt werden, damit sie gut geschützt sind.
Während der Wachstumsperiode sollte die Pflanze gut gegossen werden. Sie blüht im Spätsommer – mit winzigen lilafarbenen Blüten. Danach in Form schneiden. Beim ersten Herbstfrost ins Haus setzen und im Winter relativ trocken halten. Die Blätter können während der gesamten Wachstumsperiode geerntet werden.

Sonstiges

Der Duft der Blätter ist im getrockneten Zustand noch intensiver. Stellt man sie in Duftschalen im Haus auf, verströmen sie einen angenehmen Wohlgeruch. Zitronenverbenen-Tee ist äußerst köstlich. Dazu die Blätter mit sprudelnd kochendem Wasser übergießen – genau wie bei jedem anderen Kräutertee auch.

Hagebuttensirup weckt Kindheitserinnerungen

Als wir noch klein waren, teilte meine Mutter, die den Krieg miterlebt hatte, Hagebuttensirup als sehr sparsam eingesetztes Wundermittel aus. Der süße Saft war eine wahre Delikatesse – er wurde genau abgemessen mit einem Teelöffel aus der Flasche verabreicht –, und dieses Zeremoniell verstärkte seinen Ruf als Allheilmittel bei aufgeschürften Knien, Schnupfen, Husten oder Kurzatmigkeit. Ich erinnere mich noch, wie sehr ich mich über Windpocken freute, hoffte ich doch auf dieses süße Elixier. Heute schwingt für mich eine leicht verführerische Note mit, wenn ich Hagebuttensirup in Säften oder zum Süßen von Kräutertees verwende. Nichts ist für mich so köstlich wie das Ablecken des Siruplöffels.

GUT ZU WISSEN Die besten Hagebutten kommen von Wildrosen – *Rosa canina* oder *Rosa rugosa*. Als Hagebutten bezeichnet man die Früchte, die stehen bleiben, wenn die Blüte verwelkt ist und die Blütenblätter abgefallen sind. Bei Wildrosen ist es im späten August soweit, doch es empfiehlt sich, mit dem Abpflücken bis November zu warten, am besten erst nach dem ersten Frost. Hagebutten sind außergewöhnlich reich an Vitamin C und enthalten etwa 60-mal so viel davon wie eine vergleichbare Menge an Zitrusfrüchten. Schon die Indianer Nordamerikas schworen auf Hagebutten und bekamen daher auch nie Skorbut. Das nachfolgende Rezept wurde vom britischen Gesundheitsministerium während des Zweiten Weltkrieges verteilt.

TIMING Herbst bis Winter

WAS SIE BRAUCHEN **Etwa 800 g Hagebutten** Sie wachsen an Rosenhecken und in Nachbars Garten (oder in Ihrem eigenen, wenn Sie Glück haben).
1 feines Baumwolltuch Eine saubere Seidenstrumpfhose tut es auch.
Etwa 600 g Kristallzucker Wenn Sie mögen, auch mehr.
Kleine gut gesäuberte Flaschen oder Schraubgläser Sie sollten direkt aus der Spülmaschine kommen oder in sehr heißem Wasser mit einer Flaschenbürste gereinigt und gut ausgespült worden sein.

WAS ZU TUN IST Die Hagebutten in der Küchenmaschine zerkleinern. Nun in einen Topf mit 1 Liter kochendem Wasser geben und aufkochen. Von der Herdplatte nehmen und etwa 15 Minuten abkühlen lassen.
Die Flüssigkeit durch das Baumwolltuch oder die Strumpfhose seihen, bis der größte Teil durchgelaufen ist. Den Rest zurück in den Topf geben und noch 1 Liter kochendes Wasser zufügen. Erneut durchseihen und dann den gesamten Saft in einen sauberen Topf gießen. Auf etwa 1 Liter rotbraune Flüssigkeit einkochen. Zucker zugeben und weitere 5 Minuten kochen lassen. Den Sirup in die vorbereiteten Flaschen und Gläser füllen, diese fest verschließen und den kostbaren Saft in einen dunklen Schrank oder in den Gefrierschrank stellen. Einmal geöffnet, ist der Sirup im Kühlschrank etwa 1 Woche haltbar.

Weizengras – das Auge trinkt mit!

Ich gehöre wahrlich nicht zu den Leuten, die beim Anblick einer Fettabsaugung im Fernsehen sofort angewidert ihr Fast Food stehen lassen. Mein Magen verträgt auch so seltsame Dinge wie Schweinefüße oder diese Viecher mit Tentakeln. Das Einzige, von dem mir wirklich einmal schlecht wurde, war ein Weizengras-Saft aus einem dieser total angesagten Saftläden. Wenn Sie einen Entsafter haben und Weizengras ernten möchten, kommen Sie ruhig bei mir vorbei. Ich pflanze Weizengras nur als Deko, denn knallgrünen Minirasen finde ich auf eine etwas kitschige Art und Weise richtig schick.

Gut zu wissen

Das Ziehen von Weizengras *(Triticum aestivum)* ist eigentlich nichts anderes als die Fortführung des Keimens von Sprossen (siehe S. 93f.). Man ermöglicht es den Sprossen einfach, weiterzumachen und Blätter zu entwickeln. Verfechter des Weizengrases würden ins Feld führen, dass es Außergewöhnliches vermag – von der schlichten Entgiftung bis zur Heilung selbst Sterbenskranker. Aber es besteht auch kein Zweifel daran, dass allein schon der Anblick des frischen, leuchtenden Grüns heiter und glücklich macht.

Timing

Ganzjährig

Was Sie brauchen

Weizengras-Samen in Bio-Qualität Erhältlich in gut sortierten Reformhäusern.
1 Marmeladenglas, 1 Stück feiner Baumwollstoff und 1 Gummiband
Saatkiste mit Plastikdeckel
Anzuchterde Sie ist von der Struktur her feiner als Blumenerde.

Was zu tun ist

5 Teelöffel Samen über Nacht einweichen und ins Marmeladenglas geben. Die Anleitung zum Keimen von Sprossen befolgen (siehe S. 93) – zweimal am Tag gut durchspülen und abtropfen lassen, bis die Samen zu keimen beginnen. Die Saatkiste mindestens 3 cm hoch mit Anzuchterde füllen. Zum Wässern komplett in Wasser tauchen und warten, bis sich die Erde vollgesaugt hat. Die gekeimten Samen auf der Erde verteilen. Dabei nicht aufeinander legen (falsch liegende Samenkeime kann man mit einem spitzen Bleistift versetzen). Mit einer etwa 1,5 cm dicken Schicht Erde bedecken und mit Wasser besprühen. Die Kiste mit dem Plastikdeckel abdecken und das Ganze an ein sonniges Küchenfenster oder an einen anderen warmen Ort stellen.
Nach 3 Tagen öffnen sich die Sämlinge zu Blättern. Den Deckel der Saatkiste abnehmen. Sie können die Blätter nun ernten, wenn Sie es über sich bringen, Ihren kleinen Rasen zu zerstören. Die Saatkiste auf den Tisch stellen, wenn Freunde kommen, damit sie darüberstreichen können – das fühlt sich wirklich toll an!

Sonstiges

Manchmal säe ich die gekeimten Samen in kleine Schnapsgläschen und serviere das Weizengras dann als Amuse-Bouche, an dem die Mutigen unter den Gästen mit verkniffener Miene kauen. Meist sind es diejenigen, die ihren Alkoholkonsum einschränken wollen und sich ablenken müssen.

Borretsch für Eis und Feuerwerke

Das klare Blau seiner essbaren Blüten lassen Borretsch eher zum Kandidaten für Getränke als für Speisen werden. Es ist leicht, ihn zu pflanzen, und zudem enthält er große Mengen an Gammalinolensäure (sehr gut für Sie!). Doch am allerwichtigsten ist, dass eine Borretschblüte die wunderhübscheste Dekoration für einen Pimm's oder jeden anderen Sommerdrink abgibt.

GUT ZU WISSEN *Borago officinalis* (Borretsch) ist eine winterharte einjährige Pflanze. Die zarten, schmetterlingsgleichen Blüten lassen nicht auf die übrige Pflanze schließen. Sie wird bis zu 60 cm hoch, hat große, borstige Blätter und grobe, hohle Stängel mit einem quadratischen Querschnitt. Borretsch stammt ursprünglich aus dem Mittelmeerraum, ist mittlerweile aber auch in Nordeuropa und Amerika heimisch. Er hilft bei Fieber und soll angeblich Mut verleihen. Er kann aus Samen im Beet gezogen werden und wächst auch im Topf mit Blumenerde. Sie müssen ihn nur einmal säen, dann sät er sich selbst immer wieder aus.

TIMING Borretschblüten zeigen sich vom Frühsommer bis zur Herbstmitte, dann sollten sie gepflückt werden. Für die eigene Aussaat ist das frühe Frühjahr der richtige Zeitpunkt.

WAS SIE BRAUCHEN **1 Tütchen mit Borretsch-Samen** Gibt es in den meisten Gartencentern.
Ein sonniger Standort
Durchlässiger Boden (der dem Boden im Mittelmeerraum ähnelt).

WAS ZU TUN IST Die Samen auf einem unkrautfreien, leicht krümeligen Boden verteilen (oder auf Blumenerde bei Aussaat im Topf) und leicht einharken. Schon kurze Zeit später können die ersten Blüten gepflückt werden. Einzeln eingefroren in Eiswürfel sind sie eine wunderbare Deko für leichte Sommerdrinks.

SONSTIGES Aber mit Borretsch lässt sich noch viel mehr anstellen:

- Die Blätter haben einen leichten Gurkengeschmack, darum klein hacken und für Getränke, Sandwiches, Dips und kalte Suppen verwenden.
- Ganze Borretschblätter schmecken in Bierteig ausgebacken ganz wunderbar.
- Die unglaublich hübschen Blüten können als Potpourri arrangiert werden und sind eine schöne Dekoration in kleinen Gläsern.
- Jekka McVicar, die britische Königin der Kräuter, rät bei trockener Haut zu einem Gesichtsdampfbad mit Borretschblättern in kochendem Wasser.
- Das ist wirklich toll: einen Strauß Borretsch in ein Feuer werfen. Das enthaltene Kali wird ein Mini-Feuerwerk mit kleinen Funken und Knalleffekten entzünden.

Farnspitzen mit Bagna caôda

Es gibt wohl kaum etwas Ausgefalleneres als Aperitif als gekochte Farnspitzen. Dafür sollten Sie Farnwedel pflücken, bevor sie ihre Blätter ausrollen. Achten Sie darauf, die richtige Sorte zu nehmen, sonst laufen Sie Gefahr, dass alle Gäste krank werden. Der Geschmack ist köstlich, sehr mild und erinnert ein bisschen an Spargel oder Spinat... Doch es ist vor allem das Aussehen dieser kleinen Spitzen, das einen wirklich umhaut.

GUT ZU WISSEN

Essbare Farnspitzen gewinnt man von einem Farn namens *Matteucia struthiopteris* (Straußfarn). Farne sehen sich z. T. sehr ähnlich, deshalb erkundigen Sie sich besser beim Gärtner nach dem lateinischen Namen, um ganz sicher zu gehen. Dieser laubabwerfende Farn stammt aus den Wäldern Europas, Ostasiens und Nordamerikas und breitet sich über Rhizome (unterirdische Sprossteil der Pflanze) aus, die dicht unter der Erdoberfläche wachsen. An einem schattigen und feuchten Standort haben Sie bald einen ganzen Farnwald, was keine schlechte Sache ist. Wenn die äußeren Bedingungen gut sind, können Sie den Farn sich selbst überlassen.

TIMING

Frühling bis Sommer

WAS SIE BRAUCHEN

1 Farn der Sorte *Matteucia struthiopteris* Im Gartencenter erhältlich.
Ein schattiger Standort mit feuchtem Boden Oder ein großer Pflanzkübel mit Blumenerde.

WAS ZU TUN IST

Farne pflanzen und für 1–2 Jahre wachsen lassen, bis sie groß und stark genug sind, um mit der Ernte zu beginnen. Sie sollten im Frühjahr ein Auge auf die sprießenden Farne haben. Bevor sich die Wedel ausrollen, diese direkt am Boden abknicken. Sehr gründlich säubern und so viel von der braunen Spreu wie möglich entfernen – sie ist zwar ungefährlich, sieht aber nicht schön aus.
Die Farnspitzen in kochendes Wasser geben und kochen lassen, bis sie bissfest sind (einige Leute behaupten zwar, man könne die Spitzen auch roh essen, aber es ist sicherer, sie zu kochen) und z. B. mit Bagna caôda zum Dippen (Rezept siehe unten) servieren. Farnspitzen sind auch sehr lecker, wenn man sie etwas länger kocht und dann in Butter mit etwas Zitronensaft wendet oder wenn man sie kurz in ganz viel Butter anschwitzt.

FÜR DIE BAGNA CAÔDA

Die geschälten Zehen von 2 großen Knoblauchknollen (!) in einem Topf mit 1/2 l Milch zum Kochen bringen und bei geringer Hitze in knapp 1 Stunde weich kochen. Danach die überschüssige Milch abgießen und den Knoblauch mit einer Gabel zerdrücken. Knoblauchmus zurück in den Topf geben und mit 125 g abgebrausten Sardellen und 3/8 l sehr gutem Olivenöl unter ständigem Rühren vorsichtig erhitzen, bis sich die Fischchen vollständig aufgelöst haben. Die pikante Sauce heiß zusammen mit den Farnspitzen servieren. Dazu passt sehr gut rohes, in Streifen geschnittenes Gemüse wie Möhren und Paprika.

Zitronen für erfrischende Getränke

Der Anbau eigener Zitronen hat ganz eindeutig etwas sehr Dekadentes. Ich weiß auch nicht genau, warum. Dabei ist es unglaublich einfach. Sie können Zitronenbäumchen im Kübel fast in jedem Gartencenter kaufen. Sie sind zwar ziemlich teuer, aber ihr schönes immergrünes Aussehen macht das mehr als wett. Im Winter zieren sie das Haus und im Sommer die Terrasse. Zudem bringen sie duftende Blüten hervor, von den Zitronen ganz zu schweigen. Sie brauchen für Zitronenbäumchen nicht mal einen Wintergarten, denn Zitrusfrüchte kommen auch mit wenig Licht zurecht. Stellen Sie die Pflanze im Frühling trotzdem so früh wie möglich ins Freie.

GUT ZU WISSEN Zitronenbäume sind immergrüne Bäume bzw. Sträucher und stammen ursprünglich aus den Wäldern Südostasiens und der Pazifischen Inseln. Sie sind frostempfindlich und Temperaturen unter 3 °C sind bereits eine Herausforderung für sie, vor allem wenn sie Früchte tragen sollen. Deshalb sollten Sie Ihr Bäumchen erst ins Freie stellen, wenn die Außentemperatur etwa so hoch ist wie die Temperatur im Haus. Dabei jedoch auf Nachtfrost im späten Frühling achten. Die jungen Triebe würden ihn nicht überleben. Die Bäume mögen einen gut durchlässigen sauren Boden und Regenwasser (wenn möglich).

TIMING Die Pflanze im Frühling umtopfen.

WAS SIE BRAUCHEN **1 Zitronenbäumchen** Darauf achten, dass es wirklich eine Zitrone ist *(Citrus limon)*, es sei denn, Sie möchten Klementinen *(C. reticulata)* oder Orangen *(C. sinensis)*. Die können Sie natürlich auch kaufen, denn alle Pflanzen benötigen die gleiche Pflege. Bei Zitronen ist die Sorte 'Meyer' zu empfehlen. Sie ist ein Zwergstamm, wächst nur 2 Meter hoch (das ist zu bewältigen) und ist daher für den Kübel perfekt. Sie können die Zitrone im Internet bestellen oder als Hochstämmchen bei einer edlen Gärtnerei kaufen.

1 Terracotta-Kübel Er sollte etwas größer sein als der Pflanzcontainer der Zitrone. Terracotta ist am besten geeignet, denn die Pflanzen mögen keine Nässe, und in Plastiktöpfen würde sie sich zu sehr stauen.

Lehmhaltige saure Pflanzerde Gibt es in Säcken. Mit Kies mischen, falls Sie nur lehmfreie Erde bekommen.

Füße und Untersetzer für den Topf Falls die Zitrone im Haus steht.

Flüssigdünger für Kübelpflanzen

WAS ZU TUN IST Zuerst den Baum umtopfen. Dabei die Wurzeln nicht zu tief in die Erde setzen, der Baum ist ein Flachwurzler. Beim Wässern sollten Sie Extreme vermeiden. Solange eine gute Dränage garantiert ist, die Staunässe verhindert, ist es einfach, Zitronen glücklich zu machen. Sie werden in der Wachstumsperiode zweimal wöchentlich gründlich gewässert, bis das Wasser unten aus dem Topf herausläuft. Im Haus ist daher ein Untersetzer ratsam, damit der Zimmerboden nicht nass wird. Kaufen Sie Tonfüße, auf denen der Kübel dann mit dem Untersetzer stehen kann. So läuft das Wasser besser ab.

Das Bäumchen zwischen Frühling und Sommer mit einem Flüssigdünger für Kübelpflanzen versorgen (Dosierungsanweisungen beachten!). So erhält die Pflanze ausreichend Nährstoffe, die für die Blüten- und Fruchtbildung nötig sind. Bei jedem Gießen Dünger zugeben, mindestens aber einmal pro Woche. Im Winter die Pflanze nur leicht feucht halten und nicht düngen. Möglichst weit weg von der Heizung stellen, am besten in ein unbeheiztes Zimmer. Falls das nicht möglich ist, dafür sorgen, dass die Luftfeuchtigkeit hoch genug ist. Das erreichen Sie, indem Sie die Zitrone zu anderen Pflanzen stellen oder sie auf Tonfüße oder Steine über einen Untersetzer mit Wasser setzen.
Es ist wunderbar, den Baum im Sommer dann nach draußen stellen zu können. Auch hier sollten Sie Extreme vermeiden. Deshalb die Pflanze langsam an den stärkeren Lichteinfall gewöhnen und sie zuerst unter einem Baum oder in einem schattigen Durchgang platzieren, bevor sie dann der vollen Sonne ausgesetzt wird.
Um Früchte auszubilden, müssen die Blüten bestäubt werden. Falls die Pflanze ganzjährig im Haus steht, sollten Sie Pollen von einer Blüte auf die andere bringen. Verwenden Sie dafür ein Make-up-Bürstchen oder schütteln Sie das Bäumchen leicht. Draußen übernehmen Insekten die Arbeit für Sie.

Sonstiges Falls Sie mehr als ein Zitronenbäumchen haben, schreien diese förmlich danach, in einer Reihe aufgestellt zu werden. Doch das ist nur ein Vorschlag... Trinken Sie Ihren Gin Tonic im Sessel neben dem Baum, der Ihnen den herrlichen Zitronenschnitz am Glas geschenkt hat.

Frühlingshaftes Rhabarber-Wodka-Gelee

Ich liebe Rhabarber über alles, sowohl zum Essen als auch als Zierpflanze. Falls Sie also irgendwo ein freies Fleckchen haben oder ein Pflanzgefäß mit einem Durchmesser von etwa 50 cm (gefüllt mit Blumenerde): den Platz für Rhabarber nutzen.

GUT ZU WISSEN Rhabarber *(Rheum)* ist eine winterharte mehrjährige Pflanze, die aus Sibirien stammt – das ist für einen Anfänger doch eine wirklich gute Nachricht, denn damit wächst sie auch unter schwierigsten Bedingungen. Deshalb findet sich Rhabarber auch häufig in brachliegenden Gärten und gedeiht dort ganz vorzüglich. Sie kaufen am besten einjährige Jungpflanzen mit Wurzelwerk (wie beim Spargel). Und es ist wie bei vielen anderen Pflanzen: Sie können unter zahlreichen Sorten wählen. Ich weiß nicht, was für eine Sorte ich habe, aber mir wurde gesagt, dass 'Cawood Delight' und 'Victoria' sehr gut seien.

TIMING Im Winter pflanzen und im Sommer ernten.

WAS SIE BRAUCHEN **Rhabarberpflanzen** Gibt es in großen Gartencentern und bei speziellen Gärtnereien (siehe Einkaufsadressen, S. 262).
Organischer Stallmist oder Gartenkompost
Universaldünger

WAS ZU TUN IST Die Pflanzenwurzeln im Dezember setzen und dabei etwa 2,5 cm tief in die Erde stecken. Wässern, falls der Boden zu trocken ist. Entweder Stallmist oder Gartenkompost aufbringen und um die Stelle herum verteilen, an der die Pflanze wächst. Rhabarber ist ein großes, üppiges Gewächs, deshalb beim Pflanzen mindestens 1/2 m Abstand lassen.

Nach etwa 1 Monat tut sich zum ersten Mal etwas. Sie sollten im Februar einen Universaldünger verwenden. Falls Sie nur das üppige, tropisch aussehende Laub haben wollen, brauchen Sie nichts weiter zu tun. Möchten Sie den Rhabarber jedoch ernten, sollten Sie folgendermaßen vorgehen: Direkt im zeitigen Frühjahr ernten. Wenn Sie die kräftigen Stiele mit einem Ruck herausreißen, wird der Rhabarber denken, dass etwas Schreckliches passiert ist, und sich sofort daran machen, noch größer und dicker zu werden, statt Samen auszubilden. Rhabarber kann von Mai bis Juli geerntet werden, direkt nachdem sich die Blätter geöffnet haben. Es ist ratsam, mit der Ernte bis zum zweiten Jahr zu warten und dann jeweils nur einige Stiele pro Pflanze zu ernten.

Am besten lässt sich Rhabarber ernten, indem die Stiele direkt am Boden mit einem Ruck herausdreht werden. Nach dem zweiten Jahr können Sie so viel Stiele ernten, wie Sie wollen, dabei aber immer 2–3 Stiele stehen lassen. Das Ergebnis ist äußerst schmackhaft – allerdings ist es meist nötig, die Rhabarberstängel vor der Weiterverarbeitung von der faserigen Haut bzw. einigen harten Fäden zu befreien. Die Blätter enthalten Oxalsäure in größeren Mengen und sind deshalb nicht für den Verzehr geeignet.

Sonstiges Wenn Sie süßere, noch zartere Stängel möchten, müssen Sie den Rhabarber vortreiben. Das ist furchtbar einfach. Allerdings eignet sich die Pflanze danach nicht mehr als Zierpflanze. Sie muss nämlich abgedeckt werden, sobald sich die ersten Triebe zeigen.
Vortreiben können Sie Rhabarber mit einem Treibtopf (einem glockenförmigen Tontopf mit Deckel, entweder neu gekauft oder vom Flohmarkt). Stattdessen lässt sich auch ein umgedrehter Mülleimer verwenden, aber der ist natürlich längst nicht so schön. Durch den Treibtopf glaubt die Pflanze, sie sei noch immer unter der Erde, und wird, so schnell sie kann, Richtung Licht wachsen. So können Sie Rhabarber schon sehr früh ernten (innerhalb von 4 Wochen). Nach der Ernte den Topf abnehmen und die Pflanze bis zum nächsten Jahr stehen lassen.

Für Rhabarbergelee Bereits wenige Rhabarberstiele ergeben genug hübschen roten Saft, um daraus eine Schüssel Gelee zu kochen. Das verbliebene Fruchtfleisch verschwindet direkt in meinem Mund. Einige Rhabarberstängel putzen, in Stücke schneiden und mit 1/2 Liter Wasser und 3–4 Handvoll Kristallzucker (je nach Geschmack) in eine ofenfeste Glasschüssel geben. Mit Alufolie abdecken und etwa 1 Stunde bei etwa 190 °C (Umluft 170 °C, Gas Stufe 3–4) im Backofen garen. Den entstandenen Saft durch ein Sieb seihen und einen guten Schuss Wodka zugeben. Die Flüssigkeit abmessen und mit gemahlener Gelatine nach Packungsanweisung daraus Gelee kochen.

Eingelegte Zwiebeln für den Cocktail

Ein Erlebnis aus meiner Kindheit hat sich mir tief eingeprägt: Während eines Urlaubs in Nordwales durfte ich einmal mit zu einer Party. Dort begegnete ich Frauen in schimmernden schwingenden langen Kleidern mit Hochsteckfrisuren. Der Raum hatte eine Theke mit Hockern und einen braunen langflorigen Flauschteppich. Es gab Cinzano, Käse und Ananas und dann wurden diese köstlichen eingelegten Zwiebelchen auf Cocktailspießen serviert. Meine Eltern waren immer viel zu spießig, um eine so aufregende Cocktailparty zu geben, und eigentlich habe ich ihnen das bis heute nicht verziehen. Es ist höchste Zeit, die Tradition der Cocktailparty wieder aufleben zu lassen.

GUT ZU WISSEN Minizwiebeln sind von Gärtnern gezüchtete Hybriden der normalen Zwiebeln *(Allium cepa)*. Sie wachsen sehr dicht beieinander, damit sie winzig bleiben.

TIMING Mitte bis Ende Frühling starten.

WAS SIE BRAUCHEN **Zwiebelsamen** Es sind Hybriden erhältlich, die sich perfekt zum Einlegen eignen wie etwa 'Paris Silverskin' oder die pinkfarbene 'Purplette'. Alternativ dazu können Sie natürliche auch Steckzwiebeln pflanzen, die in großer Vielfalt (z. B. Schalotten) in Gärtnereien und Gartencentern angeboten werden.
1 Topf oder 1 Pflanztrog Mindestens 15 cm hoch mit Pflanzerde gefüllt. Oder im Beet: ein unkrautfreier sonniger Standort mit durchlässigem Boden (ansonsten etwas Kies unterarbeiten). Ein paar Wochen vor der Aussaat den Boden auflockern und nährstoffreichen Gartenkompost unterarbeiten.

WAS ZU TUN IST In einem Topf die Samen fein verteilen und mit einer 1,5 cm dicken Erdschicht bedecken. Im Beet auf einer kleinen Fläche Samen in mit dem Finger gezogene Rillen ausbringen. Mit Erde bedecken und mit der Gießkanne mit feiner Brause wässern. Wenn sich die ersten Sämlinge zeigen, ausdünnen, bis die übrigen im Abstand von etwa 2–3 cm stehen. So erhalten Sie süße kleine Zwiebeln. Etwa 10 Wochen wachsen lassen, währenddessen immer gut wässern und Unkraut jäten. Wenn die Blätter welken, die Zwiebeln ernten und gut säubern.

EINGELEGTE ZWIEBELN Dafür müssen die Zwiebeln zuerst 7 bis 10 Tage getrocknet werden. Das geht am besten an einem regengeschützten Ort im Freien. Danach Zwiebeln von Blättern und Wurzeln befreien und vorsichtig schälen. Auf weiche oder faule Stellen hin überprüfen und auch bei geringen Anzeichen dafür entsorgen.
Die übrigen Zwiebeln 24 Stunden in kaltes Salzwasser – hergestellt aus 1 Liter Wasser und 500 Gramm Salz – einlegen. Darauf achten, dass die Zwiebeln komplett bedeckt sind. Anschließend gut abbrausen, abtropfen lassen und in ein Einmachglas geben. Mit Weißweinessig guter Qualität bedecken, nach Belieben einen Stängel intensiv duftenden Salbei, abgebraust und trockengetupft, einlegen und die Zwiebeln so lange, wie Sie möchten – mindestens aber 1 Woche –, ziehen lassen. Auf einen Zahnstocher spießen und zu einem klassischen Cocktail servieren. Sie passen aber auch wunderbar zu Salaten.

Wohlriechende Veilchen

Erst vor Kurzem habe ich meine Liebe zu Veilchen entdeckt. Im November besuchte ich einen Garten und erblickte direkt vorn im Beet ein blühendes Exemplar. Da es wie gesagt November war, konnten keine anderen Pflanzen von ihm ablenken, und so kniete ich mich hin, um an dem Veilchen zu schnuppern. Der Duft schien nicht von dieser Welt, süß und blumig, aber keineswegs zu süß, sondern mit einer schweren erdigen Note. (Oder lag das daran, dass meine Nase fast das Erdreich berührte?)
Es gibt nichts, was an Veilchen heranreicht. Sie waren die Lieblingsblumen der Kaiserinnen Josephine und Eugénie und das Symbol des Hauses Bonaparte. Sie sind Grundlage für viele der edelsten und teuersten Parfüms dieser Welt, geliebt von Königin Victoria, und in London und Paris millionenfach verkauft von unzähligen Eliza Doolittles – det is echt dufte. Zurzeit erfährt der Veilchenduft so etwas wie ein Revival und plötzlich verfeinern Veilchen den Geschmack der Füllungen von exquisiten Schokoladen und Designer-Muffins. Deshalb hier nun meine Favoriten für kulinarische Abenteuer oder einfach nur für die Freude am Duft.

GUT ZU WISSEN

Die Veilchen, die als Beetpflanzen in den meisten Gartencentern angeboten werden, sind allgemein als Stiefmütterchen bekannt. Es sind Hybriden von sehr komplizierten Kreuzungen. Sie sind in vielen Farben erhältlich und bringen jeden Ort zum Leuchten. Sie eignen sich für den Salat, duften aber nicht besonders. Bei diesem Rezept ist es wichtig, Duftveilchen bei spezialisierten Gärtnereien oder direkt bei Veilchenzüchtern zu kaufen (siehe Einkaufsadressen, S. 262). Sie öffnen im späten Winter bzw. zeitigen Frühjahr ihre weißen oder blauen Blüten und entstammen Klimazonen, die der unsrigen ähneln. Veilchen fühlen sich im Topf oder im Beet wohl, entweder in der vollen Sonne oder im Halbschatten, solange der Boden fruchtbar und durchlässig ist.

TIMING

Winter

MEINE LIEBLINGSVEILCHEN

***Viola odorata* (März- oder Duftveilchen).** Gibt es in vielen unterschiedlichen Sorten. Ich liebe vor allem 'Devon Violet' – in Devon wächst es häufig wild – und das weißblühende 'Alba'.
***V.* 'The Czar'** Dunkelviolett mit weißem Auge.
***V.* 'Baronne Alice de Rothschild'** Groß und dunkel.
***V.* 'Conte di Brazza' und *V.* 'Hopley's White'** Diese gehören zu den Parma-Veilchen, daher sind sie empfindlicher und müssen im Winter frostfrei stehen (siehe Frostschutz, S. 235), aber es lohnt sich, sie zu pflanzen, da sie einen überwältigenden Duft verströmen und gefüllte Blüten besitzen (einfach köstlich).

Veilchen-Sirup Meine Veilchen-Sammlung ist leider zu klein und zu kostbar, um genügend Blüten für Sirup zu ernten. Doch ich arbeite daran und gönne mir jedes Jahr (und zwar am Valentinstag) einen gekauften Strauß Duftveilchen. Kurz bevor die Blüten verwelken, mache ich Sirup daraus.

Was Sie brauchen

15–20 Veilchenblüten Die Stängel entfernen.
150 ml Wasser
Kristallzucker

Was zu tun ist Wasser im Topf zum Kochen bringen und die Blüten zufügen, gut unterrühren und dann von der Herdplatte nehmen. Für etwa 24 Stunden zugedeckt ziehen lassen. Die Flüssigkeit abmessen, wieder aufkochen, die doppelte Menge Zucker zufügen und so lange rühren, bis er sich aufgelöst hat. Die Flüssigkeit zugedeckt im Topf 3 Tage stehen lassen, ab und zu umrühren – wenn Sie daran denken. Anschließend langsam zum Kochen bringen und vorsichtig zu einem flüssigen Sirup einkochen lassen.
Ich serviere den Sirup (wenn ich einen spendablen Tag habe) mit Champagner: einen kleinen Tropfen unten ins Glas geben, mit dem edlen Schaumwein aufgießen und schon haben Sie eine Art Veilchen-Kir-Royal. Wirklich köstlich! Und besonders hübsch ist es, wenn noch einige Blüten im Sirup zu erkennen sind. Oder ich lecke den Sirup einfach vom Löffel ab bzw. süße meinen Kräutertee damit.

Sonstiges Wenn Sie gern knifflige Sachen machen, ist es für Sie bestimmt ein Kinderspiel, Blütenblätter zu kandieren und damit Torten zu dekorieren. Das Eiweiß verquirlen und einige Blütenblätter mithilfe eines feinen Pinsels damit bestreichen. Mit Kristallzucker bestreuen und trocknen lassen. Ja, ich weiß, wahrscheinlich haben Sie wichtigere Dinge zu tun … aber Sie können auch Ihre Kinder gut und gerne 1–2 Stunden damit beschäftigen.

Holunderblüten-Limonade

Das ist für mich Sommer pur im Glas: träge, dösig und leicht berauschend. Die Limonade lässt sich einfach herstellen. Und wenn Sie gerade mit dem Gärtnern anfangen, ist Holunder überhaupt genau der richtige Einstieg.

GUT ZU WISSEN Der Holunder *(Sambucus nigra)* ist ein laubabwerfender Strauch, der oft so tut, als sei er ein Baum. Er wächst fast überall; Holunder ist eine Pflanze mit Pionierqualitäten, die wirklich schnell wächst – zur Freude jedes Anfängers. Er wird sich wunderbar in Ihrem Garten machen, wenn Sie ausreichend Platz haben (er kann bis zu 6 Meter hoch und breit werden, wenn er nicht gestutzt wird). Seine Heimat ist ursprünglich das Unterholz der Wälder Europas, Nordafrikas und Südwestasiens. Schon seit Jahrhunderten gibt es Holunder als Züchtung. Traditionell wird er als Heilmittel und Färbemittel verwendet. Und nicht zuletzt sind seine Zweige erwähnenswert, die ausgehöhlt schon Generationen von Kindern als Blasrohr gedient haben.

Falls Sie nicht genug Platz für einen Holunderbusch haben, ist es nicht schwer, draußen einen zu finden. Halten Sie Ausschau nach seinen gezähnten Blättern, der hellbraunen, dicken und längsgefurchten Borke und Dolden mit cremeweißen Blüten, die so wunderbar duften. Lassen Sie sich nicht von einem moschusartigen Geruch abschrecken, der an Katzenurin erinnert – er kommt von den Blättern.

Es lohnt sich, sich ein kleines Bestimmungsbuch zu Bäumen und Sträuchern anzuschaffen, in dem Sie Holunder nachschlagen können – ich selbst besitze den alten Reader's Digest Naturführer, den ich immer dabeihabe (aber leider nicht immer Regenjacke und Gummistiefel). Es ist wirklich wichtig, dass Sie genau prüfen, was Sie pflücken. Und zwar am besten, bevor Sie etwas pflücken. Dann können Sie noch überprüfen, ob alle Eigenschaften der Pflanze zutreffen (Holunderblüten haben große Ähnlichkeit mit den Blüten des Wiesenkerbels, den Sie ganz sicher nicht essen möchten. Aber der wächst auf Kuhwiesen und eben nicht an einem Busch oder Baum!).

TIMING Holunder blüht am schönsten im Juni und Juli.

WAS SIE BRAUCHEN

8 große Holunderblütendolden
1 1/4 kg Kristallzucker
8 l Wasser
2 unbehandelte Zitronen
4 TL milder Weißweinessig
1 feines Baumwolltuch

Flaschen Glasflaschen mit einem Schraubverschluss sind am besten, da die Kohlensäure nicht so leicht entweichen kann, aber Plastikflaschen tun es auch. Darauf achten, dass sie sauber sind. Deshalb sollten sie einmal in der Spülmaschine oder in sehr heißem Wasser mit einer Flaschenbürste gesäubert werden. Gut ausspülen.

Was zu tun ist In einem großen Kochtopf Zucker und Wasser erhitzen, bis sich die Zuckerkristalle aufgelöst haben. Zum vollständigen Abkühlen beiseitestellen. Dann die sehr vorsichtig abgebrausten Holunderblütendolden, die abgeriebene Schale und den Saft der Zitronen und den Essig zufügen. Den Topf abdecken und 24 Stunden stehen lassen.

Am nächsten Tag die Flüssigkeit durch das Baumwolltuch in Flaschen seihen und die Blüten bis auf den letzten Tropfen ausdrücken (am besten die Flaschen dabei nacheinander in eine Schüssel stellen, dann macht es nichts, wenn die Flüssigkeit überläuft).

Die Limonade an einem kühlen Ort gut 2 Wochen ziehen lassen, etwa in der Garage oder im Keller (da ich weder das eine noch das andere habe, stelle ich sie in einen Schrank in einem unbeheizten Zimmer). Dann sollte sie gegoren sein und sprudeln. Servieren Sie sie gut gekühlt nur den Menschen, die Sie wirklich mögen.

Die Limonade hält sich 2 Jahre und der Geschmack wird mit der Zeit noch besser. Nach dem Öffnen am besten in einer Flasche mit Schraubverschluss im Kühlschrank aufbewahren. So haben Sie für viele Wochen ein leckeres sprudeliges Getränk. Am liebsten serviere ich die Holunderblüten-Limonade übrigens zu Weihnachten, um daran zu erinnern, dass der Frühling nahe ist.

Blühendes

Wer kennt das nicht: Ein tolles Bild im Katalog, ein gut gemachter Prospekt – und schon gibt man für das Teil auf dem Foto jede Menge Geld aus! Das funktioniert auch bei Pflanzen. Die Werbewelt hat das Gärtnern entdeckt und präsentiert uns immer wieder neue „Modegewächse“, die wir bisher nicht gekannt, geschweige denn jemals selbst gezogen haben. Dabei verblasst selbst ein noch so buntes Bild, wenn das Original erscheint: ein zarter, keimender Samen, der sich aus der Erde schiebt und langsam zur Pflanze heranwächst. Für mich ist das immer wieder ein kleines Wunder.
Mit diesem Kapitel kommen wir diesem Wunder auf die Spur. Erfahren, wie guter Kompost hergestellt wird. Entdecken, wie Pflanzen sich vermehren und ideal versorgt werden – selbst Orchideen oder Fleischfresser, die eine spezielle Pflege brauchen, damit sie ordentlich Blüten treiben. Also Ärmel hochkrempeln und gärtnern!

Duftwicken aus Samen ziehen

Vor ein paar Jahren fiel mir ein Tütchen Duftwicken-Samen in die Hände, das mir meine Mutter irgendwann mal mitgebracht hatte. Schöne Blumen! Das war alles, was mir damals dazu einfiel. Ich folgte den Anweisungen auf dem Tütchen, säte die Samen aus und tatsächlich – sie keimten. Heute schreibe ich ein Buch zum Thema Gärtnern. Wie schön es ist, mit Unmengen fantastischer Pflanzen zu leben, können auch Sie leicht herausfinden, indem Sie einfach etwas säen. Wenn nichts dabei rauskommt, überlegen Sie, was Sie falsch gemacht haben. Mir eröffnete sich dadurch eine neue, mir bisher unbekannte Welt.

Gut zu wissen *Lathyrus odoratus* (Duftwicke) ist eine winterharte einjährige Kletterpflanze. Das bedeutet, dass sie innerhalb nur eines Jahres wächst, Samen bildet und abstirbt. Sie ist ideal für Einsteiger, weil sie relativ große Samen hat, die leicht zu handhaben sind, und reichlich duftende Blüten hervorbringt. Ein Sommer voller Wickensträuße steht ins Haus!

Timing Ich säe Duftwicken im März und April. Wer sich im nächsten Jahr Frühblüher wünscht und (anders als ich) Platz hat, kann die Samen aber auch im Herbst ausbringen. Und wenn Sie (anders als ich) zu den gut organisierten Gärtnern gehören, die sich Zeit und Platz gut einteilen, können Sie Duftwicken bis Ende Mai säen, dann haben Sie länger was davon.

Was Sie brauchen

Duftwicken-Samen *Lathyrus odoratus* 'Matucana' duftet sehr stark, es gibt jedoch Hunderte verschiedener Sorten. Die Qual der Wahl ... Ich nehme meist eine Mischung und lasse mich überraschen.

Anzuchterde Sie können aber auch normale Blumenerde verwenden. Übertreiben Sie es nicht: In zu nährstoffreichem Boden keimen die Samen nicht.

Kies

Saatkiste Eine mit Abdeckhaube aus Plastik. Genauso gut können Sie einen sauberen Blumentopf oder ein anderes Pflanzgefäß mit Abflusslöchern im Boden verwenden. Die Deckel durch einen Plastikbeutel ersetzen, den Sie mit Gummiband fixieren.

Pflanzgefäß Siehe nächste Seite.

Rankhilfe für die Wicken Siehe nächste Seite.

Was zu tun ist Samen über Nacht in einem Glas mit lauwarmem Wasser quellen lassen. Damit das Wasser nicht abkühlt, das Glas auf die Heizung stellen. Nicht alle Arten von Samen müssen vorquellen. Schauen Sie einfach auf die Packung, da steht's drauf.

Erde und Kies zu gleichen Teilen mischen, so dass ein luftig-lockeres Substrat entsteht. Erde in die Saatkiste oder den Blumentopf geben und mit den Fingern leicht andrücken. Das Ganze wässern. Dazu die Kiste bzw. den Topf in eine mit Wasser gefüllte breitere Schale stellen und warten, bis sich die Erde vollgesaugt hat und feucht schimmert, oder von oben mit einer feinen

Brause auf der Gießkanne gießen. Brause unbedingt aufsetzen, damit die Erde nicht aus dem Topf gespült wird und schön glatt bleibt.
In die feuchte Erde nun die Samen säen. Die optimale Saattiefe können Sie der Packung entnehmen, als Faustregel gilt jedoch, dass jeder Same von einer Erdschicht bedeckt sein sollte, die seinem zweifachen Umfang entspricht. Also: Sehr feine Samen streut man auf die Erdoberfläche, Wickensamen gehören in etwa 3 Millimeter Tiefe.
Anschließend die Abdeckhaube aufsetzen oder – alternativ – den Topf in einen Plastikbeutel stecken und mit einem Gummiband verschließen. Zum Keimen brauchen die Samen Wärme und Feuchtigkeit. Auf Licht legen sie später erst Wert. Das Saatgefäß mit Pflanzenname und Pflanzdatum beschriften, denn sonst werden Sie es bestimmt vergessen. Gefäß nun beiseite stellen, aber jeden Tag nachschauen, ob sich etwas getan hat.
Sobald sich die ersten grünen Spitzen zeigen, Deckel oder Beutel entfernen. Jetzt kommt es darauf an, die Sämlinge abzuhärten. Und das bedeutet: weniger Wärme, stärkere Belüftung und mittlerweile auch Licht. Der perfekte Standort ist nun die Fensterbank, sofern es draußen nicht gerade friert. Verhätscheln Sie Ihre Sämlinge nicht, sonst gedeihen sie schlecht.
Nach wenigen Wochen zeigen sich die ersten richtigen Blätter – diese sehen anders aus als die Keimblätter. Hat die Jungpflanze ihre ersten beiden echten Blattpaare gebildet, den Haupttrieb (der nach oben zeigt) abknipsen. Dieses Entspitzen regt die Bildung von Seitentrieben an, die Pflanze wird buschiger und trägt später auch mehr Blüten. Schön für Ihre Vasen und damit auch für Sie! Nun können die jungen Gewächse ihr endgültiges Heim beziehen. Pflanzen vorsichtig aus dem Pflanzgefäß nehmen. Dabei möglichst an einem der Blätter festhalten, nicht am Stiel, und mit einem langen, schlanken Stab aus dem Erdreich lösen, so dass die Wurzeln nicht beschädigt werden. Dabei zeigt sich dann doch der Vorteil einer Saatkiste: Bei ihr reicht meist ein leichter Druck auf die Plastikunterseite und schon hat man das heile Jungpflänzchen in der Hand.

Auspflanzen Nun wandert die Pflanze entweder in einen größeren Topf oder direkt ins Beet. Dafür braucht sie nur ein ausreichend großes Loch in der Blumenerde oder im Erdreich, das ihre Wurzeln gut aufnehmen kann, ohne sie zu zerdrücken. Pflanze behutsam hineinsetzen, Wurzeln komplett mit Erde bedecken und das Ganze ordentlich gießen, bis das Wasser aus den Abflusslöchern im Topf herausfließt oder bis das Erdreich im Beet rundherum gut durchnässt ist. Duftwicken sind Kletterer, darum brauchen sie etwas, an dem sie hochranken können, z. B. ein Rankgerüst. Ranken sind nichts anderes als umgebildete Blätter, die sich an allen möglichen Dingen festhalten, indem sie sie umschlingen. Sie wachsen dem Licht gegen, das sie für ihren Stoffwechsel benötigen. In der Natur rankt die Wicke einfach an einer Nachbarpflanze empor, an einem Busch oder Baumstamm, was wunderhübsch aussieht. Wer einen Garten mit Büschen und Bäumen besitzt, kann die Setzlinge in ihre unmittelbare Nähe pflanzen und sie dort hochranken lassen. Allerdings müssen Menschen, die keinen Garten haben, keineswegs auf jede Menge prächtig duftender Wicken verzichten – denn Rankhilfen kann man auch selbst bauen. Hier ein paar Ideen dazu:

- Besorgen Sie sich einen großen Behälter, z. B. eine alte Holzkiste, mit Plastikfolie ausgeschlagen, einen Blumenkasten oder einfach einen Tontopf. Er muss nur tief genug sein (mindestens 20 cm), weil *Lathyrus* gern tief wurzelt. Wer sich für die mit Plastikfolie ausgelegte Holzkiste entscheidet, muss unbedingt daran denken, Abflusslöcher in den Boden zu bohren, damit keine Staunässe entsteht. Nun kommt die Blumenerde hinein.
  In die Erde stecken Sie 2 dünne Stöcke von mindestens 1,5 m Länge. Weiden oder Haselzweige eignen sich perfekt, da sie sich gut biegen lassen; es gibt sie im Blumenladen zu kaufen oder in der freien Natur. Nun stecken Sie die Zweige entsprechend der Form und Größe des Pflanzgefäßes hinein – mehrere aufrecht nebeneinander oder ein bis zwei gebogen (z. B. oval oder kreisförmig) – und befestigen sie gut im Erdreich. Jeweils 1 oder 2 Jungpflänzchen an den Fuß der Zweige setzen, damit sie gleich was zum Festhalten finden. Und dann können Sie sich auf eine Wand oder ein Gewölbe aus kräftigen, wunderbar duftenden Wicken freuen!

- Wenn Sie einen Balkon in eine kleine Oase verwandeln möchten, spannen Sie an der Hauswand ein Netz, setzen die jungen Wicken in längliche Blumenkästen darunter und schauen Sie ihnen gemütlich beim Klettern zu.

- Sie können auch nur einen einzigen Kübel mit Wicken bepflanzen. Stecken Sie mehrere Bambusstäbe im gleichen Abstand zueinander in die Erde und binden Sie sie oben wie ein Wigwam zusammen. Bambus ist sehr glatt, darum wickeln Sie am besten griffige Schnur über die ganze Länge um die Stäbe oder legen ein unauffälliges Netz über die gesamte Konstruktion, damit die Wicken etwas zum Greifen finden.
  Für alle Rankhilfen gilt: Damit die jungen Pflanzen den Weg nach oben finden, sollten sie zunächst (vorsichtig!) festgebunden werden.

Blumen Pflücken

Im Juni sollten Ihre Duftwicken in voller Blüte stehen. Und wenn sie mit ausreichend Wasser bei Laune gehalten werden, bleibt das den ganzen Sommer so. Das absolut Beste an dieser Pflanze: Sie will gepflückt werden! Lässt man sie einfach stehen, verwendet sie sämtliche Energie auf die Samenbildung. Daher: Fleißig am Ansatz des Stängels pflücken und viele kleine Vasen damit füllen. Ich z. B. liebe Wicken in kleinen marokkanischen Teegläsern. Auch das Milchkännchen von Omas Teeservice gibt ein prima Väschen ab. Alles, was klein und hübsch aussieht, können Sie nehmen. Vielleicht kombinieren Sie Wicken mit anderen Einjährigen. Kornblumen sehen toll dazu aus, aber Duftwicken wirken auch als Solisten.

Frühjahrszwiebeln im Korb

Ein Korb voller Blumenzwiebeln – da steckt keimendes Leben, Frische und Vitalität drin – und ist damit z. B. ein wunderbares Mitbringsel für liebe Freunde, die gerade ein Baby bekommen haben.

GUT ZU WISSEN

Zwiebeln, auch Bulben genannt, speichern die Nährstoffe, die eine Pflanze zum Wachsen braucht. Aus der Zwiebel erwächst im Frühjahr ein Blütenstängel mit Laubblättern, deren Grün Sonnenlicht in Stärke umwandelt. Diese Stärke wird dann im Winter von der Zwiebel gespeichert und ermöglicht im nächsten Frühjahr einen neuen Austrieb. Für einen Korb nehmen Sie am besten nur kleine Zwiebeln, sonst sprengen sie später ihr Behältnis.

TIMING

Wer den Korb verschenken möchte, muss rechtzeitig anfangen, denn es dauert ein paar Wochen, bis sich im Moos die ersten grünen Spitzen zeigen. Frühjahrszwiebeln gibt es schon im Spätsommer. Sind Sie gut organisiert, können Sie frühzeitig einkaufen.

WAS SIE BRAUCHEN

Frühjahrszwiebeln Gibt's in jeder Gärtnerei und jedem Gartencenter, entweder sortiert oder als bunte Mischung. Besonders schön sind Krokusse, Traubenhyazinthen, Zwergiris, Zwergtulpen und Zwergnarzissen. Ich bevorzuge eine Sorte pro Korb, aber das ist Geschmackssache. Manche Zwiebeln brauchen Frost zum Keimen – beim Kauf beachten!
Mit Plastik ausgeschlagener Korb Bekommen Sie im Blumenladen oder Gartencenter, mit oder ohne Henkel, in allen Formen und Größen. Sie können auch einen Korb selbst mit einem Müllbeutel auskleiden: Einfach zuschneiden, reinlegen, die Ränder nach innen schlagen und festtackern oder -nähen.
Blumenerde
Torfmoos
Schleifenband Am besten aus Satin.

WAS ZU TUN IST

Falls die Plastikfolie keine Löcher hat, mit einer Schere welche hineinschneiden. Sie sollten mindestens die Größe haben, die man mit einer Lochzange hinbekommt – das Wasser muss gut abfließen können!
Korb mit einer Schicht Erde füllen und die Zwiebeln mit der Wurzelseite nach unten so hineinsetzen, dass sie einander fast berühren. Mit so viel Erde bedecken, dass die Schicht in etwa der Höhe der Zwiebeln entspricht. Oberfläche mit Torfmoos abdecken und das Ganze im Spülbecken so lange wässern, bis das Wasser unten aus dem Korb herausläuft. Beiseite stellen und das Erdreich feucht (nicht durchweicht!) halten, bis sich die ersten Keime zeigen. Mit Schleifenband umwickeln und fertig!

SONSTIGES

Zu Ostern macht sich ein Korb mit Frühjahrszwiebeln gut mit Schokoeiern im Moos und einem gelben Geschenkband drumherum. Ohne zusätzlichen Schmuck eignet er sich auch als Dauer-Tischdeko. Hält ewig, wenn Sie die Zwiebeln richtig gießen und das Arrangement nachts nach draußen stellen.

Pelargonien – Ableger nehmen

Pelargonien sind einfach nur toll. Ich mag vor allem die Sorten mit den duftenden Blättern, von denen ich nie genug bekommen kann. Sie sind überall in großer Auswahl erhältlich. In meiner Küche stehen an mehreren Stellen Pelargonien in kleinen Töpfen. Und wenn ich über die Blätter streiche, rieche ich Zimt, warm und würzig, oder ein belebend frisches Zitrusaroma steigt mir in die Nase. Köstlich, wie Bonbons. Und das Beste: Sie machen nicht dick!

Gut zu wissen Zur Gattung der Pelargonien (meist Duftgeranien genannt), die ursprünglich aus Südafrika stammen, gehören unzählige Hybriden, von denen keine in unseren Breiten draußen überwintern kann (Frostschutz, siehe S. 235). Die meisten stehen gern sonnig, in Töpfen, Hängekörben, Balkonkästen oder im Blumenbeet. Wenn sie gut behandelt werden, blühen sie durchgehend vom Frühjahr bis in den späten Herbst. Pelargonien lassen sich ideal aus Ablegern ziehen. Vegetative Vermehrung nennt man das – und es bedeutet, dass die Nachkommen das gleiche Genmaterial besitzen wie ihre Eltern.

Timing Ableger von Pelargonien können ganzjährig geschnitten werden (die beste Zeit ist zwischen Frühjahr und Herbst, optimal: Mai bis August). In der kälteren Jahreszeit ist ein heizbares Mini-Gewächshaus dafür unverzichtbar, in dem die Stecklinge warm gehalten werden können.

Was Sie brauchen

1 Pelargonie

Anzuchterde Ableger brauchen ein Substrat, das die Wurzelbildung fördert, dabei steril und luftdurchlässig ist und gleichzeitig auch Wasser speichert. Im Fachhandel bekommen Sie Vertikulite oder Perlite zum Untermischen. Sie können aber ebenso gut etwas Kies dazugeben.

Sauberes Pflanzgefäß Hier eignet sich ein kleiner Plastiktopf, der vorher in der Spülmaschine gereinigt wurde.

Scharfes, steriles Messer

Pflanzholz Hört sich toll an, gemeint ist damit aber einfach nur ein länglicher Stab, mit dem man Pflanzlöcher ins Erdreich bohrt. Er kann leicht durch einen Gegenstand ersetzt werden, dessen Durchmesser etwas größer ist als der Steckling, z. B. ein Bleistift, Nagel oder eine Stricknadel.

Größere Blumentöpfe zum Austopfen Siehe unten.

Was zu tun ist Erde-Kies-Mischung in das saubere Gefäß füllen und etwas festklopfen. Das Gefäß beschriften. Geranie nach einem geeigneten Kopfsteckling untersuchen: einem kräftigen, gesunden, blütenlosen, etwa 10 cm langen Seitentrieb mit 2–4 Blattpaaren. Diesen etwa 1/2 cm unter einem Blattknoten mit dem Messer abschneiden und die unteren Blätter entfernen, da sie in der Erde faulen würden. Übrig bleibt der Steckling, ein nackter Stiel mit 2–3 Blättern am oberen Ende.

Mit dem Pflanzholz nun Löcher in die Erde bohren, so tief wie der Stängel des Stecklings lang ist. Steckling in die Erde setzen und sicherstellen, dass er an

der Schnittseite Kontakt mit der Erde hat. Rundherum vorsichtig andrücken. Erde dann vorsichtig anfüllen. Ableger wurzeln lieber in Gesellschaft. Daher nehmen Sie am besten gleich reichlich Stecklinge! Das Gefäß kann ruhig gut gefüllt werden, die Blätter seiner Bewohner sollten sich allerdings nicht berühren. Erde nach dem Anfüllen nochmals gut festklopfen.
Stecklinge gründlich wässern: Entweder mit einer feinen Brause auf der Gießkanne gießen oder das Gefäß in eine breitere, mit Wasser gefüllte Schale stellen, bis sich die Erde vollgesaugt hat. Erdoberfläche mit einer dünnen Kiesschicht bedecken. Löcher in eine Plastiktüte schneiden, über das Gefäß ziehen und mit einem Gummiband zubinden. Das Ganze hell und warm, aber nicht zu sonnig stellen, z. B. auf eine Fensterbank. Aufpassen, dass die Erde nicht austrocknet. Wenn die Blätter nach ein paar Wochen zu wachsen beginnen, wissen Sie: Ihre Ableger haben Wurzeln und Sie neue Pflanzen! Sobald die Wurzeln unten aus dem Pflanzgefäß herauswachsen, können Sie die Stecklinge umtopfen. Ich nehme dazu Anzuchterde oder Blumenerde.

SONSTIGES Wer einmal Spaß am Ziehen von Ablegern gefunden hat, ertappt sich bald während eines Streifzugs durch das Gartencenter dabei, nach hormonellen Bewurzelungshilfen, Messern aus Chirurgenstahl, Mini-Gewächshäusern oder Wachstumslampen für Profi-Gärtner Ausschau zu halten. Ganz neue Welten für Gartenfreaks tun sich auf – tauchen Sie ein und genießen Sie!

Auf zu neuen grünen Ufern – Pflanzen teilen

Als ich zum ersten Mal hörte, man könne einer Pflanze zu besserem Wuchs verhelfen, indem man sie von der Wurzel aufwärts teile, war ich entsetzt. Ich stellte mir vor, ich würde unsanft aus dem Bett gezerrt, in Hälften gerissen, auf zwei Betten verteilt, Wasser darübergegeben und ich würde meinem Schicksal überlassen … Erstaunlicherweise gibt es Gewächse, die mit einer solchen Behandlung keine Probleme haben – im Gegenteil!
Um eine Pflanze durch Teilung zu vermehren, braucht es allerdings schon etwas Fingerspitzengefühl. Anfänger sollten sich daher zunächst an *Soleirolia soleirolii* versuchen, dem allseits bekannten Bubikopf, der einfach alles verzeiht. Er sieht klasse aus, riecht fantastisch frisch, fühlt sich wunderbar weich an und begeistert mich immer wieder durch seinen raschen Kriechwuchs, mit dem er im Handumdrehen das Erdreich im Topf bedeckt und dann regelrecht „überläuft". Meine Bubiköpfe habe ich schon x-mal geteilt und sie wachsen fleißig, wo immer ich will.

Gut zu wissen

Der Bubikopf ist eine kraftvoll kriechende mehrjährige Pflanze, die an schattigen Standorten im Mittelmeerraum beheimatet ist. In unseren Breiten übersteht er den Winter im Freien, obwohl strenger Frost ihm ganz schön zusetzen kann. Nach großer Kälte meint man oft, der Bubikopf sei eingegangen, doch spätestens im Frühjahr erholt er sich wieder. Wer hübsches Füllmaterial für Ritzen und Fugen zwischen Pflaster- und Trittsteinen sucht, ist mit dem Bubikopf gut beraten, doch Vorsicht: Er vergisst schnell seine Grenzen und fängt an zu wuchern! Ich ziehe ihn daher lieber im Topf. Er steht gern feucht und schattig und ist in 3 Farben erhältlich: Goldgrün, Silber und einem normalen (aber großartigen) Sumpfgrün.

Timing

Wer Bubiköpfe im Freien ziehen möchte, teilt erstmals im Frühjahr, ansonsten ist der Zeitpunkt egal. Im Haus müssen Sie ihnen einen nicht zu sonnigen Standort in Fensternähe einräumen.

Was Sie brauchen

Ein kleiner Topf *Soleirolia soleirolii* Manchmal auch *Helxine soleirolii* genannt. Gibt es in fast jedem Gartencenter. Noch besser: Fragen Sie einen Bubikopf-Besitzer, ob er Ihnen ein Stück von seiner Pflanze abteilt.
Topf mit Anzuchterde Bubiköpfe stellen keine hohen Ansprüche und sind im Beet auch mit ganz normaler Gartenerde zufrieden. Allerdings: Fein muss sie sein, große Klumpen oder gar Steine im Boden hat *Soleirolia* nicht so gern. Wer die Pflanze als Fugenfüller einsetzen will, sollte vorher etwas feinkrümelige Erde in die Ritzen fegen – das erleichtert ihr den Start.

Was zu tun ist

Bubikopf aus dem Topf nehmen und überschüssige Erde entfernen. Pflanze mit den Händen oder einem Messer in beliebig viele Stücke teilen. Wichtig dabei: Jedes Teil braucht eigene Wurzeln.
Zum Einpflanzen eignen sich Töpfe jeglicher Größe mit Abflusslöchern. Erde einfüllen und zu einem Hügel aufschichten, da die Pflanze ungemein niedrig

wächst und das Erdreich ohnehin nachsackt. Bubikopf mitten auf den Hügel setzen, Wurzeln grob mit Erde bedecken und gießen. Das sieht zunächst komisch aus: ein kleiner grüner Busch auf einem großen braunen Haufen – aber es dauert gar nicht lange, und der Busch breitet sich aus, bedeckt den Erdhaufen und schiebt sich mühelos sogar über den Topfrand.
Gießen Sie Ihren Bubikopf nicht von oben, das bekommt den zarten Blättern nicht gut. Nehmen Sie stattdessen einen breiten Untersetzer, füllen diesen mit Wasser, stellen den Topf darauf und lassen die Pflanze nach Herzenslust trinken.

SONSTIGES Über ein Bubiköpfchen im Terrakotta-Topf freut sich jeder. Und noch größer wird die Freude, wenn mittendrin noch ein „richtiges" Geschenk liegt (ein Diamantring oder so ...).

Laubkompost

Obwohl ich selbst keinen Garten habe, mache ich immer Laubkompost. Er ist ein prima Mulch, der meinen Pflanzen wohltut und mir ein gutes Gefühl gibt. Und nicht zu vergessen: Es macht kaum Arbeit.

GUT ZU WISSEN

Laubkompost besteht aus welkem Herbstlaub, das vom Baum gefallen ist und nun langsam verrotten darf. Nach längerer Zersetzung verwandelt sich das Laub in ein krümelig-dunkles organisches Material, für das es vielerlei Verwendungsmöglichkeiten gibt. Es steckt in jedem Gartenboden, denn auch akribischen Gärtnern gelingt es kaum, Unmengen von Herbstlaub komplett zu entfernen. Liegengebliebenes Laub wird mithilfe von Pilzen und Bakterien zersetzt – was eine Weile dauert und den Laubkompost damit auch vom Gartenkompost unterscheidet.

Ein weiterer Unterschied besteht darin, dass beim Laubkompost weder eine Überprüfung der Temperatur noch ein Wenden notwendig ist (siehe S. 172).

Wer seine Pflanzen mit Laubkompost anreichert, verlängert ihre Lebensdauer beträchtlich. Kompost verbessert den Boden und dient als Wasserspeicher, häufiges Gießen entfällt. Nutzen Sie Laubkompost wie Mulch oder mischen Sie ihn unter den Gartenkompost, der dadurch lockerer und gesünder wird. Auch Blumenerde können Sie Laubkompost beimengen. Achten Sie einfach darauf, dass Sie immer genug davon haben. Ein „Zuviel“ gibt es nicht.

TIMING

Herbst

WAS SIE BRAUCHEN

Herbstlaub Im eigenen Garten oder im Stadtpark aufsammeln (vorher bei der Verwaltung fragen). Keine Blätter von immergrünen Pflanzen wie Koniferen oder Stechpalmen verwenden. Vorsicht auch bei Laub, das Sie vom Bürgersteig aufklauben. Es ist oft recht schmutzig oder durch Hundekot verunreinigt.

Schwarze Müllsäcke

WAS ZU TUN IST

Blätter vom Boden aufsammeln und in Müllsäcke stopfen. Das Laub mit etwas Wasser besprühen, Inhalt fest zusammendrücken und Säcke oben zuschnüren. Mit einer Gartenforke Löcher hineinstechen und beiseite packen (ich lagere meine Kompostsäcke unter der Treppe vor meiner Haustür). Nach 1 1/2–2 Jahren haben sich die Blätter zersetzt. In den Säcken steckt nun ein ungemein nützliches Material, das Sie wie oben beschrieben verwenden können. Wenn Sie das jedes Jahr machen, haben Sie immer ausreichend Kompost zur Hand.

Manche Leute schreddern das Laub, bevor sie es in die Säcke stopfen, oder zerkleinern es mit dem Rasenmäher. Dann ist der Laubkompost natürlich schneller fertig. Da ich jedoch weder Schredder noch Mäher besitze, denke ich nach vollbrachter Tat einfach nicht mehr an meine Blätter und bin dann jedes Mal überrascht, wie schnell die Natur unter meiner Treppe wieder gearbeitet hat.

Sonstiges

Blätter sammeln im Herbst – das hat doch was! Vielleicht kommen Sie dabei sogar langsam in Vorweihnachtsstimmung. Suchen Sie sich besonders schöne Blätter heraus und nehmen sie mit nach Hause. Wenn Sie eine besonders trendige Deko machen wollen, sammeln Sie nur eine Laubsorte. Legen Sie zu Hause den Tisch mit Zeitungspapier aus und verteilen Sie die Blätter darauf. Am besten mit etwas Klebestift auf dem Papier befestigen, damit sie nicht verrutschen. Nun greifen Sie zur Sprühflasche und besprühen sämtliche Blätter mit Farbe in Ihrem Lieblingston. Für die Advents- und Weihnachtsdeko eignet sich Gold immer gut. Wenn Sie Kinder haben, können sie die Blätter auch von Hand bemalen. Farbe gut trocknen lassen, dann eine neue Schicht Zeitungspapier auf den Tisch packen, Blätter umdrehen und von der anderen Seite einfärben. Wiederum trocknen lassen und fertig ist Ihre natürliche, ganz individuelle Deko für den Tisch oder Ihre Geschenkverpackungen.

Frühe Blütenpracht in der Wohnung

Meine Oma hatte immer fantastische Blüten-Arrangements in der Wohnung, die sie in großen flachen Schalen mit viel Aufwand dekorierte. Ich weiß noch, dass ich mir als Kind die einzelnen Blüten und ihre Formen immer genau angeschaut habe. Da meine Oma keinen Garten besaß, muss sie viel Geld in Blumenläden gelassen haben – eine Leidenschaft, die sie mir offenbar vererbt hat, denn schon mit Anfang zwanzig verwandelte ich meine Wohnung vor jeder Party in ein Meer aus Blüten.
Dabei sind blühende Zweige richtig teuer: Kein Wunder, sie sind empfindlich und nehmen beim Transport leicht Schaden. Außerdem dauert es ganz schön lange, bis ein Busch oder Baum ausreichend groß geworden ist, um Zweige davon abzuschneiden. Ich wundere mich immer über Leute, die die tollsten blühenden Büsche im Garten haben, ihre ganze Wohnung also im Frühjahr problemlos mit prächtigen Farben und Düften verschönern könnten – und es nicht tun! Schauen Sie doch mal in Ihren Garten! Wenn Sie keinen haben, seien Sie nett zu Ihrem Nachbarn und fragen Sie ihn. Mit einem Blütenzweig können Sie einfach nichts falsch machen – egal, in welcher Vase.

GUT ZU WISSEN

Da sich gegen Ende des Winters jeder nach einem Hauch von Frühling sehnt, kann man natürlich einfach einen voll erblühten Zweig im Laden kaufen, zu Hause in die Vase stellen und sich daran erfreuen. Doch leider ist das teure Vergnügen schnell vorbei. In diesem Kapitel erfahren Sie, wie Sie die Lebensdauer Ihrer Blütenzweige – ob nun gekauft oder nicht – entscheidend verlängern können. Außerdem erhalten Sie Tipps dazu, wie Sie Frühjahrsblüher dazu bringen, ihre Pracht vielleicht schon ein paar Wochen vor der Zeit zu entfalten. Bedenken Sie nur Folgendes: Unser Frühjahr ist meist kühl und nass, aber auch heiter. Und diese Bedingungen müssen Sie irgendwie in Ihrer Wohnung erschaffen.

TIMING

Sträucher und Bäume blühen im Frühling.

MEINE FRÜHJAHRS-FAVORITEN

Felsenbirne *(Amelanchier)* Fantastischer Duft, weiße Blüten. Blüte lässt sich gut vortreiben.
Pflaume und Kirsche *(Prunus)* Weiß und pink. Feiner Duft.
Kornelkirsche *(Cornus mas)* Zahllose kleine, goldgelbe Blüten mit schwachem Honigduft. Bevorzugt Kalkböden. Alternative zur Zaubernuss (siehe unten).
Apfelbaum *(Malus)* Blüht weiß oder rosa. Duftet fein.
Forsythie *(Forsythia)* Gelbe Blüten. Blüte lässt sich sehr gut vortreiben.
Heckenkirsche / Geißblatt *(Lonicera)* Nur duftende Arten nehmen.
Magnolie *(Magnolia)* Erlesene Blüte, aber bitte nicht vortreiben. Zweige schneiden, sobald sie blühen.
Birnbaum *(Pyrus)* Weiße Blüten, wunderbarer Duft.
Salweide/Weidenkätzchen *(Salix caprea)* Wunderschön, samtig, sinnlich.
Zaubernuss *(Hamamelis)* Blüht plötzlich mitten im Winter in diversen leuchtenden Farben und duftet dabei auch noch.

Was Sie brauchen

Knospende Zweige Geeignete Sträucher, siehe vorige Seite.
Gartenschere oder scharfes Messer
Hammer
Ein dunkler, kühler Platz

Was zu tun ist

Beim Kauf von Zweigen nur solche mit möglichst vielen noch fest geschlossenen Knospen auswählen. So schnell wie möglich nach Hause bringen und dort mit der Gartenschere oder einem scharfen Messer schräg anschneiden. Zweigenden kräftig mit dem Hammer bearbeiten, um sie zu spalten. So können sie ordentlich Wasser ziehen und trocknen nicht so schnell aus. Zweige danach sofort ins Wasser stellen.

Um Ihren Zweigen eine kühle, feuchte Frühlingsatmosphäre zu schaffen, stellen Sie sie am besten in einen ungeheizten Raum, wo Sie sie regelmäßig mit Wasser besprühen. Ich verstehe voll und ganz, wenn Ihnen dafür Ihre kostbare Zeit zu schade ist. Dann sorgen Sie einfach regelmäßig für frisches Wasser in der Vase.

Wenn Sie Ihre Zweige aus dem Garten holen, gelten die beschriebenen Tipps, sobald sich die ersten Knospen öffnen. Wer das beschleunigen möchte, geht folgendermaßen vor: Nur Zweige mit möglichst vielen noch fest geschlossenen Knospen nehmen. Die finden Sie im Freien, wenn es noch richtig kalt ist – so kalt, dass noch keine Insekten herumschwirren und alles bestäuben. Dann lohnt es sich für den Strauch nämlich noch nicht, seine Blüten zu entfalten. Zweige mit einem scharfen Messer oder der Gartenschere abschneiden und dabei auf die richtige Länge achten. Ich nehme zum Beispiel lieber einen großen Zweig mit mehreren Ästen als ein paar kleine. Aber dafür brauchen Sie Platz. Mindestens einen Kubikmeter Raum beansprucht ein solcher Prachtzweig. Wenn Sie so viel nicht erübrigen können: Mehrere kleine Zweige von 30–50 cm Länge sehen auch gut aus.

Zweige mit ins Haus nehmen und für 24 Stunden komplett in lauwarmes Wasser tauchen, um sie davon zu überzeugen, dass der Frühling begonnen hat. Da diese Prozedur bei großen Zweigen oft nicht durchführbar ist, können Sie sie auch 3–4 Mal mit Wasser besprühen. Schauplatz des Ganzen sollte ein ungeheizter Raum sein, am besten der Keller. Danach Zweigenden kräftig mit dem Hammer bearbeiten, ins Wasser setzen und in einen ungeheizten Raum mit viel Licht stellen. Ideal ist ein Gewächshaus. Damit die Zweige nicht austrocknen, möglichst jeden Tag besprühen. Nun zeigen sich langsam die ersten Knospen. Je nach Pflanzenart dauert das 1–6 Wochen.

Wer sich nach diesen Empfehlungen richtet, wird bestimmt gute Ergebnisse erzielen, sprich: Der Frühling zieht früher ins Haus ein und Sie haben länger Freude an Ihren Zweigen. Aber manchmal habe ich einfach nicht die Geduld für diese Prozedur (und überdies auch kein Gewächshaus …). Dann schneide ich mir knospende Zweige, stelle sie ins Wohnzimmer und besprühe sie, wann immer ich gerade daran denke. Dieses Verfahren ist weniger sanft und entsprechend kürzer blühen sie dann eben …

Nachtfalter-Orchideen ziehen

Nachtfalter-Orchideen sind tolle Zimmerpflanzen. Es ist lohnend, sich ein bisschen mit ihren Bedürfnissen zu beschäftigen, anstatt sie jedes Jahr zu entsorgen und neue zu kaufen. Okay, man sieht sie inzwischen an jeder Ecke, was sie weniger exquisit erscheinen lässt, ihrer mystischen Schönheit aber keinen Abbruch tut. Die milchweißen, duftlosen Blüten haben für mich noch immer eine Aura makelloser Reinheit. 4 oder 5 davon nebeneinander – und der Raum wirkt ruhig, minimalistisch-stilvoll. Ehrlich gesagt, stecke ich mir die Blüten inzwischen lieber ins Haar. Das ist vielleicht ein wenig dekadent, aber ich weiß ja, dass immer welche nachwachsen. Und so geht's:

GUT ZU WISSEN

In der Natur wachsen Nachtfalter-Orchideen *(Phalaenopsis)* in den Wäldern des Himalaja, Südostasiens und des nördlichen Australiens. Die meisten *Phalaenopsis* sind Epiphyten, das heißt, sie wachsen auf Bäumen, ernähren sich aber eigenständig durch ihre fleischigen Wurzeln. Da diese Wurzeln auch Fotosynthese betreiben, werden Nachtfalter-Orchideen bei uns oft in weißen oder transparenten Töpfen verkauft, damit sie genug Licht bekommen. Um ihre natürlichen Lebensbedingungen nachzuahmen, stecken sie in einem Substrat aus zerkleinerter Baumrinde. Da sie Wärme gewohnt sind, fühlen sie sich in beheizten Zimmern sehr wohl, mögen aber keine direkte Sonne – genau wie in ihrem natürlichen Lebensraum.

TIMING

Nachtfalter-Orchideen blühen ganzjährig immer wieder, wenn Sie ein paar einfache Regeln beachten:

WAS SIE BRAUCHEN

1 *Phalaenopsis*-Pflanze

WAS ZU TUN IST

Licht Keine direkte Sonne! Ein Fenster nach Westen oder Osten ist der ideale Standort. Ansonsten stellen Sie die Blume mitten ins Zimmer.
Temperatur Zentralheizung. Am Tage können Orchideen Temperaturen von bis zu 30 °C aushalten, in der Nacht jedoch mögen sie's kühler (nicht unter 15 °C). Am besten schalten Sie Ihre Heizung nachts ab, das kommt nicht nur den Orchideen zu Gute …
Feuchtigkeit Hohe Luftfeuchtigkeit können Sie leicht selbst herstellen: Eine Schale mit Kieseln oder Schottersteinchen füllen, Wasser hineingeben, die Orchidee im Topf daraufstellen und Wasser nachgießen, sobald es verdunstet ist. Durch die Steine steht die Pflanze nicht direkt im Wasser, bekommt aber trotzdem ihr gewohntes Mikroklima – und freut sich, das werden Sie sehen!
Gießen und Düngen Orchideen feucht, aber nie nass halten. Einmal wöchentlich gießen reicht selbst im Sommer völlig aus, im Winter nur vierzehntägig. Nehmen Sie zimmerwarmes, gefiltertes Wasser (eiskaltes versetzt Orchideen einen Schock!). Ich fülle die Gießkanne immer am Abend zuvor und lasse das Wasser über Nacht stehen. Am folgenden Tag nehme ich meine Orchideen mit zum Spülbecken und fülle ihre Töpfe randvoll mit dem abgestandenen Wasser, so dass sich die Erde richtig vollsaugen kann. Einmal im Monat einen

speziellen Orchideendünger ins Gießwasser geben, den Sie im Gartencenter bekommen (Dosierungsanleitung beachten!).

Ruhe Im Herbst wünschen sich *Phalaenopsis* eine Ruhepause. Ohne Gießen, ohne Düngen. Ohne Heizung. Bei mir wandern sie dann für 4–6 Wochen auf die Gästetoilette.

Erde erneuern Etwa alle 3 Jahre Orchidee aus dem Topf nehmen, alte Erde vorsichtig abschütteln und in neue einpflanzen. Kaufen Sie Orchideenerde im Gartencenter oder bei Spezialgärtnereien.

Umpflanzen Orchideenwurzeln macht es überhaupt nichts aus, wenn sie gequetscht werden – im Gegenteil. Meist wird eine Pflanze erst nach 3–4 Jahren wirklich zu groß für den Topf, dann kaufen Sie ihr einen neuen aus weißem oder transparentem Kunststoff.

Sonstiges Welke Blütenzweige grundsätzlich bis zu den lebenden Teilen der Pflanze abschneiden. Sobald die Orchidee ausgeblüht ist, den Trieb über der ersten Blüte abschneiden, mit Glück bildet sich an dieser Stelle dann ein neuer Trieb. Das ist allerdings nur ganz Mutigen zu empfehlen.

Romantische Rosen

Fast alle, die mit dem Glück eines eigenen Gartens (oder auch nur eines Gärtchens) gesegnet sind, haben dort Rosen gepflanzt oder welche vom Vorbesitzer geerbt. Es gibt bestimmt 150 verschiedene Rosenarten, denen jeweils wiederum 100 andere zugeordnet sind. Obwohl die meisten auf den ersten Blick als Rose zu erkennen sind, weisen die Gruppen deutliche Unterschiede auf. Für einen unbedarften Gärtner ganz schön verwirrend.
Ich habe hier all das zusammengetragen, was mich an Rosen interessiert. Dafür musste ich Berge von widersprüchlichem Infomaterial durchackern. Ich habe versucht, die Fachsprache und die ganze Geheimniskrämerei um Aufzucht und Pflege für Sie zu entmystifizieren. Sie dürfen sich nun ganz dem Genuss hingeben und aussuchen, pflanzen und sich erfreuen.

GUT ZU WISSEN

Rosen waren schon immer beliebt und oftmals Spielball der Züchter. Ständig wurden sie untereinander gekreuzt, so dass neue Züchtungen entstanden. Für deren Benennung waren offenbar stets hoffnungslose Romantiker zuständig. Diese Gruppen werden unterschieden:
Wildrosen Die Ursprungsarten, aus denen alle andere hervorgegangen sind. Ihre einfachen Einzelblüten erscheinen im Frühsommer. Sehr unterschiedlich.
Alte Rosen Heißen so, weil sie schon vor einem bestimmten Jahr – entweder vor 1867 oder vor 1945, die Briten streiten sich noch – in England heimisch waren. Heißen aber auch so, weil sie irgendwie „alt“ aussehen: Ihr Anblick lässt einen an Dinge wie holländische Gemälde aus dem 17. Jahrhundert oder an Kaiserin Josephine denken. Alte Rosen sind sehr romantisch und ihre Namen klingen zum Reinbeißen lecker: Damaszener, Moos, Noisette, Portland, Bourbon, Tee oder Zentifolien, um nur einige Gruppen zu nennen. Sie sehen alle wunderschön aus, leider blühen die meisten nur einmal im Jahr und sind recht anfällig für verschiedene Krankheiten.
Moderne Rosen Sie sind aus den alten Sorten hervorgegangen. Zu dieser Gruppe gehören z. B. die Teehybriden. Die modernen Rosen unterscheiden sich deutlich von Alten Rosen, sie bilden große Blüten an langen, aufrechten Stängeln, eignen sich ideal als Schnittblumen und sind sowohl auf dem Markt erhältlich als auch an der Tankstelle oder Supermarktkasse. Mit diesen Rosen wird Geld verdient, sie sind robust und in jeder denkbaren Farbe erhältlich (außer in Blau), die meisten duften sogar. Zugegeben, Moderne Rosen haben viel von der romantischen Nostalgie ihrer Vorfahren eingebüßt, dafür aber jede Menge neuer Zuchtsorten hervorgebracht, die nicht allein durch Schönheit bestechen, sondern auch gesund und langlebig sind. Ob Kletterrosen, Floribundas (mit Blütenbüscheln), Zwerg- und Polyantharosen, Rambler- oder Strauchrosen – sie alle haben längst als Moderne Rosen den Markt erobert.

Rosenzüchter arbeiten ständig an neuen Züchtungen, sie verwenden viel Zeit und Mühe darauf, das Immunsystem der Pflanzen zu stärken, eine Zweitblüte zu ermöglichen, Farben, Formen und Düfte zu verfeinern oder die Frostresistenz zu optimieren. Besonders ambitionierte Profis, wie David Austin

(der Vater der beliebten Englischen Rosen), wollen dies sogar mit dem typischen Look der Alten Rosen kombinieren – und es gelingt ihnen auch. Was ich damit sagen will: Alte Rosen sind nicht immer die beste Wahl, auch wenn ich gut verstehen kann, dass sie Ihnen besser gefallen als die neuen. Mittlerweile bieten gut sortierte Händler durchaus moderne Sorten an, die mehrfach blühen und kerngesund sind, dabei aber aussehen wie die alten Sorten!
Sie müssen einfach losgehen und einkaufen (siehe Einkaufsadressen, S. 262). Im Grunde gibt es für jeden Standort die passende Rose – ob Sie nun eine Rose für ein schattiges Plätzchen suchen oder eine winterharte Sorte. Fragen Sie ruhig Ihren Händler. Er hilft Ihnen gern, Rosen sind schließlich sein Ding!

Was zu tun ist

Vor Rosen haben viele Gärtner Respekt. Nicht nötig. Fast alle Rosen sind winterhart und auch sonst hart im Nehmen. Eine gesunde, gut verwurzelte Rose kriegt so schnell nichts klein. Selbst wenn Sie sie stark zurückschneiden, schlägt sie wieder aus. Es gibt ein paar Dinge, die Rosen wirklich mögen:

Licht Die meisten Rosen stehen gern in voller Sonne.
Erde Rosen bevorzugen gut durchlässigen, humusreichen Boden, gern auch organischen Mist (oder Ähnliches). Halten Sie das Erdreich stets feucht und unkrautfrei (siehe Mulch-Tipps auf S. 227).
Gießen und Düngen Sie freuen sich über Spezialnahrung. Rosendünger gibt es flüssig oder als Granulat in jedem Gartencenter. Sehr willkommen während der Wachstumsphase (Dosierungsanleitung beachten!).
Gut verwurzelte Rosen sollten Sie allenfalls im Hochsommer wässern, wenn es sehr heiß und trocken ist. Frisch gepflanzte jedoch brauchen Wasser, damit sie anwachsen.
Pflege Welke Blüten sollten Sie abschneiden, dann entwickelt die Pflanze mehr Energie für neue. Die meisten Rosen werden gern beschnitten. Mehr dazu erfahren Sie auf S. 232.

Schädlinge und Krankheiten

Hierfür sind einige Rosenarten anfälliger als andere. Welche Schädlinge und Krankheiten es gibt und was Sie dagegen tun können, lesen Sie auf den S. 239 und 243/244.
Der Anblick von Blattläusen und Sternrußtau auf meinen prachtvollen Rosen geht mir persönlich so nahe, dass ich meist doch zur chemischen Keule greife. Allerdings mit Bedacht: Lesen Sie sich die Dosierungsanweisung auf jeden Fall sorgfältig durch und wenden Sie das Produkt möglichst frühmorgens an und nicht, wenn es windig ist, damit Sie keine guten, nützlichen Bakterien außer Gefecht setzen. Da Blattläuse oft erstaunlich schnell gegen ein Mittel immun werden, nutzen Sie 2 verschiedene Produkte im Wechsel.
Wer sich den Griff zum Gift sparen möchte, muss seine Rosen wohl oder übel jeden Tag inspizieren und Blattläuse sofort durch Zerdrücken entfernen. Von Sternrußtau befallene Blätter abpflücken und möglichst sofort verbrennen. So geht Rosenpflege ganz ohne Chemie, aber mit viel Zeit und Hingabe.

Kompost herstellen

Vor Kurzem besuchte ich eine gartenbegeisterte Freundin, die mir ihren Garten zeigen wollte. Sie führte mich gleich nach draußen, wo ich sprachlos auf der Terrasse stehen blieb und die blühende Oase bewunderte, die sie geschaffen hatte. Sie aber ging weiter und führte mich zielstrebig ans Ende des Gartens, wo sie mir ihren ganzen Stolz präsentierte: den Komposthaufen. Gartenprofis haben einen Narren an gutem Kompost gefressen. Mit Recht. Ein gutes Pflanzmedium ist um ein Vielfaches effektiver, als alle Mühe, Zeit und Aufmerksamkeit, die Sie Ihren Pflanzen schenken. Ohne Kompost läuft nichts. Hier erfahren Sie, wie Sie ihn herstellen.

GUT ZU WISSEN

Die wichtigsten Zutaten für guten Kompost sind viel gesunder Menschenverstand und eine Prise „Versuch macht klug". Das Rezept schlechthin gibt es nicht, dafür aber jede Menge Möglichkeiten. Und wer im Garten Platz für einen Komposthaufen hat, sollte diesen tunlichst nutzen. Auf diesen Haufen kommt organisches Material, Biomüll, der durch gern gesehene Gäste (Bakterien, Würmer, Insekten, Pilze) zersetzt und dabei in seine Nährstoffe aufgespalten wird. Ihr Job als Kompost-Manager besteht nur darin, diese Gäste mit Nahrung, Wasser und Sauerstoff zu versorgen – damit sie möglichst lange bleiben. Dazu benötigen sie stickstoffreiches Grünzeug und kohlenstoffreiches Braunzeug, zu etwa gleichen Teilen gemischt, und aus dem Abfall wird wieder etwas Neues, Gutes. Organische Stoffe zersetzen sich immer und überall, der Vorteil eines Komposthaufens besteht allein darin, dass hier eine große Menge zusammenkommt – was weniger Arbeit macht.

TIMING

Frühjahr, dann liefert allein schon der Garten reichlich Abfälle.

WAS SIE BRAUCHEN

1 **Komposter** Wenn Sie Platz dafür haben, noch einen weiteren. In manchen Städten werden Komposter sogar von der Gemeindeverwaltung ausgegeben, ansonsten finden Sie sie in jedem Baumarkt, und zwar in allen möglichen Farben, Formen und Preisklassen. Letztendlich hängt die Qualität des Komposts aber weniger vom Behälter ab als von Ihrer Aufmerksamkeit. Einen Deckel oder eine Haube sollte er allerdings haben. Wer im Garten keinen Platz hat, dem sei ein Bokashi-Eimer empfohlen, ein Küchen-Komposter aus Japan, der bei uns bislang nur über das Internet erhältlich ist.
Material zum Befüllen Siehe die folgenden Vorschläge.

WAS ZU TUN IST

Komposter an einem schattigen Platz im Garten aufstellen, und zwar entweder direkt auf den Boden oder auf eine dünne Schicht trockener Äste, die Luft und Wasser durchlassen. Behälter füllen. Theoretisch können Sie alles hineingeben, was je gelebt hat, sowohl pflanzliche als auch tierische Stoffe (Ausnahmen siehe unten): Gartenabfälle wie Unkraut, welkes Laub, Baum- oder Rasenschnitt; Küchenabfälle wie Obst- und Gemüseschalen, Tee- oder Kaffeesatz; Stroh, Zeitungspapier, Pappe, Käfigstreu kleiner Nagetiere samt Exkrementen und sogar ausrangierte Kleidung aus Naturfasern.

Wichtig dabei: Alles sollte gut zerkleinert werden, bevor es in den Komposter wandert. Schreddern, schnippeln, schneiden ... Große Stücke brauchen ewig, bevor sie zersetzt sind.

Was Sie auf keinen Fall in den Komposter geben sollten: mehrjähriges Unkraut wie Löwenzahn oder Winde (ganz schlecht, weil es wieder ausschlägt, wenn man den Kompost später verteilt); einjähriges Unkraut, das schon geblüht hat (die Samen überleben); kranke Pflanzenteile, an denen vielleicht noch Erreger haften (Rebläuse z. B.); gekochte Essensreste, die Ungeziefer anlocken; sämtliche Kunstfasern; Exkremente von Hund oder Katze (selbst wenn sie nur Bio-Futter fressen); und alles Stachlige, Dornige. All diese Dinge wirken kontraproduktiv!

Ein richtiger Komposthaufen besteht aus sorgfältig arrangierten Schichten. Jede Schicht hat ihre Funktion und sollte möglichst dünn sein, es sei denn, Sie sorgen bereits vorher für die richtige Mischung.

Füllen Sie nie zu viel von einer Sorte ein. Wer den gesamten Rasenschnitt vom Wochenende auf einmal in den Komposter gibt, bekommt nach wenigen Tagen eine kompakte, stinkende Schleimmasse – aber keinen Kompost. Erscheint Ihnen der Kompost zu trocken, wässern Sie ihn ein wenig. Er sollte feucht sein, aber nicht nass.

Nun nimmt ein riesiges Geschwader von Mikroorganismen die Arbeit auf, erzeugt jede Menge Wärme und zersetzt das Zeug im Komposter. Das kann 2 Monate dauern, aber auch 1 Jahr.

Je besser Sie den Inhalt des Behälters mischen, desto schneller zerfällt er. Einige Experten mischen regelmäßig alle 2 Monate, andere erst, wenn der Komposter voll ist. Und: Mischen heißt hier wirklich, das Unterste zuoberst kehren, also am besten alles rausnehmen und neu wieder einfüllen. Klingt nach harter Arbeit, ist aber die Mühe wert! Den durchmischten Kompost zurück in den Behälter geben und weiter reifen lassen. Wer nur einen Behälter hat, entnimmt zuerst Kompost von unten (Profi-Modelle haben dafür eine Klappe an der entsprechenden Stelle) und füllt oben weiter auf. Bei 2 Behältern befüllt man erst den einen und kann seinen Inhalt meist schon nutzen, während der zweite allmählich voll wird.

Sobald Ihnen der Kompost komisch vorkommt, überlegen Sie, ob Sie etwas falsch gemacht haben. Ist er zu feucht, dann steckt wahrscheinlich zu viel nasses Laub oder Rasenschnitt drin. Nehmen Sie alles raus und mischen Sie zerkleinertes Zeitungspapier oder Pappschnipsel unter. Bei zu trockenem Kompost müssen Sie vielleicht Wasser zugießen. Guten Kompost erkennen Sie auch am Geruch. Er sollte auf keinen Fall stinken, falls doch, haben Sie wahrscheinlich meine Tipps missachtet und z. B. gekochte Essensreste in den Behälter getan. Alles rausnehmen und etwas Trockenes untermischen.

Nun wissen Sie, was Sie für guten Kompost tun müssen. Die Mühe lohnt sich, das kann ich Ihnen versichern. Da sich auf dem Gebiet der organischen Zersetzung jedoch momentan eine Menge tut, sollten Sie regelmäßig googeln, um die neuesten Trends an der Kompostfront nicht zu verpassen.

Klonen für den Hausgebrauch

Stellen Sie sich vor, Sie schneiden sich einen Finger ab oder eine Zehe, lassen sie eine Weile liegen und finden bei Ihrer Rückkehr eine zweite, ganz neue vor, die aus der ersten herausgewachsen ist. Einige Pflanzen können tatsächlich etwas Vergleichbares. Bei *Streptocarpus,* der Drehfrucht, haben Sie die Chance, das aus nächster Nähe beobachten. Ich liebe das, es ist wirklich faszinierend.

GUT ZU WISSEN

Streptocarpus-Arten: ein- oder mehrjährig, heimisch in Afrika, Madagaskar und China und demzufolge frostempfindlich. Sie lieben feuchtwarme, tropische Gefilde wie Regenwälder und eignen sich gut als Zimmerpflanzen, da sie wenig Licht brauchen. Ihre prachtvollen, meist marmorierten Blütenkelche fühlen sich samtweich an, die länglichen Laubblätter sind fast immer fein behaart, kraus und brechen leicht. Der deutsche Name Drehfrucht rührt von den gedrehten Kapselfrüchten her, in denen die Pflanze sehr feine Samen bildet. In der Zimmerpflanzenabteilung Ihres Gartencenter werden Sie *Streptocarpus* bestimmt finden. In den letzten Jahren hat die Gattung (ähnlich wie *Saintpaulia,* das Usambaraveilchen) bei uns rasant Karriere gemacht. Ein sicheres Indiz dafür sind die zahlreichen Chatrooms zum Thema, über die sich Spezialisten im Internet miteinander austauschen.

TIMING

Im Frühling, wenn die Pflanze kräftig wächst.

WAS SIE BRAUCHEN

1 *Streptocarpus*-Blatt Ein schönes, großes, gesundes. Ganz unten am Ansatz abschneiden.
Saatkiste Das Blatt muss der Länge nach hineinpassen.
Anzuchterde Entweder fertig kaufen oder zu gleichen Teilen aus Blumenerde und feinem Kies selbst mischen.
Mini-Gewächshaus Oder eine Saatkiste mit Deckel.
Richtig scharfes Messer Ich nehme ein Skalpell aus Chirurgenstahl. Gibt's samt Ersatzklingen beim Künstlerbedarf.

WAS ZU TUN IST

Boden des Mini-Gewächshauses oder der Saatkiste mit einer dicken Schicht Erde bedecken. In eine zweite, mit Wasser gefüllte breitere Schale stellen und warten, bis sich die Erde vollgesaugt hat. Mit einem Bleistift 2 längliche Rillen in die Erde ziehen, dahinein stecken Sie später die Blattstücke.
Spielen Sie nun Chirurg: Blatt mit der Unterseite nach oben auf die saubere Arbeitsfläche legen. Mit dem Skalpell 2 Längsschnitte entlang der mittleren Blattader setzen. Dabei wird jede der von dort abzweigenden Adern verletzt, was die Zellen in diesem Fall zur Produktion neuer Pflanzen anregt. Mittelstück wegwerfen und die beiden Blatthäften mit der Schnittkante nach unten in die Rillen stecken. Erde so festklopfen, dass die Stücke stehen bleiben (sie erinnern an 2 Seeungeheuer mit grünen Rückenflossen). Die Blattstücke in das Mini-Gewächshaus oder die Saatkiste setzen und darauf achten, dass sie nicht austrocknen.

Nach einigen Wochen erscheinen entlang der Schnittstellen winzige neue Pflänzchen. Die lassen Sie erst noch ein bisschen größer werden und entnehmen dann vorsichtig so viele, wie Sie haben wollen. Jungpflanzen in Töpfe mit normaler Blumenerde setzen und zuschauen, wie sie zu genetischen Klonen ihrer Eltern heranwachsen.
Ob geklont oder gekauft: *Streptocarpus*, die Drehfrucht, sieht so hübsch aus, dass sie in keinem Haushalt fehlen sollte. Außerdem hat die kleine Schönheit keine Allüren, begnügt sich mit wenig Wasser (nur gießen, wenn die Erde fast ausgetrocknet ist) und braucht nur hin und wieder ein bisschen Tomatendünger. Spezialnahrung für *Streptocarpus* gibt's natürlich auch, und zwar praktischerweise in Pillenform: in die Topferde drücken – fertig.

Betörende Düfte: Lilien im Topf

Lilien sind für mich ein absolutes Muss, weil sie einfach so wunderbar duften. Früher habe ich eine Menge Geld für Schnittlilien ausgegeben, heute weiß ich, dass ich sie problemlos im Topf ziehen kann.

Gut zu wissen

Lilien sind Zwiebelpflanzen, die in zahlreichen Züchtungen erhältlich sind. Anfängern möchte ich die Königslinie *(Lilium regale)* ans Herz legen, ideal für erste Erfahrungen, da sie fast alles verzeiht. Kaufen Sie Lilienzwiebeln im Gartencenter oder in einer Gärtnerei und nehmen Sie gleich einen passenden Topf dazu. Manche Lilien werden recht hoch und kopflastig, ein zu kleiner, leichter Topf kippt dann um. Auf der Zwiebelpackung ist die Höhe einer ausgewachsenen Pflanze normalerweise aufgeführt.

Timing

Zwiebeln im März setzen.

Was Sie brauchen

Lilienzwiebeln Meine Favoriten wechseln jährlich, *Lilium* 'Casa Blanca' mit milchweißen, schwer duftenden Blüten gehört auf jeden Fall dazu.
Blumenerde Möglichst torffrei.
Kübel Sollte für hohe Lilien (90–100 cm) geeignet sein. Meine sind etwa 50 cm tief und haben einen Durchmesser von rund 30 cm.
Grober Sand
Langzeitdünger als Granulat (siehe Seite 229). 1 Handvoll pro Kübel.

Was zu tun ist

Erde mit dem Düngergranulat mischen und den Kübel bis etwa 15 cm unter den Rand damit füllen. Eine Handvoll groben Sand auf der Oberfläche verteilen, Blumenzwiebeln daraufsetzen (ich nehme 3 pro Kübel) und mit Erde bedecken, dabei so viel Abstand zum Rand lassen, dass beim Gießen nichts überläuft. Reichlich gießen, bis das Wasser unten aus dem Topf herausläuft. Kübel in die Sonne stellen und abwarten.
Wenn Ihre Lilien hoch werden, stecken Sie gleich einen Stützstab neben jede Zwiebel. Im Juni sollten sie erstmals blühen und ihren betörenden Duft in laue Sommernächte verströmen.
Zu viel Nässe bekommt Lilien überhaupt nicht. Sie sollten daher erst gießen, wenn die Erde wirklich trocken ist, dann aber kräftig. Zu den natürlichen Feinden der Pflanze gehören Lilienhähnchen, hellrote Käfer. Sobald diese sich blicken lassen, am besten gleich zerdrücken.

Sonstiges

Manche Lilien haben ganz hässliche Stängel mit vielen dünnen Blättern. Wenn Sie Lilien aus dem Garten ins Haus holen, können Sie diese natürlich entfernen (Floristen tun das auch). Ich nehme mir aber meist den ganzen Kübel mit rein und ordne ein paar dekorative Zweige, z. B. vom Korkenzieherhasel, rund um die Lilien an, die verdecken die Stängel.
Sobald die Blumen verblüht sind, setzen Sie die Zwiebeln ins Beet oder werfen sie weg (sie kommen zwar im nächsten Jahr wieder, werden aber nicht mehr so schön).

Farbenprächtige Dahlien

Dahlien machen gute Laune. Sie sind ein Blickfang für jeden Außenbereich und halten sich in der Vase ewig. Aber das Beste an ihnen ist, dass sie von Juli bis Oktober blühen!

GUT ZU WISSEN

Dahlien sind mehrjährige Knollengewächse. Ihre Heimat liegt in Mexiko und Mittelamerika, weshalb sie normale frostige Winter in unseren Breiten im Freien nicht überleben. Als Gärtner müssen Sie daher entscheiden, ob Sie Dahlien wie Einjährige behandeln und nach der Blüte entsorgen oder ob Sie die Knollen überwintern und im Frühjahr wieder einsetzen wollen. Bei Versuchen hat sich gezeigt, dass Dahlienknollen milde Winter im Erdreich gut überstehen, wenn sie mit einer Schicht Mulch abgedeckt werden (siehe S. 227). Dahlien brauchen einen nährstoffreichen Boden und volle Sonne – das kennen sie aus ihrer Heimat. Sie können sie im Topf oder im Beet ziehen oder Knollen im Gartencenter kaufen.

TIMING

Spätes Frühjahr

WAS SIE BRAUCHEN

Dahlien-Knollen Da fast alle Gartenfreunde Dahlien mögen, halten die Händler im Frühjahr eine Riesenauswahl bereit (siehe unten). Schauen Sie auf der Packung nach, wie hoch die jeweilige Sorte wird und ob Ihnen das zusagt. Ansonsten sollten Sie Farben und Formen ruhig beherzt mischen. Das Tolle an Dahlien ist doch gerade die überbordende Fülle an Sorten.
Nährstoffreicher Boden in voller Sonne Oder ein Topf, Kübel bzw. Blumenkasten mit guter Blumenerde.
Bambusstäbe Oder ähnliche Stützen.

EINIGE MEINER LIEBLINGSDAHLIEN

Für Topf oder Kübel (Höhe maximal 60–75 cm):
D. 'Ellen Huston' Blutorange mit dunklen, kastanienbraunen Blättern.
D. 'Fascination' Pinkfarbene Doppelblüten mit tiefroten Blättern.
D. 'New Baby' Kleine orangefarbene Blütenbälle. Niedlich.
D. 'Roxy' Knallpink mit karminrotem Einschlag, aber schlichten Blütenblättern.

Für den Garten (Höhe mindestens 100 cm):
D. 'Hillcrest Royal' Purpurfarbene Stachelblüten. Erinnern an Seeigel.
D. 'Sam Hopkins' Schwarze Dahlie. Einzigartig.
D. 'Downham Royal' oder D. 'Hot Chocolate' Elegante kleine Kugelblüten, ebenfalls in Schwarz.
D. coccinea Eine der zahlreichen Arten (ein Original also). Blüht fantastisch rot.

WAS ZU TUN IST

Dies ist die einfachste Methode, um Dahlien zu ziehen: Bis Ende Mai warten, dann friert es ganz bestimmt nicht mehr. Knollen mit den Spitzen nach oben direkt in die Erde setzen. Sie sollten mit einer dünnen Erdschicht bedeckt sein und müssen richtig gut gewässert werden. Wer sich früher im Jahr blühende

Dahlien wünscht, pflanzt die Knollen im März/April in ausreichend große (doppelte Knollengröße!), mit Blumenerde gefüllte Töpfe. Ebenfalls gut wässern, auf Balkon oder Veranda frostfrei lagern und einmal pro Woche gießen, bis sich erste Triebe zeigen. Jungpflanzen erst aussetzen, wenn wirklich kein Frost mehr droht.
Mit Dahlien in Töpfen (nehmen Sie Ihre schönsten Töpfe!) genauso verfahren. Töpfe erst rausstellen, wenn es auch nachts warm genug bleibt. Manche Sorten werden so groß, dass sie eine Stütze brauchen – Bambusstäbe oder etwas Ähnliches.
Dahlien sehen offensichtlich nicht nur gut aus, sie locken auch reihenweise Schädlinge an, die mit Vorliebe über ihre Blütenblätter herfallen. Ich persönlich finde das nicht so schlimm. Sollten Sie abgefressene Blütenblätter jedoch stören, empfehle ich Ihnen meine Tipps auf S. 239.

SONSTIGES

Im großen Strauß oder Gesteck wirken Dahlien besser, wenn man kontrastreiche Arrangements wählt. Kombinieren Sie z. B. giftgrüne *Euphorbia* (Wolfsmilch) oder blühende *Alchemilla mollis* (Frauenmantel) dazu. Für einen Solo-Strauß kürze ich die Stängel ein und stelle die Dahlien in kleine Väschen.
Die Blüten sehen auch in einer flachen Schale hübsch aus.

Osterblüher zu Weihnachten

Es müssen nicht immer Christsterne sein: Stellen Sie dieses Jahr doch mal Maiglöckchen oder zartweiße Narzissen auf Ihren Weihnachtstisch! Frische Farben und leichte Düfte sind nicht nur total schick, sondern genau das Richtige, wenn Sie der schweren, süßlich-würzigen Aromen der Adventszeit überdrüssig sind. Und es ist furchtbar einfach, sie selbst vorzuziehen.

GUT ZU WISSEN

Ab Oktober bekommen Sie im Fachhandel Zwiebeln von *Narcissus papyraceus*, der Weihnachtsnarzisse. Sie wurden in kalten Treibhäusern vorgezogen und sind fürs Beet ungeeignet, da nicht winterhart. Sie können sie, wie unten beschrieben, in Töpfe oder Schalen setzen. Und wer seine Frühlingspracht eine Weile erhalten möchte, pflanzt jede Woche neue hinzu. Mit einem Raum voller Blumen derselben Art beweisen Sie stets Geschmack und Stilgefühl.

TIMING

Die meisten Weihnachtsnarzissen blühen 8–9 Wochen nach dem Setzen der Zwiebeln. Wer sie pünktlich zum Fest auf den Tisch stellen will, muss also Mitte bis Ende Oktober anfangen.

WAS SIE BRAUCHEN

Narzissenzwiebeln Vorgezogene Zwiebeln besorgen. Es gibt verschiedene Sorten, nicht nur die Weihnachtsnarzisse, sondern auch 'Tazetta' oder 'Ziva', eine reinweiße Sorte mit sehr intensivem Duft. Sie können Zwiebeln bestellen (in größeren Mengen) oder im Gartencenter kaufen und sie möglichst direkt einpflanzen. Falls das nicht geht, vorübergehend in Papiertüten packen und in einem ungeheizten Raum lagern.
Pflanzgefäß Dafür eignet sich so ziemlich alles – vom flachen Blumentopf bis hin zur leeren Keksdose. Ich nehme am liebsten flache Tontöpfe, schöne Porzellanschalen oder Glasvasen.
Spezialerde für Zwiebelpflanzen Sie können aber auch normale Blumenerde verwenden. Kies bzw. Schottersteinchen.

WAS ZU TUN IST

Wichtig bei der Verwendung von Spezial- oder Blumenerde: Achten Sie darauf, dass die Pflanzgefäße Abflusslöcher haben! Damit überschüssiges Gießwasser gut abfließen kann, zunächst eine Schicht Kies oder Schottersteinchen einbringen. Dann Erde einfüllen – mindestens 10 cm hoch. Zwiebeln dicht nebeneinander so einsetzen, dass ihre Spitzen mit dem oberen Topfrand abschließen. Mit etwas Erde bedecken – die Zwiebelspitzen sollten noch etwas herausschauen. Darauf achten, dass noch Platz fürs Gießwasser bleibt. Zwiebeln gründlich wässern und hell, kühl, aber frostfrei stellen – am besten ans Fenster eines ungeheizten Zimmers oder auf einen geschützten Balkon. Regelmäßig gießen, damit sie nicht austrocknen.
Bei Verwendung von Kies Pflanzgefäße ohne Abflusslöcher nehmen. Gefäß mit Kies füllen und die Zwiebeln so einsetzen, dass ihre Spitzen direkt unter der Oberfläche liegen, aber nicht zu sehen sind. Zwischenräume mit Kies auffüllen und wässern, bis die Unterseite der Zwiebel knapp benetzt wird. Gefäß hell und kühl stellen. Regelmäßig gießen, um den Wasserstand im Topf zu halten.

Wer die Lebensdauer der Zwiebeln verlängern möchte, kann die Narzissen später immer mal wieder kühl stellen. Manchmal habe ich dazu aber schlicht keine Lust. Deshalb setze ich lieber auf kontinuierliche Nachzucht!

Sonstiges Ein tolles Geschenk für nette Nachbarn oder die Lieblingstante. Dazu 3 Narzissenzwiebeln im Glas, eingebettet in weiße Kiesel oder farbige Glassteinchen, mit buntem Band umwickeln – fertig! Lässt sich gut vorbereiten. Und damit lassen sich auch Kinder kreativ beschäftigen.
Übrigens können Sie mit anderen Zwiebelpflanzen ebenfalls weit vor dem Frühlingsanfang Freude bereiten. Denn auch Hyazinthen, Tulpen, Maiglöckchen oder Amaryllis können vorgezogen werden.

Lieblingstulpen

Ich habe keinen Platz, um viele Tulpen unterzubringen, und ehrlich gesagt, bedaure ich das nur bedingt. Die Auswahl an Tulpen ist so gigantisch, dass sie mich schlicht überfordert. Darum habe ich es mir angewöhnt, 3 Sorten spontan herauszugreifen und lediglich darauf zu achten, dass alle zu unterschiedlichen Zeiten blühen. Es ist immer wieder erstaunlich, welche sich dann zu meiner „Top-Tulpe des Jahres" entwickelt. Interessanterweise ist es meist die, von der ich es – nach dem Bild im Katalog oder auf der Zwiebelpackung – am wenigsten erwartet hätte. Das hat mich gelehrt, mich auch bei Menschen, Orten und Gegenständen nicht auf den ersten Eindruck zu verlassen. Manchmal stellt sich der berühmte „Zoom-Effekt" erst bei näherem Hinsehen ein. Ich bin mit dieser Strategie immer gut gefahren.

GUT ZU WISSEN

Über *Tulipa* (Tulpen) ist schon eine Menge gesagt und geschrieben worden. Wer sich näher damit beschäftigen möchte: „Die Tulpe. Eine Kulturgeschichte" von Anna Pavord liest sich sehr unterhaltsam! Eher nüchtern ist die Tulpenzucht selbst. Tulpen sind mehrjährige Zwiebelpflanzen, deren Gattung rund 150 Arten und zahlreiche Hybriden umfasst. Um den Gartenfreunden die Auswahl zu erleichtern, sind sie systematisch in Gruppen, wie „Einfache Frühe" oder „Papageien-Tulpen", eingeteilt – Namen, die uns eine Ahnung von Blütezeit oder Aussehen vermitteln sollen, aber ein gutes Foto nicht ersetzen können. Ich zumindest richte mich beim Kauf doch eher nach Bildern.
Tulpen sind in vielen Teilen der Welt zu Hause, besonders verbreitet allerdings in Zentralasien und dem Mittleren Osten. Züchter haben inzwischen wahrhaft bestechende Sorten hervorgebracht. Sie sollten zumindest eine der Wildformen in Ihrer Sammlung haben. Deren Blüten sind meist einfacher, nicht so raffiniert, dafür von schlichter Schönheit.
In diesem Kapitel dreht sich alles um Tulpen im Topf. Aber Sie können die Zwiebeln natürlich ebenso gut ins Beet setzen, sofern Sie gut durchlässige Erde zu bieten haben.

TIMING

Zwiebeln im November oder Dezember setzen.

WAS SIE BRAUCHEN

Tulpenzwiebeln Fertige Pakete enthalten meist 10 oder 20 Zwiebeln, in einigen Gartencentern können Sie auch eine Papiertüte nehmen und sich am „Zwiebelbüffet" selbst bedienen. Wenn Sie die Wahl haben, nehmen Sie nur große, feste Exemplare. (Tulpenzwiebeln gibt es auch im Versand, siehe Einkaufsadressen, S. 262).
Töpfe Die Zwiebeln können dicht an dicht hineingesetzt werden.
Torffreie Blumenerde oder Spezialerde für Zwiebelpflanzen Gibt es fertig im Gartencenter.
Sand oder feiner Kies Zum Abdecken.

WAS ZU TUN IST

Für alle Tulpen gilt, dass sie nicht gern mit den Füßen im Wasser stehen – der Boden muss also wirklich gut entwässern, weshalb Sie mindestens ein Drittel

Kies oder Sand untermischen sollten. Außerdem werden Blumenzwiebeln grundsätzlich so tief in die Erde gesetzt, dass die Schicht über ihnen rund zweimal dem eigenen Umfang entspricht. Und bitte die Zwiebel richtig herum einsetzen: mit der Spitze nach oben.
Mit Erde bedecken und vorsichtig festklopfen, dann eine Schicht Sand oder Kies aufstreuen, ordentlich gießen und nach draußen stellen. Blumenerde stets feucht, aber nie nass halten. Den Winter über umsichtig gießen, damit die Zwiebeln nicht austrocknen, die Kübel ggf. vor Frost schützen. Im Frühjahr brechen die Tulpen aus der Erde. Jetzt nicht gleich die ersten grünen Spitzen ins Wohnzimmer holen, sondern abwarten, bis die Pflanze ein Stück gewachsen ist und Knospen bildet.
Wenn Sie Tulpen auch im Innenbereich so kühl wie möglich halten, verlängern Sie damit ihr Leben (ich gönne ihnen ab und zu eine Nacht im Freien). Tulpenzwiebeln nach der Blüte in den Garten pflanzen. Sie kommen im nächsten Frühjahr wieder, doch ihre Kraft schwindet, je älter sie werden. Daher am besten entsorgen und im nächsten Herbst neue kaufen.

MEINE LIEBLINGSTULPEN (BISHER)

T. **'Abu Hassan'** Gehört zu den Triumph-Tulpen. Blüht von April bis Anfang Mai in einem dunklen Kastanienrot mit hellgelb auslaufenden Kronblättern.
T. **'Prinses Irene'** Meine erste Liebe! Eine einfache Frühe. Blüht zeitig bis Mitte April. Orangerot mit leicht purpurfarbenem Glanz – supertoll!
T. **'Queen of the Night'** Einfache späte Sorte. Blüht bis Mitte Mai. Exquisit. Die schwärzeste Tulpe, die es bisher gibt, und das erotischste Ding auf einem Stängel überhaupt.
T. **'Spring Green'** Gehört zu den Viridiflora-Tulpen, den Grünblütigen. Sieht schick aus und blüht bis spät in den Mai hinein.

WILDTULPEN (KLEINER UND FEINER)

T. ***acuminata*** Ihre fein gepunkteten Kronblätter in Rot und Gelb wirken flammenähnlich. Blüht früh bis ins mittlere Frühjahr.
T. ***kaufmanniana*** Frühblühende Tulpe mit sternförmigen Blüten. In vielen verschiedenen Farben erhältlich.
T. ***sprengeri*** Blüht erst im Frühsommer. Entfaltet sehr hübsche rote oder orangerote Blütenkelche.
T. ***violacea*** Bildet im Frühjahr purpurfarbene Sternblüten.

SONSTIGES

Kleine Tulpen sind, sowohl im Topf als auch im Korb, schöne Mitbringsel. Und zu Ostern können Sie zwischen den Blättern wunderbar Schokoladeneier verstecken.

Minisumpf mit fleischfressenden Pflanzen

Fleischfressende Pflanzen sind für Erwachsene und Kinder gleichermaßen faszinierend und ihr Gruselfaktor wird durch ihre unglaubliche Schönheit noch gesteigert. Man sieht sie oft an sehr exponierten Stellen, an denen man sie aus nächster Nähe betrachten kann. Daraus ziehen viele Leute den Schluss, dass sie empfindlich sind, aber das stimmt überhaupt nicht.

GUT ZU WISSEN In der Natur wachsen fleischfressende Pflanzen auf nährstoffarmen Böden. Deshalb bleibt ihnen im Grunde gar nichts anderes übrig, als sich von Insekten und anderen Kleinstviechern zu ernähren. Nun wissen wir inzwischen, dass sich Pflanzen im Innenbereich nur wohlfühlen, wenn wir ihren natürlicher Lebensraum möglichst genau nachbilden. In diesem Fall leider ein Torfmoor. Aber keine Sorge, der Trick besteht darin, einfach in kleineren Dimensionen zu denken.

TIMING Frühling

WAS SIE BRAUCHEN **Pflanzen und Erde** Gut sortierte Gärtnereien verkaufen zwar fleischfressende Pflanzen, ein Torfmoor aber werden Sie dort nicht finden. Ich empfehle Ihnen daher Experten (siehe Einkaufsadressen, S. 262), die Sie auf Bestellung mit einem Starter-Paket versorgen. Darin enthalten ist, neben den Pflanzen, auch ein Beutel fertig gemischter Erde, so dass Sie gleich loslegen können (siehe meine umseitigen Empfehlungen). Außerdem wissen diese Leute alles über die Pflanzen, die sie verkaufen, und stehen nach der Bestellung gern mit Rat und Tat zur Verfügung. Wer bereits eine Fleischfresserin aus dem Gartencenter zu Hause hat, kann bei den angegebenen Lieferanten Spezialerde kaufen. Vielleicht möchten Sie die Pflanze ja umpflanzen oder mehrere Arten in einen größeren Kübel setzen.

Pflanzgefäß Eine flache Schale von 30 cm im Durchmesser mit Abflussloch im Boden.

Zweites Pflanzgefäß als Wasserspeicher Es wird unter die Pflanzschale gestellt und mit Wasser gefüllt. Ideal: ein breiter Topfuntersetzer aus Plastik mit hohem Rand, damit wirklich genug Wasser hineinpasst.

Regenwasser-Vorrat oder Wasserfilter Muss sein. Leitungswasser vertragen die Pflanzen nicht, da es Kalk enthält. Es lässt selbst hartgesottene Venusfliegenfallen umkippen! Ich habe mittlerweile einen Eimer draußen stehen, um Regenwasser darin zu sammeln. Hätte ich einen richtigen Garten, hätte ich auch eine Regentonne, denn nicht nur Fleischfresser trinken gern Regenwasser, auch meine Blaubeeren gieße ich damit. Und wenn's mal wochenlang nicht regnet, muss mein Trinkwasserfilter herhalten.

WAS ZU TUN IST Pflanzen aus den Töpfen nehmen und ins Gefäß setzen. Zwischenräume mit Erde auffüllen (etwa gleiche Pflanzhöhe wie vorher im Topf). Erde leicht andrücken. Gefäß in die als Wasserspeicher vorgesehene Schale setzen und diese mit Regenwasser oder gefiltertem Leitungswasser füllen, so dass das

Wasser etwa 3 cm hoch darin steht. Diesen Wasserstand unbedingt halten! Schließlich meinen die Pflanzen, sie ständen im Sumpf – trockene Füße sind ihnen völlig unbekannt. Der richtige Standort des Pflanzgefäßes hängt von den Pflanzen ab. Ob sie Frost vertragen können, steht normalerweise auf dem Etikett. Die meisten Fleischfresser (zumindest alle unten aufgeführten) fühlen sich draußen wohl, und zwar in voller Sonne. Wer sie im Zimmer hält, sollte sie regelmäßig mit Frischluft versorgen, am besten an ein Fenster stellen, das häufig offen steht. Unbedingt informieren, ob die Pflanzen im Winter eine Ruhephase brauchen. Falls ja, weg von der Heizung, sobald es kälter wird, und die Gießmenge reduzieren, so dass der „Sumpf" eher feucht ist als nass. Meine Fleischfresser ruhen übrigens alle im Winter.
Blattläuse tummeln sich gern auf fleischfressenden Pflanzen. Sie können Sie mit chemischen Mitteln (siehe S. 239) gut bekämpfen. Bitte sparsam gebrauchen! Abgestorbene Pflanzenteile immer sofort entfernen.

Fleischfresser zum Ausprobieren

Dionaea muscipula **(Venusfliegenfalle)** Die Pflanze hat Blätter mit haarfeinen Fühlborsten, die Sie nach Möglichkeit nicht berühren sollten, denn dann schnappen die Blätter sofort zu. Dieser Mechanismus nutzt sich ab, wenn er zu oft aktiviert wird. Pflanze auf keinen Fall mit toten Fliegen oder Ähnlichem füttern. Sie holt sich selbst, was sie braucht. Größere Fangeisen-Blätter bekommt man durch Abknipsen der Blüten.
Drosera **(Sonnentau)** Prachtvoll, ein echtes Juwel unter den Fleischfressern (siehe Bild auf der gegenüberliegenden Seite)! Auf den dünnen Blättern der Pflanze befinden sich Tentakel, an deren klebrigem Sekret (es funkelt in der Sonne!) Insekten unweigerlich haften bleiben.
Sarracenia (Schlauchpflanze) Hat aufrechte, röhrenförmige Blätter (siehe S. 187) und lockt ihre Beute mit süßem Nektar aus Honigdrüsen an. Die Opfer fallen direkt ins Schlauchinnere, wo sie verdaut werden. Von der Pflanze gibt es zahlreiche Hybriden in wunderschönen Farben.

Luxuriöses

Als ich mit der Gärtnerei begann, wurde mir schnell klar, dass es Pflanzen mit dem gewissen Etwas gibt. Sie üben eine Faszination auf mich aus, die ich mir nicht allein durch ihre Schönheit, ihren Duft oder ihre Textur erklären kann. Diese Pflanzen lösen etwas Bestimmtes in meinem Unbewussten aus. Der Duft von saftig-frischem Grün etwa, das ist für mich mehr als nur ein Geruch. Für mich ist das feuchte, kühle, summende Vitalität, von der ich vor lauter Wonne eine Gänsehaut bekomme.

Die Art und Weise, in der sich manche Pflanzen bewegen, wenn ich sie sanft anpuste. Der Anblick von Ranken einer Kletterpflanze, die blind und doch zielsicher nach einem festem Halt suchen. Das ruhige, fast schläfrige und zugleich leicht überdrehte Gefühl, das mich in einem von Lavendelduft durchströmten Raum erfasst. Gewächse, die ulkig aussehen und uns zum Lachen bringen. – All dies sind Facetten der luxuriösen, verschwenderischen Fülle, dir mir die vielen Pflanzen um mich herum schenken.

Daraus schöpfe ich ein persönliches, geheimes Wohlgefühl, das ich entweder ganz für mich allein genieße oder mit Freunden teile. Ich glaube, man könnte es auch den Zustand vollkommener Entspannung nennen.

Moos im Topf

Die meisten Menschen scheinen Moos nicht zu mögen. Sie schimpfen immer nur darüber, beklagen sich über Moos im Rasen, Moos in den Fugen auf ihrer Terrasse, ja sogar über Moos im Asphalt.
Ich dagegen gehöre zu den Menschen, die Moose lieben. Die samtig-grünen Kissen mit dem Wohlfühlfaktor sind so weich und dabei doch so schön griffig, dass ich sie immer und überall um mich haben will.
Es gibt sogar Menschen, die legen sich regelrechte Moosgärten an. In Kübeln, mit Farnkraut, Steinen und sogar kleinen Maschinchen, die Dunst und Nebel simulieren können. Aber ich finde Moose eigentlich als Solisten am schönsten. Mein Traum ist es, eines Tages genug Platz für ein Bett aus Moos zu haben – mitten im Farn, versteckt auf einer Waldlichtung –, auf dem ich in lauen Sommernächten unter dem Sternenhimmel nackt schlummern kann. Einstweilen erfreue ich mich an meinen Moosen in Töpfen, z. B. als Deko auf meinem Tisch.

GUT ZU WISSEN Moose wachsen auf der ganzen Welt – oft an Stellen, wo sich niemand freiwillig aufhalten würde: an nackten Felsen in sengender Sonne, aber auch in eisigen arktischen Gegenden. Sie gehören zur Gruppe der *Bryophyten* und haben sich, Wissenschaftlern zufolge, völlig unabhängig von der Grünalge entwickelt, einer Urzeitpflanze, aus der wahrscheinlich der Großteil unserer Botanik hervorgegangen ist.
Moose unterscheiden sich grundsätzlich von anderen Pflanzen, weil sie keine Wurzeln im eigentlichen Sinne besitzen. Wasser z. B. schöpfen sie aus der Luft und können zur Not sogar extrem lange ohne auskommen. Wenn kein Wasser da ist, trocknen diese Moose fast aus; nach einer solchen Phase reichen aber schon wenige Tropfen innerhalb weniger Minuten, und schon bildet das Pflänzchen wieder sattes, leuchtendes Grün. Wenn Ihr Moos weich und sattgrün sein soll, sollten Sie es an einen schattigen Platz stellen und gut feucht halten. Es gibt Tausende von Moosen, viele davon haben allenfalls einen lateinischen Namen.

TIMING Ganzjährig

TORFMOOS In Gärtnereien und Gartencentern bekommt man normalerweise *Sphagnum* (Torfmoos oder Bleichmoos). Es wird abgepackt verkauft und gilt als beliebtes Deko-Material für Pflanzkörbe und Zwiebeltöpfe. Torfmoos sollten Sie nur von seriösen Anbietern kaufen, die es aus nachwachsenden Quellen beziehen. In Deutschland steht Torfmoos unter Naturschutz, weshalb Sie es auf keinen Fall selbst aus dem Wald holen dürfen.
Torfmoos besitzt ganz erstaunliche Eigenschaften, z. B. einen pH-Wert, der die organische Verwesung unterbindet. Im Britischen Museum in London sind präparierte Leichen zu sehen, die nach langer Zeit aus Torfmooren geborgen wurden und trotzdem noch gut zu erkennen sind. Als den Lazaretten im Ersten Weltkrieg die Wundkompressen ausgingen, wurde dort stattdessen

Torfmoos verwendet. Es ist nicht nur sehr saugfähig, sondern verhindert durch seine antibakterielle Wirkung auch, dass sich Wunden entzünden.

WAS SIE BRAUCHEN

Moos Laut Gesetz darf man in Deutschland nicht einfach Moos sammeln. Durch intensive Land- und Forstwirtschaft wurde den mitteleuropäischen Moosen ihr natürlicher Lebensraum mit der Zeit zunehmend genommen, inzwischen ist das Problem jedoch bekannt, und es wurde entsprechend reagiert. Für uns bedeutet das jedoch, dass wir unser Moos nur von seriösen Anbietern beziehen.
Töpfe
Blumenerde

WAS ZU TUN IST

Für mehrere Moostöpfe die Blumenerde auf passende Töpfe verteilen und gut festdrücken (Moos gedeiht nicht auf luftig-lockerem Boden!). Erde ordentlich wässern (sie sollte richtig nass sein) und im Topf so hoch aufschichten, dass das Moos als Blickfang darauf thronen kann und nicht von den Rändern verdeckt wird.
Moosstücke auflegen. Dabei entweder bei einer Sorte bleiben oder verschiedene wie einen Flickenteppich kombinieren. Beides sieht gut aus. Das Moos so fest andrücken, dass Wasser aus der Erde herausquillt (wer Moospolster ins Beet setzt, sollte ruhig ein paar Mal festen Schrittes darüberlaufen). Wenn Moose sterben, dann meist, weil sich zwischen ihnen und dem Erdreich Luftkammern gebildet haben.
Moostöpfe feucht halten und nach draußen in den Schatten stellen. Nur hin und wieder reinholen – zum Dekorieren, Angucken und Drüberstreicheln.

SONSTIGES

Wenn Sie ein schönes Stück Moos haben, das Sie besonders lieben und vermehren möchten, trennen Sie etwas davon ab und geben es mit wenig Wasser in einen Mixer. Kräftig mixen (ja wirklich!). Die Mischung dann auf das frische Erdreich träufeln. Nach rund 5 Wochen wachsen dort neue Pflanzen – ganz ohne Spezialbehandlung, nur mit etwas Wasser feucht gehalten.

Lavendel für Leute unter 80

Das Image von Lavendel hat in den letzten Jahren heftig gelitten: Er gilt als altmodisch, verstaubt, was wohl auch daran liegt, dass seine Fans inzwischen älter geworden sind und die jüngere Generation exotische Gewächse attraktiver findet. Wie schade! Lavendel ist eine fantastische Pflanze, sie duftet betörend und ist zudem auch noch ausgesprochen nützlich. Wenn ich eine Party gebe, streue ich vorher getrockneten Lavendel auf den Boden. Meine Gäste laufen dann darüber und zerdrücken die Blüten mit ihren Füßen. Dabei entsteht ein Duft, der überhaupt nicht an Omas mit Strickstrumpf erinnert, sondern ganz natürlich frisch wirkt und irgendwie sexy.

Gut zu wissen

Zur Gattung *Lavandula* gehören rund 25 verschiedene Arten immergrüner Sträucher, die im Mittelmeerraum, in Asien und Indien beheimatet sind. Lavendel gedeiht an trockenen, exponierten Stellen auf steinigem Boden. Die Pflanzen sind richtig hart im Nehmen. Am liebsten mag ich *L. angustifolia* (Echter Lavendel), der sich gut trocknen lässt, *L. dentata* (Grüner Zahn-Lavendel) mit wunderschön gekerbten, aromatisch duftenden Blättern und *L. stoechas* (Schopf-Lavendel), dessen Blüten von einem Schopf aus länglichen Hochblättern gekrönt werden, was ein bisschen an Hasenohren erinnert. Die Blütenfarben der einzelnen Arten variieren von Blau-violett und Purpurrot über Pink bis Weiß. Wer Wert auf eine bestimmte Färbung legt, sollte daher blühende Pflanzen kaufen.

Im Garten macht sich Lavendel toll als niedrige Hecke oder Beeteinfassung. Pflanzen Sie ihn im Frühjahr in gut durchlässigen Boden an eine sonnige Stelle. Im nächsten Frühjahr können Sie ihn dann stutzen und auf diese Weise schön kompakt halten. Die verholzten Ansätze müssen allerdings stehen bleiben, sonst treibt die Pflanze nicht wieder aus.

Lavendel lässt sich auch gut in Töpfen und Kübeln ziehen. Stellen Sie mehrere zusammen, beispielsweise auf die Eingangsstufen, und nehmen Sie immer mal wieder einen Lavendel mit hinein, damit er dort seinen Duft entfaltet. Lavendel aus dem Gartencenter pflanze ich direkt mit Blumenerde in Terracotta-Töpfe.

Lavendel ernten und trocknen

Schneiden Sie Lavendel, wenn er im Sommer zu blühen beginnt. Dabei nicht abwarten, bis sich alle Blüten voll entfaltet haben, sondern an einem trockenen Tag vormittags hinausgehen und ernten – dann duftet er am besten. Zum Trocknen kleine Sträuße binden und kopfüber in einen warmen, aber luftigen Raum hängen. Er sollte möglichst dunkel sein, dann behalten die Blüten ihre Farbe. Alternative: Blüten mit einer Papiertüte vor Tageslicht schützen. Nach 1 guten Woche ist der Lavendel trocken.

Leben mit Lavendel

In meinen Träumen verbringe ich viel Zeit mit der Gestaltung aufwendiger Lavendel-Potpourris, die ich sorgfältig arrangiere ... und neu arrangiere ... In meinen Träumen, wie gesagt. Aber: Lavendel passt auch ins wirkliche Leben – wie die folgenden Beispiele zeigen!

- Blüten von den Stängeln streifen und überall dort verteilen, wo Sie sich ihren Duft wünschen. Da Wärme die Duftentwicklung fördert, streue ich Lavendelblüten gern um Kerzen herum auf den Tisch. Ihr Geruch wirkt herrlich entspannend, was meine Gäste nach einer stressigen Arbeitswoche immer sehr zu schätzen wissen.

- Trockensträuße im Winter ans Feuer hängen, z. B. vor den Kamin.

- Stängel kurz schneiden und viele kleine Vasen damit füllen. Es sieht wunderschön aus, wenn Sie mehrere zusammenstellen – viel besser als riesige Trockensträuße, die schnell zu lästigen Staubfängern werden.

- Trockene Blüten zerreiben und wie getrocknete Kräuter verwenden. Ich streue sie z. B. auf kurz gebratenes Fleisch, aber auch übers Gemüse, oder ich aromatisiere Salat-Dressings damit.

- Lavendelbutter schmeckt toll: ein paar Teelöffel getrocknete Lavendelblüten zerreiben. Mit etwas getrocknetem Thymian, 1 Spritzer Zitronensaft und weicher, ungesalzener Butter im Mixer verrühren. Einfrieren oder bis zum Verzehr in den Kühlschrank stellen.

- Lavendelsäckchen lassen sich ganz schnell aus allen möglichen Stoffresten herstellen. Einfach 2 rechteckige Stücke in der gewünschten Größe zuschneiden, jeweils an einer Schmalseite umnähen, passend von rechts aufeinanderlegen, an den übrigen 3 Seiten zusammennähen, wenden, dicht mit getrocknetem Lavendel füllen und an der versäuberten Seite mit einem hübschen Band verschnüren. Ein nettes Mitbringsel für Freundinnen (vor allem zusammen mit einem hübschen Seidenslip!), das ich in meinen kreativen Phasen bastle. Die Säckchen sind übrigens auch ein prima Mottenschutz und sollten eigentlich wie früher in jedem Kleiderschrank liegen.

Sonstiges Falls Ihr Lavendel nur spärlich oder gar nicht blüht, dann behandeln Sie ihn wahrscheinlich zu gut! Pflanzen bilden Blüten, weil sie sich damit vermehren, sie müssen aber auch spüren, dass ihr Einsatz gefragt ist. Wenn Sie Lavendel gepflanzt haben, überlassen Sie ihn sich selbst. Es sei denn, er steht im Topf, dann müssen Sie ihn natürlich gießen. Ansonsten bevorzugt die Gattung nährstoffarmen Boden.

Verführung im April

Es gibt diese Tage, da ist einem so leicht ums Herz: Alles ist möglich, mir gehört die Welt, ich hätte Lust auf Abenteuer. Für diese Tage gibt es *Epimedium*, die Elfenblume. Ein Aphrodisiakum! Für romantische Abende im Frühling nur wärmstens zu empfehlen. Mir ist noch nichts und niemand begegnet, der es an Charme und Liebreiz mit der Elfenblume aufnehmen könnte. Dabei wächst die Pflanze bei uns meist sehr zurückhaltend als Bodendecker. Elfenblumen haben herzförmige Fiederblätter (manche sind vielleicht eher eiförmig) und entfalten im Frühsommer gespornte, zierliche Blüten. Ein leiser Windhauch – und sie beginnen zu tanzen, sich wie Schmetterlinge zu wiegen.

GUT ZU WISSEN

Epimedium-Pflanzen sind mehrjährig und in schattigen Regionen des Mittelmeerraums sowie den gemäßigten Zonen Ostasiens beheimatet. Einige Arten werfen im Herbst ihr Laub ab, andere sind immergrün. Besonders wohl fühlt sich *Epimedium* auf durchlässigen Böden an schattigen Waldstandorten. Trockenheit kann es gut vertragen und es kann auch dort gepflanzt werden, wo wenig anderes gedeiht – als Bodendecker unter Sträuchern und Bäumen etwa. Den volkstümlichen Namen „Elfenblume" halte ich für weitaus passender als die ebenfalls geläufige, völlig unerotische Bezeichnung „Sockenblume".

TIMING

Frühling bis Frühsommer

WAS SIE BRAUCHEN

***Epimedium*-Pflanzen** Erhältlich in gut sortierten Gärtnereien und Gartencentern. Es werden diverse Arten angeboten: mit verschiedenfarbigen Blüten und Herbstlaub sowie unterschiedlicher Maximalhöhe … Schön sind sie alle! Quälen Sie sich also nicht bei der Wahl, nehmen Sie einfach viele.
1 Topf pro Pflanze Elfenblumen wachsen zwar in die Breite, lassen sich dabei aber erfreulich viel Zeit. Kaufen Sie dennoch einen flachen Topf – vielleicht planen Sie ja einen romantischen Abend und wollen den Mann Ihrer Träume nicht nur durch die Blume sehen! Zweite Möglichkeit: Pflanze kaufen, in einen hübschen Übertopf stellen und die eingesparte Zeit auf die eigene Schönheitspflege verwenden.
Blumenerde

WAS ZU TUN IST

Epimedium mit viel Liebe und Sorgfalt pflanzen. Auf den Tisch zwischen sich und den Traummann stellen. Alles andere ergibt sich dann von selbst.

SONSTIGES

Ein Beet oder Kübel mit Blumenzwiebeln sieht immer so kahl aus, bis die Pflanzen endlich aus dem Boden sprießen. Setzen Sie Elfenblumen dazwischen. Die Zwiebelpflanzen kommen trotzdem durch.
Auch kombiniert mit Farn oder anderen gefiederten Blattpflanzen sehen Elfenblumen einfach umwerfend aus!
Ein kleiner Blütenzweig macht sich gut auf dem Nachttisch, braucht aber ein Mini-Mini-Gefäß als Vase – ein ausgedientes Tintenfässchen vielleicht oder ein kleines Reagenzglas.

Duftranke für drinnen

Ich liebe diese Pflanze! Vor allem ihren Duft, der einem richtig zu Kopf steigt. Und ihre Blüten, große Hängedolden aus vielen weißen Einzelblüten mit rosa Zeichnung in der Mitte, die im Mai erscheinen und blühen und blühen. Meine Ranke steht übrigens im Treppenhaus am Fenster und auf dem Weg zu meiner Wohnung bleiben fast alle meine Gäste stehen, um zu schnuppern. Wenn sie dann bei mir vor der Tür ankommen, sind sie ein wenig berauscht, heiter beschwingt und auf jeden Fall guter Dinge.

GUT ZU WISSEN

Dregea sinensis, die Wattakaka-Schlinge (welch ein Name!), ist ein immergrüner, schnellwüchsiger Ranker aus den Regenwäldern Chinas. Dort mag sie vielleicht immergrün sein, mein Exemplar jedoch verliert im Winter meist alle Blätter, um dann im Frühjahr wieder neu auszutreiben. Wattakaka steht bei mir in einem 20 cm großen Topf. Ich würde sie gern in einen größeren pflanzen, habe aber leider nicht mehr Platz auf der Fensterbank. Ihr scheint's bisher nichts auszumachen.

TIMING

Im Frühjahr pflanzen

WAS SIE BRAUCHEN

1 *Dregea-sinensis*-Pflanze In guten Gärtnereien erhältlich oder im Internet bestellen.
1 Topf, mindestens 20 cm im Durchmesser
Blumenerde
Langzeitdünger für das erste Jahr
Einige Haken oder anderes Befestigungsmaterial
Ein sonniges Fenster

WAS ZU TUN IST

Erde in den Topf füllen und den Langzeitdünger sorgfältig untermischen. Pflanze vorsichtig aus ihrem Container nehmen und einpflanzen, dabei die Wurzeln behutsam im neuen Topf anordnen. Erde festklopfen und gründlich wässern. Topf ans Fenster stellen und einen ersten Haken für die Ranken an der Wand anbringen. Pflanze regelmäßig gießen und weitere Haken einschrauben, wenn neue Ranken befestigt werden müssen. So entsteht langsam eine Art „kontrollierter Wildnis". Einfach wild wuchern lassen, selbst wenn Sie die Ranken dann irgendwann beim Vorbeilaufen streifen. Regelmäßig gießen, im Winter allerdings nur wenig. Und auch nachdem die Pflanze im Winter ihre Blätter verloren hat, sieht sie mit ihren nackten Windungen und Schlingungen immer noch schön aus. Und ein paar Monate später dann eben wieder superschön.

Chilis

Okay, ich gebe es zu: Ich bin eine Mimose, ich esse nicht gern scharf. Jedenfalls nicht so scharf, dass meine Geschmacksnerven nach dem Essen noch stundenlang taub sind. Daher käme ich auch nie auf die Idee, Chilis für den Genuss zu züchten – zumindest nicht im physischen Sinne, aber dafür als Nahrung für die Seele. Sehen sie nicht ulkig aus? Mit ihren eigenartigen Formen und der knalligen Farbe? Dabei nehmen sie sich selbst offenbar sehr ernst, protzen mit ihrer Leuchtkraft und Hochglanzpolitur. Ich finde das lustig und muss oft über meine Chilis lachen. Und Lachen setzt Endorphine frei, Glückshormone, die auch entstehen, wenn wir Sex haben, Schokolade essen – oder eben Chilis. Man muss die Schoten also gar nicht essen, um Glücksgefühle zu entwickeln: einfach aussäen, wachsen lassen und Spaß haben.

GUT ZU WISSEN Chilis, auch Peperoni genannt, gehören zur Gattung *Capsicum*, zu der eine Vielzahl an Sorten – von den milden Gemüsepaprika bis zu den schärfsten Chilis der Welt – zählen. Ihr natürlicher Lebensraum sind tropische Waldrandgebiete in Mittel- und Südamerika. Kälte mögen sie also gar nicht, geschweige denn Frost. In Gärtnereien und Gartencentern werden sie als Topfpflanzen angeboten, wesentlich günstiger allerdings ist die Anzucht aus Samen. Zwergsorten machen sich toll in kleinen Töpfen, sowohl in der Wohnung als auch draußen. Sie sind sehr dekorativ und liefern natürlich auch Früchte, die sich etwa zu schmackhaften Chutneys (tolle Weihnachtsgeschenke!) verarbeiten lassen. Die folgenden Tipps gelten für die Anzucht in Töpfen, wer jedoch draußen ein sonniges Plätzchen hat und nährstoffreichen, gut durchlässigen Boden, kann auch dort seine Chilis züchten.

TIMING Aussaat im Februar

WAS SIE BRAUCHEN **Chili-Samen** Nehmen Sie F1-Hybriden, z. B. die Sorte 'Apache', sie liefert gute Erträge und sorgt für zufriedene Gärtner. (F1-Hybriden entstehen durch sorgfältige Kreuzung ausgewählter Pflanzen. Sie sind im Allgemeinen besonders robust und ertragreich. Daher als Saatgut leider auch etwas teurer.) Für unsere Zwecke eignen sich Zwerg- und Mini-Sorten. Samen gibt es in guten Gartencentern oder im Internet (siehe Einkaufsadressen, S. 262).
1 beheiztes Mini-Gewächshaus Oder 1 Schale plus 1 Plastikbeutel.
Töpfe in verschiedenen Größen Siehe „Was zu tun ist". Terrakotta sieht am besten aus.
Anzuchterde
Blumenerde
Tomatendünger

WAS ZU TUN IST Anzuchterde sieben, in kleine Töpfchen (max. 1/2 cm Durchmesser) füllen und Samen aufstreuen. Töpfe gießen, in ein beheiztes Mini-Gewächshaus oder in eine Schale mit Plastikbeutel-Umhüllung auf die Fensterbank stellen, bis die ersten Keimlinge erscheinen. Aus dem Mini-Gewächshaus oder der

Schale nehmen, jedoch auf der Fensterbank stehen lassen, regelmäßig gießen und wachsen lassen. Wenn sie groß genug sind, in größere Töpfe pflanzen. Es gibt keine feste Regel dafür, wann dieser Zeitpunkt gekommen ist. Aber wenn die Wurzeln unten aus dem Topf herauswachsen, ist dies ein sicheres Zeichen dafür, dass es so weit ist.
Für 'Apache F1' nehme ich Töpfe mit 20 cm Durchmesser und gute Blumenerde. Pflanzen möglichst in Ruhe lassen, ordentlich gießen und bei warmem Wetter tagsüber ans offene Fenster stellen (also normalerweise nicht vor Mai/Juni). Nach gut einer Woche sind die jungen Chilis so weit abgehärtet, dass sie den Weg ins Beet antreten können.
Sobald die Pflanze Früchte treibt, braucht sie zusätzlich Nahrung. Hier eignet sich flüssiger Tomatendünger, den Sie etwa alle 2 Wochen ins Gießwasser mischen sollten (Dosierungsanweisung befolgen). Wichtig: Chilis müssen stets feucht, dürfen aber nie nass sein, nur so bilden sie Früchte. Wenn Sie im Sommer in Urlaub fahren, sollten Sie die Töpfe für diese Zeit in Pflege geben. Chilischoten sind anfangs grün und reifen dann zu roten oder orangefarbenen Früchten heran. Wer viele Chilis haben möchte, sollte die grünen gleich ernten, das spornt die Pflanze an, rasch neue zu bilden. Grüne Schoten trocken lagern, sie reifen weiter. Ich ernte meist bis September, danach dürfen meine *Capsicum*-Pflanzen dann einfach nur noch schön sein.

Mein Wassergarten

Ein Bachlauf im Garten, klares Wasser, in dem sich Lachse tummeln, dazu ein Teich, etwa so groß wie ein Swimmingpool, ein Wasserfall, vielleicht auch zwei ... das wäre der Inbegriff des Lebens, das ich gerne führen würde! Diesen Traum habe ich mir mittlerweile aus dem Kopf geschlagen. Stattdessen habe ich aber die Idee von einem Wassergarten im Miniformat auf meinem Balkon verwirklicht. Und das in knapp 1 Stunde. Und auch Sie können einen Wassergarten auf Ihrer Terrasse – oder wo immer Sie Platz für eine Wanne voll Wasser haben – anlegen.

GUT ZU WISSEN

Für einen Teich auf dem Balkon brauchen Sie weder Pumpen noch Wasserspeier, sondern lediglich eine große Wanne voll Wasser und Pflanzen, die gern nasse Füße haben. Wasserpflanzen werden, je nach Wuchsform und Lebensbedingungen, verschiedenen Gruppen zugeordnet, einige leben z. B. ganz unter Wasser, andere im Sumpf und wieder andere sind im Erdreich verwurzelt, während ihre Blätter und Blüten auf der Oberfläche treiben. Und genau die brauchen wir. Es gibt sie in gut sortierten Gartencentern, meist in einer Spezialabteilung, wo ihr natürlicher Lebensraum mithilfe flacher Wassertröge nachempfunden wird.

MY FAVOURITES

Diese Pflanzen stehen gern in seichtem Wasser:
***Butomus umbellatus* (Schwanenblume)** Große, binsenartige Pflanze. Entfaltet im Sommer pinkfarbene Blüten mit süßlichem Duft.
***Cyperus papyrus* (Echter Papyrus), *Cyperus alternifolius* (Zyperngras), *Cyperus isocladus* (Zwergpapyrus)** Bildhübsche Grünpflanzen, die von Sommer bis Herbst ein Feuerwerk aus kleinen, feinen Blüten schmückt. Nicht winterhart, daher unbedingt im Haus überwintern.
***Hydrocotyle sibthorpioides* (Kleinblättriger Wassernabel)** Bildet einen wunderschönen Blätterteppich auf dem Wasser und wächst sogar über den Rand. Besonders toll: die Sorte 'Crystal Confetti'. Wenn ich mich nur für eine Wasserpflanze entscheiden müsste, wäre es diese.
***Iris pseudacorus 'Variegata'* (Gelbe Sumpf-Schwertlilie)** Eine prachtvolle Pflanze mit schwertförmigen Blättern und gelben Blüten im Spätsommer.
***Juncus ensifolius* (Zwergbinse)** Binse im Mini-Format.
Lindernia grandiflora Niedrigwachsende Kriechpflanze mit winzigen violetten Sommerblüten. Nicht winterhart, daher rechtzeitig reinholen.
***Mimulus ringens* (Gauklerblume, Affenblume)** Hohe Mehrjährige. Entfaltet im Sommer violette Blüten.
***Myosotis scorpioides* (Sumpf-Vergissmeinnicht)** Vergissmeinnicht für den Teich. Hellblaue Blüten im Frühsommer.
***Myriophyllum aquaticum* (Brasilianisches Tausendblatt, Papageienfeder)** Sieht irgendwie aus, als sei sie ständig auf der Flucht. Sorgt für Sauerstoff im Wasser.
***Ranunculus flammula* (Brennender Hahnenfuß)** Butterblume für den Wassergarten. Trägt im Sommer glänzend-gelbe Blüten. In Nordeuropa heimisch.

Timing Frühling bis Sommer

Was Sie brauchen **Wasserdichter Behälter** Klein anfangen können Sie schon mit einer Porzellanschale, sie muss natürlich so breit und tief sein, dass 1–2 Pflanzen darin gut Halt finden können und auch noch genügend Wasser hineinpasst (siehe unten). Sehr schön und stilvoll: ein Holzbottich (mit Folie auslegen!) oder eine alte Zinkwanne, und zwar so eine, wie sie früher für das wöchentliche Bad in fast jedem Haushalt anzutreffen war.
Einige Wasserpflanzen Erst kaufen, wenn der Behälter ausgewählt ist (siehe oben oder Einkaufsadressen, S. 262). Die Auswahl ist so groß (siehe dazu „Meine Favoriten"), dass Sie sich notgedrungen beschränken müssen. Dabei Angaben zur Mindesttiefe beachten, sie gibt den Mindestwasserstand zwischen Erdreich und Wasseroberfläche an. Bedenken Sie außerdem, wie hoch die Pflanzen wachsen und ob sie in Kombination ein (für Sie) gefälliges Bild ergeben. Außerdem sollte mindestens eine Pflanze das Teichklima aktiv verbessern, also Sauerstoff spenden und Algen verdrängen.
Ein paar Ziegel und kleine Steine Für Podeste in der Wanne. Mit ihrer Hilfe bekommt jede Pflanze ihre optimale Standhöhe.

Was zu tun ist Betrachten Sie dies als eine Art Puzzle und genießen Sie es, die Pflanzen in der Wanne anzuordnen. Mit Ziegelsteinen können Sie verschiedene Ebenen schaffen, kleinere Steine dienen der Befestigung. Im Randbereich sehen langsam wachsende Kriechpflanzen gut aus, mit höheren Gewächsen können Sie dagegen die Mitte und den Hintergrund gestalten. Wasser kommt zum Schluss hinein. Einfach mit Gartenschlauch oder Gießkanne Leitungswasser einfüllen und zusehen, wie die Töpfe allmählich verschwinden.
Wasser regelmäßig neu auffüllen – es verdunstet erstaunlich schnell. Wenn Sie frostempfindliche Pflanzen haben, sollten Sie sich unbedingt merken, welche das sind, und diese vor dem Winter ins Haus holen. Dort verbringen sie die kalte Jahreszeit am besten in einer Wasserschale am Fenster. Im nächsten Jahr sind Ihre Pflanzen gewachsen, dann wird es voll in der Wanne. Entscheiden Sie, welche Ihnen am besten gefallen, und informieren Sie sich, welche Pflege notwendig ist. Vielleicht müssen sie beschnitten, umgepflanzt oder geteilt werden. Die restlichen können Sie getrost entsorgen.

Sonstiges Ein Töpfchen Wassernabel, Tausendblatt oder *Lindernia* – in einer mit Wasser gefüllten Schale – kann auch sehr gut als Tischdeko dienen.

Sommerranke der Extraklasse

Die Glockenrebe – mein Top-Favorit für spontane Sommerfreude! Ihr Mangel an einem nennenswerten Duft wird mehr als wettgemacht durch ihre großen, nickenden Blüten in Glockenform (daher der Name). Bisher habe ich Glockenreben stets draußen gezogen, und zwar direkt aus Samen. In diesem Jahr jedoch werde ich mein Experiment im Haus starten und sehen, ob sie auch dort gedeihen. Dann muss ich sie nämlich nicht mehr vor jedem Winter entsorgen. Glockenreben wachsen theoretisch überall, solange sie irgendwo hochranken können.

Neben den Blüten sind auch ihre roten Ranken sehr beeindruckend: Sie bilden das Ende der Fiederblätter und haben einen gummiartigen, klebrigen Haken, der so lange sucht, bis er irgendwo Halt findet. Glockenreben werden schnell sehr hoch und so geraten die tollen Blüten rasch aus dem Blick. Wählen Sie also eher einen niedrigen Standort.

Auch geschnitten halten die Blüten lange. Sie entwickeln sich stufenweise (siehe Fotos) und sehen in flachen Schalen oder Mini-Vasen super aus. Sogar einen Tag im Knopfloch oder als Haarschmuck überstehen sie problemlos.

GUT ZU WISSEN *Cobaea scandens* (Glockenrebe) lebt in ihrer Heimat, den dichten Wäldern Mexikos, als halb immergrüne, mehrjährige Kletterpflanze. In unseren Breiten muss sie jedes Jahr wieder aus Samen gezogen werden, da sie keinen Frost verträgt. Es stehen 2 Blütenfarben zur Auswahl: Violett und Cremeweiß.

TIMING Saatzeit im Februar oder März.

WAS SIE BRAUCHEN **1 Tütchen *Cobaea-scandens*-Samen** Online erhältlich (siehe Einkaufsadressen, S. 262).
1 Saatkiste Oder mehrere kleine Blumentöpfe plus Plastikbeutel
Mehrere Tontöpfe zum Umpflanzen
Anzuchterde mit grobem Sand oder Kies vermischt
Blumenerde
Rank- und Kletterhilfe Etwa eine Mauer oder ein Rankgerüst.

WAS ZU TUN IST Samen über Nacht in lauwarmem Wasser quellen lassen. Saatkiste oder kleine Töpfe mit grob strukturierter Anzuchterde befüllen und die Samen mit Abstand in die Kiste bzw. 1 Samen pro Topf etwa 1 cm tief in die Erde setzen. Ordentlich wässern und in der Saatkiste mit Deckel oder im Topf mit Plastikbeutel-Hülle auf eine warme Fensterbank stellen.

Sobald die Samen keimen (was schnell geschieht), Deckel oder Beutel entfernen und Schösslinge auf der Fensterbank weiterwachsen lassen, bis draußen kein Frost mehr droht. Jungpflanzen gut 1 Woche ans offene Fenster stellen, dann in größere Töpfe setzen. Gut gießen und beim Ranken unterstützen, z. B. durch eine Mauer oder ein Rankgerüst. Wenn Sie etwas gezielt begrünen möchten, sollten Sie die Jungpflanzen gleich an die richtige Stelle setzen. Ihre prächtigen Blüten entfalten sich vom Sommer und bis in den Herbst hinein.

Ananas selbst ziehen

Eine ganz verwegene Idee, mögen Sie denken, aber eigentlich brauchen Sie nur eine Fensterbank in der Sonne und die Fähigkeit, eine Gießkanne zu füllen. Früchte wie vom Markt kommen dabei zwar nicht heraus, aber Sie werden ganz bestimmt etwas Wunderbares wachsen und reifen sehen.

GUT ZU WISSEN Obwohl die Ananas heute kommerziell hauptsächlich auf Hawaii angebaut und auch oft mit der Inselgruppe in Verbindung gebracht wird, stammt die mehrjährige Pflanze, wie wir sie kennen *(Ananas comosus)*, ursprünglich aus Brasilien. Daher mag sie auch keinen Frost. Die Ananas gehört zu den Bromeliengewächsen. *Ananas comosus* ist eine terrestrische Bromelie, was bedeutet, dass sie am Boden wächst – oder im Topf bei mir zu Hause.

TIMING Frühling

WAS SIE BRAUCHEN **1 Ananas-Frucht aus dem Supermarkt** Möglichst ein Exemplar, das noch nicht ganz reif ist.
Feste Gartenhandschuhe
Großes, scharfes Messer
Terrakotta-Topf von 20 cm Durchmesser
Blumenerde, mit Kies vermischt, oder spezielle Bromelienerde

WAS ZU TUN IST Handschuhe anziehen, stachligen Blattschopf der Ananas packen und durch Drehen von der Frucht trennen. Diesen beiseite legen und aus dem Fruchtfleisch z. B. einen Kuchen backen (unreife Ananas schmecken nur leider nicht besonders). Falls noch Fruchtfleisch am Blattschopf haftet, dieses entfernen. Vom Blattschopf nun die unteren 2–3 Blattreihen abziehen und den Stiel freilegen. Dieser kann später eingepflanzt werden. Mit dem Messer vom Stiel dünne Scheibchen abschneiden, bis sich an der Oberfläche kleine Kreise zeigen – das sind Sprosspunkte, aus denen später neue Wurzeln sprießen. Sobald sie erscheinen, nicht weiterschneiden, sondern den Blattschopf für etwa 1 Woche beiseite legen. In dieser Zeit können die verletzten Sprosspunkte heilen.

Nun den Topf mit Erde befüllen und den Blattschopf am Stiel hineinpflanzen. Ananas stehen nicht gerne nass, allenfalls feucht. Es reicht also, wenn Sie sie einmal wöchentlich gießen und bei der Gelegenheit auch die Blätter besprühen. Im Spätherbst sollten Sie das Wässern ganz einstellen und erst im Frühjahr wieder anfangen. Im Sommer kann die Pflanze draußen stehen, jedoch nicht in der prallen Sonne, dort verbrennt sie. Nach 2–3 Jahren trägt die Pflanze erstmals Blüten, dann auch Früchte. Es geht aber auch schneller. In der Natur produzieren Früchte Äthylen, ein Gas, das Pflanzen blühen und reifen lässt. Viele Obstbauern kontrollieren diesen Prozess, indem sie ihren unreifen Ananas nach der Ernte die Sauerstoffzufuhr nehmen und so die Bildung von Äthylen unterbinden. Während des Transports zum Verkaufsort befinden sich die Früchte in einer Art „Schwebezustand" und erst bei der

Auslieferung werden die natürlichen Bedingungen wiederhergestellt. Dieser Vorgang ermöglicht es den Produzenten, uns Verbrauchern ganzjährig köstliche, reife Ananas anzubieten.
Wer etwas Vergleichbares versuchen möchte, packt die Pflanze in eine Plastiktüte, legt reife Äpfel dazu und wartet ein paar Wochen. Die Äpfel verrotten und setzen dabei so viel Äthylen frei, dass die Ananas ihre gesamte Kraft von der Blattbildung abzieht und in die Blütenbildung steckt. Und aus den Blüten werden dann Früchte. Mini-Früchte – für den kleinen Hunger zwischendurch.

Sonstiges

Wenn Sie größere Früchte ernten möchten, versuchen Sie Folgendes: Seitentriebe der Pflanze – sofern sie welche hat – abschneiden, einzeln in Töpfe pflanzen und vor allem den Wurzelbereich von unten schön warm halten. Vielleicht bauen Sie eine Art Topf-Gestell für die Heizung... Jungpflanzen im Frühjahr in größere Töpfe setzen, damit sie mehr Platz haben (in der Natur werden *Ananas comosus* etwa 1 Meter hoch).

Nächtliche Duftgelüste

Als ich vor nicht allzu langer Zeit meine Lust am Gärtnern entdeckte, waren es zum einen besonders schöne Pflanzen, die mich begeisterten, und zum anderen solche, die ihren Duft vor allem in den Abendstunden verströmen. Ich schaffte sie auf meinen Balkon und hatte Freude daran, im Dunkeln dort zu sitzen und mich berauschen zu lassen.
Probieren Sie es doch auch einmal, selbst wenn Sie nur ein kleines Plätzchen im Freien haben. Ob Sie allein dort sitzen oder in Gesellschaft – etwas Besseres gibt es nicht für eine laue Sommernacht. Obwohl, wenn Sie Ihren Traummann dazubitten, kann so ziemlich alles passieren, vom spontanen Vergnügen bis zum Heiratsantrag. Sagen Sie nicht, ich hätte Sie nicht gewarnt!

GUT ZU WISSEN

Natürlich gefällt uns der Gedanke, dass Pflanzen ihren nächtlichen Duft allein für uns verströmen. Doch in Wahrheit sind die betörenden Gerüche schlichtes Mittel zum Zweck: Die Pflanze möchte sich vermehren und braucht dazu nachtaktive Bestäuber wie Motten oder Fledermäuse. Deshalb entfalten viele Pflanzen auch helle oder ganz weiße Blüten, die im Dunkeln leuchten. Als Hauptlockstoff gilt jedoch der Duft, dem sich offenbar die Insektenwelt nicht entziehen kann.
Wenn Sie nun eintauchen in die nächtliche Lust am Duft, sollten Sie sich zunächst auf 1–2 Aromen beschränken. Vor allem, wenn Sie wenig Platz haben. Meine Favoriten (siehe unten) sind in jedem Gartencenter erhältlich. Sie kommen direkt ins Beet oder in Töpfe und können bei Bedarf auch mit nach drinnen genommen werden.

MEINE FAVORITEN

Gladiolus tristis **(Eintönige Gladiole)** Hat rein äußerlich wenig vom Glanz ihrer berühmten Verwandten, der Garten-Gladiole, die tagsüber durch prachtvoll üppige Blüten besticht. Im Vergleich dazu hält sich *Gladiolus tristis* vornehm zurück. Sie stammt aus der westlichen Kap-Provinz Südafrikas und besitzt hellgelbe oder cremeweiße Blüten, die erst in der Dämmerung ihren Charme versprühen und wundervoll duften … Wer in diesen Genuss kommen möchte, sollte am besten gleich einen beblätterten Spross pflanzen. Eintönige Gladiolen lassen sich prima im Topf ziehen (ich nehme einen 25 cm tiefen und 28 cm breiten Kübel). Sie brauchen gut durchlässigen Boden und stehen gern in der Sonne.
Gladiolus tristis blüht im Sommer. Und sobald ihre Blätter braun und welk werden, können Sie die Pflanze aus der Erde nehmen. Trocknen lassen, in einem unbeheizten, frostfreien Raum überwintern und im Frühjahr neu einsetzen. Ich kaufe mir allerdings meist neue Knollen. Ein Tipp für den Spätsommer, wenn es auch noch laue Balkon-Abende gibt: *Gladiolus callianthus,* die Abessinische Gladiole. Sie bildet sternförmige weiße Blüten mit schwarzrotem Innenfleck und betört ebenfalls durch einen spektakulären Duft.
Matthiola longipetala **subsp.** ***bicornis*** **(Sommernachts-Levkoje) /** ***Matthiola bicornis*** Sommernachts-Levkojen können Sie aussäen oder fertig kaufen. Sie sind einjährig, und wer ihren sinnlichen Duft, der an Nelken, Zimt und Vanille

erinnert, einmal genossen hat, wünscht sich mehr. Selbstziehen ist natürlich günstiger als Kaufen. Im Frühjahr an einem Platz mit voller Sonne direkt ins Beet oder in Töpfe mit Blumenerde säen. Ich ziehe meine Levkojen in Blumenkästen am Fenster und lasse ihre überwältigend exotischen Aromen nachts in mein Zimmer strömen.

Nicotiana (Tabak) Nehmen Sie *Nicotiana alata* oder *Nicotiana sylvestris* (siehe S. 212). Tabakpflanzen sind mehrjährig, werden in ihrer Heimat Brasilien und Argentinien aber trotzdem meist als Einjährige gezogen, da die empfindlichen Pflanzen selbst in milden Wintern oft eingehen.

Ich rate zur Anzucht aus Samen mitten im Frühjahr. Sie können aber auch junge Pflanzen kaufen, wenn Sie welche finden. Ihre trompetenförmigen Blüten verströmen in den Abendstunden einen schweren Duft. Da Tabak bis zu 1,50 m hoch wächst, sollten Sie den Pflanzen ein paar Stützstäbe an die Seite stellen. Ich pflanze sie mit mindestens 10 cm Abstand. Tabakpflanzen benötigen einen sonnigen bis halbschattigen Standort, so wie sie es von den Berghängen und Tälern ihrer Heimat gewohnt sind.

Wildwiese zum Sonnenbaden

Falls Sie in der glücklichen Lage sind zu überlegen, was Sie mit einem freien Fleck im Garten anfangen sollen, können Sie es einfach halten wie viele erfahrene Gärtner: Sie säen erst mal Wildblumen und überlegen sich dann in aller Ruhe, was Sie machen wollen. Wildblumen sehen immer toll aus. Das Ganze funktioniert übrigens auch mit einem freien Blumenkasten.

GUT ZU WISSEN Das Anlegen und Pflegen einer Wiese ist eine Kunst für sich. Es gilt eine gute Balance zwischen Mensch und Natur, sorgfältig abgestimmtem Mähen und Gewährenlassen zu finden. Von solch einer Wiese ist hier nicht die Rede. Ich habe hier eher eine Wildwiese im Auge, die an die brachliegenden Ackerflächen vergangener Zeiten erinnert. Schöne Wildblumen blühen dort bunt durcheinander, die Sonne scheint, Schmetterlinge und Bienen schwirren herum, und ich sitze mittendrin. Mehr Wiese brauche ich nicht.

TIMING Die beste Zeit zur Aussaat ist der Herbst, da viele Wildpflanzen erst nach kurzem Kälteeinbruch zu keimen beginnen. Kalt ist es allerdings auch noch im Frühjahr... Schauen Sie einfach auf die Packung, spätestens im März jedoch sollten die Samen verteilt sein.

WAS SIE BRAUCHEN **1 Tütchen Wildblumen-Samen** Gibt es überall als Mischung; Mohn, Kornblume und Kornrade sind aber eigentlich immer dabei. Welche Fläche die Samenmenge abdeckt, steht auf dem Tütchen. Kaufen Sie möglichst Bio-Saatgut. Viele Umweltorganisationen bieten so etwas an.
Ein Stück freie Fläche Klein oder groß, ganz wie Sie wollen.
Ein sonniger Standort Ideal: ein brachliegendes Feld mit wenig Schatten.

WAS ZU TUN IST Den Boden vorbereiten und eine feine Krume schaffen: grobe Erdschollen aufbrechen und den Bereich gründlich harken. Keimende Samen brauchen leichte, lockere und feinkrümelige Erde, die sie gut durchbrechen können. Erde mit dem Finger oder einem Stock markieren, indem Sie große Kreuze oder Zickzacklinien hineinzeichnen. Saatgut möglichst dünn und gleichmäßig ausstreuen, so dass zumindest der größte Teil in diesen Rillen landet. Die Samen können auch mit Sand vermischt werden, dann ist besser zu erkennen, wo bereits Samen gestreut sind. Alles dünn mit Erde bedecken und diese leicht andrücken, damit Erde und Samen miteinander in Berührung kommen. Sobald im Frühjahr erste Schösslinge erscheinen, sprießt das Unkraut gleich mit. Manches Unkraut lässt sich schlecht von Wildblumen unterscheiden, darum richten Sie sich am besten nach den Rillen und jäten, was drumherum wächst. Keine Sorge: Auch ohne Unkraut sieht alles schön natürlich aus.

SONSTIGES Wenn Sie Ihre blühende Wiese lieben und sie im nächsten Jahr wieder zum Blühen bringen wollen, warten Sie, bis die Pflanzen Ende September Samen bilden. Dann die Wiese mähen, im nächsten Frühjahr umgraben und im Sommer blüht alles wieder aufs Neue... genau wie im folgenden Sommer.

Grüne Wildnis

Seit ich mit Pflanzen lebe, hat sich bei mir eine gewisse Selbstzufriedenheit eingestellt. Gemerkt habe ich das zum ersten Mal bei meiner Bananenpflanze. Nachdem ich selbst 4 stattliche Exemplare mit Blättern groß wie Paddel aus Samen gezogen hatte, stieß ich im Gartencenter auf einen vergleichbaren Baum und dessen Verkaufspreis haute mich einfach um. Das machte mich wirklich stolz. Dabei lassen sich Bananen ganz einfach selbst ziehen! Sie wachsen problemlos, begrünen die Wohnung und freuen sich über Sommerferien auf dem Balkon. Kälte vertragen sie nicht (siehe S. 235), deshalb steht meine Pflanze im Kübel und kann bei Bedarf umziehen. Und noch ein Tipp: Säen Sie Bananen mit Kindern. Die können beim Wachsen zuschauen und erfahren, wie großartig die Natur funktioniert.

GUT ZU WISSEN

Ensete ventricosum (Afrikanische Wildbanane) wächst als immergrüne Mehrjährige in den unteren Bergregionen des tropischen Afrikas und Asiens. Im Winter ruht sie sich aus, d. h. sie wird nicht größer, behält aber ihr leuchtend grünes Laub, da ihr Wurzelwerk weiterhin aktiv bleibt. Dank der riesigen Blätter kommt sie bei uns auch mit künstlichem Licht über den Winter und tankt im Sommer neu auf. Neben der klassisch grünen *Ensete ventricosum* gibt es eine weitere sehr hübsche Sorte 'Maurelii' mit dunkelroten Blättern.

TIMING

Frühling

WAS SIE BRAUCHEN

***Ensete-ventricosum*-Samen** Erhältlich in Gärtnereien oder im Internet.
1 Saatkiste Oder Plastikbeutel mit Gummiband als Umhüllung
Kleine Töpfe mit 6 cm Durchmesser
Grob strukturierte Anzuchterde
Größere Töpfe, Kübel und gute Blumenerde zum Umpflanzen

WAS ZU TUN IST

Die großen Samenkörner 24 Stunden in lauwarmem Wasser quellen lassen. Kleine Töpfe mit Anzuchterde füllen und die Samen einzeln etwa 1 cm tief hineinsetzen. Gießen und entweder in eine Saatkiste stellen oder mit einem gelochten Plastikbeutel umhüllen und mit einem Gummiband fixieren. Warm und feucht halten. Wann die Samen keimen, lässt sich nicht vorhersagen, also bitte nicht ungeduldig werden! Bei meinem ersten Versuch zeigten sich schon nach 1 Woche Schösslinge, beim letzten Mal erst nach 4 Monaten.
Sobald die Schösslinge da sind, von Deckel oder Umhüllung befreien und möglichst hell stellen (wenn es warm genug ist, nach draußen oder tagsüber ans offene Fenster – allerdings nicht in die pralle Sonne!). Wachsen Wurzeln unten aus dem Topf heraus, in einen größeren Topf mit Blumenerde umtopfen. Bananenstauden werden sehr groß, darum müssen sie immer wieder umgepflanzt werden, solange sie noch wachsen (bis zu 2 m, wenn sie sich wohlfühlen). Auf Terrasse oder Balkon schaffen sie ein wunderbar tropisches Ambiente. Ich aber genieße meine Banane am meisten, wenn ich mitten im Winter mit Flip-Flops an den Füßen daruntersitze und einen Cocktail schlürfe.

Praktisches

Zu Beginn des Buches habe ich Ihnen zunächst einige Grundlagen vermittelt, sozusagen das Handwerkszeug für den Einstieg ins Gärtnern. Dann haben Sie losgelegt … und jetzt bestimmt noch viele Fragen, sowohl theoretische als auch ganz praktische. Damit will ich Sie nicht allein lassen. Schließlich weiß ich noch, wie es mir ging!

Pflanzen und ihre Namen

Die korrekte Bezeichnung von Pflanzen ist eine Wissenschaft für sich. Wenn Sie sich näher mit dem Thema Pflanzen beschäftigen, werden Sie bald merken, dass Sie um lateinische Namen nicht herumkommen, da nur sie eine eindeutige Bestimmung der Pflanzen ermöglichen. Anders als die allgemein gebräuchlichen Namen gelten sie überall. Und längst nicht jede Pflanze hat einen solchen.

GUT ZU WISSEN — Die lateinischen Namen der Pflanzen sehen auf den ersten Blick furchtbar kompliziert aus, zumal sie sich durchaus ändern können. Stellt die Forschung z. B. fest, dass eine Pflanze eigentlich in eine andere Gattung oder Familie gehört, dann wird sie kurzerhand umbenannt. Das ist nur konsequent. Da ich von Natur aus bequem bin, verwende ich meine Zeit am liebsten auf Dinge, die mir das Leben erleichtern – und erstaunlicherweise gehören lateinische Pflanzennamen inzwischen dazu. Und das Beste: Ich finde sie an und für sich richtig schön. Zudem sagen sie eine Menge über die Pflanze aus: Wenn Sie wissen, dass *fastigiata* so viel wie „aufrecht" bedeutet, bekommen Sie eine ungefähre Ahnung vom Aussehen der Pflanze. Und eigentlich ist die Namensgebung schön systematisch aufgebaut und gut verständlich, wenn man einmal weiß, worum es geht. Zu verdanken haben wir das System der binominalen („zweinamigen") Nomenklatur dem schwedischen Naturwissenschaftler Carl von Linné. Im 18. Jh. ordnete er jeder Pflanze zunächst 2 Namen zu, die erste bezeichnet die Gattung, die zweite die Art. Folgen dann noch weitere, so handelt es sich um Varietäten (natürliche Sorten) oder Kultursorten (durch Züchtung entstanden). Und so funktioniert das Ganze:

GATTUNG — Gruppe von Pflanzen mit gemeinsamen Merkmalen.

ART — Gruppe von Pflanzen mit gemeinsamen individuellen Merkmalen innerhalb der Gattung.

VARIETÄT/SUBSPEZIES — Gruppe von Pflanzen, die innerhalb einer Art deutlich erkennbare Varianten aufweisen, z. B. verschiedene Blütenfarben. In der Natur entstehen diese Varianten, wenn sich Artverwandte wechselseitig befruchten. Wird meist mit „var." oder „subsp." abgekürzt.

KULTURSORTE — Eine von Menschen (weiter)entwickelte Varietät. Der Sortenname wird in einfachen Anführungszeichen hinter der Pflanzenbezeichnung aufgeführt – nicht lateinisch, sondern neusprachlich.

HYBRIDE — Künstlich geschaffene Pflanze, die so in der Natur nie entstanden wäre. Oft entstammt ihre Elterngeneration (mindestens) 2 verschiedenen Arten.

Die einzelnen Gattungen werden übrigens wiederum Familien zugeordnet, deren Bezeichnung immer auf „aceae" endet, aber nicht in den Pflanzennamen eingeht. Die Familien bilden die Spitze der Nomenklatur.

Pflanzenwachstum – rein wissenschaftlich

Pflanzen wachsen, indem ihre Zellen sich teilen und größer werden. Um diesen Prozess in Gang zu setzen und zu halten, benötigen sie Energie. Die bekommen sie durch die sogenannte Fotosynthese. Und so funktioniert's: Pflanzenzellen enthalten Chlorophyll, einen grünen Farbstoff in Blättern und Stängeln, der Licht absorbieren, speichern und in chemische Energie umwandeln kann. Pflanzen brauchen für ihr Wachstum und ihre Entwicklung also Licht, aber auch Kohlendioxid aus der Luft (das ist der Stoff, den wir Menschen z. B. ausatmen). Durch Blattporen nimmt die Pflanze es auf. Außerdem benötigt sie noch Wasser, das sie über Wurzeln aus dem Boden bezieht. Mithilfe der aufgenommenen Lichtenergie verwandelt sie nun Wasser und Kohlendioxid in Kohlenhydrate und Sauerstoff. In einem letzten Schritt werden die Kohlenhydrate dann in Zucker umgewandelt, welcher der Pflanze schließlich die nötige Energie liefert.

Bestimmt haben auch Sie dazu in der Schule folgende Gleichung gelernt:
$6CO_2 + 6H_2O \rightarrow C_6H_{12}O_6 + 6O_2$

Zu Deutsch:
Kohlendioxid + Wasser –> Kohlenhydrate + Sauerstoff

Alle Nährstoffe, die eine Pflanze für ihr gesundes Wachstum benötigt, findet sie im Boden. Wenn Sie Ihre Pflanze also in passende Erde setzen, sie gießen und mit ausreichend Licht versorgen, geben Sie ihr alles, was sie braucht.

Gießen

Die häufigsten Fragen zum Thema Gärtnern drehen sich ums kühle Nass: Wann soll ich gießen, wohin und vor allem wie viel …? Da jede Pflanze individuelle Bedürfnisse hat, gibt es darauf eigentlich nur eine Antwort:

Finden Sie den natürlichen Lebensraum Ihrer Pflanze heraus!

Wenn Sie wissen, wo die Pflanze in der Natur wächst, können Sie die klimatischen Bedingungen bestimmen, die dort herrschen. Wenn Sie es ganz genau nehmen, können Sie nach Niederschlagsmengen im Ursprungsgebiet forschen oder versuchen, die ungefähre Boden- und Luftfeuchtigkeit einschätzen.
Von erfahrenen Gärtnern habe ich überdies einige hilfreiche Tipps zum Thema Gießen bekommen:

1. Im Zweifelsfall besser gießen als nicht gießen.
2. Ist eine gute Dränage vorhanden, können Sie Pflanzen kaum ertränken. Im Freiland sorgt eine ausgewogene Bodenstruktur (siehe Bodentypen S. 227) für den nötigen Wasserabfluss, bei Töpfen ist ein Abflussloch empfehlenswert.
3. Einmal gut zu gießen ist immer besser, als öfter nur wenig zu gießen. Wer eine neue Pflanzung gleich kräftig wässert, regt deren Wurzeln an, sich tief ins Erdreich zu graben, um alle Feuchtigkeit aufzunehmen – und sich bei der Gelegenheit gleich dort zu verankern. Neugepflanzte Sträucher z. B. vertragen auch 2 große Gießkannen voll Wasser. Töpfe so lange wässern, bis das Wasser unten herausfließt.
4. Jede neue Pflanzung muss am Anfang gründlich gewässert werden. Anschließend regelmäßig gießen, um ein gutes Anwachsen zu gewährleisten.
5. Eine trockene Erdoberfläche lässt nicht unbedingt auf durstige Pflanzen schließen. Wenn Sie es genau wissen möchten, graben Sie mit der Hand neben der Pflanze ein Loch ins Erdreich. So können Sie feststellen, wie kühl und feucht die Erde im Boden wirklich ist.
6. Eine durstige Pflanze lässt ihre Blätter hängen oder welkt sogar. Dann sofort gießen, damit die Pflanze sich schnell wieder erholt.

SONSTIGES

Stellen Sie Pflanzuntersetzer oder Tabletts unter die Pflanztöpfe. Die helfen, das Trinkbedürfnis der Pflanzen richtig einzuschätzen. Füllen Sie sie mehrmals mit Wasser und lassen Sie die Pflanze trinken. So lässt sich feststellen, wie viel sie aufnehmen kann. Meist mehr als erwartet. Das klingt aufwendig, lohnt sich aber, denn beim Gießen von oben läuft das Wasser oft zu schnell durch. Sammelt es sich jedoch in einem Untersetzer, dann saugt sich die Erde langsam von unten voll und die Pflanze nimmt sich, was sie braucht. Die Wurzeln ziehen das nötige Wasser aus der Erde und transportieren es mithilfe des Kapillareffekts den Stängel hinauf, in Blätter und Blüten. Seit ich meine Pflanzen so behandele, habe ich richtig Spaß am Gießen. Und meine Pflanzen danken es mir.

Bodenkunde

Gartenerde liefert Pflanzen schlichtweg die Lebensgrundlage. Sie gibt ihnen Halt, bietet den Wurzeln die Möglichkeit, sich zu verankern, enthält Nährstoffe und speichert ausreichend Wasser, während sie überschüssiges Nass einfach abfließen lässt. Gartenbesitzer sollten wissen, dass sich ein Großteil der wichtigen Prozesse unter der Erdoberfläche abspielt, und wer wirklich Interesse am Gärtnern hat, muss sie verstehen. Sie erklären, warum Pflanzen sich mitunter völlig anders entwickeln als erwartet. Wer seine Scholle wirklich kennt, kann schon im Vorfeld manchen Fehler vermeiden – und wird mit gesundem, schönem Grünzeug belohnt.

Ein Blick unter die Erde

Der Erdboden besteht zu 45 Prozent aus Mineralien (Sand, Schluff bzw. Silt und Ton) und zu 50 Prozent aus Luft und Wasser. Den Rest bilden organische Substanzen (Humus). Humus und Mineralien versorgen die Pflanzen mit Nährstoffen. Außerdem bevölkern viele kleine Tiere (z. B. Würmer) und Pflanzenwurzeln den Boden. Die mineralischen Substanzen haben sich im Laufe langer Zeiträume aus Gestein entwickelt. Welche Mineralien in welchem Boden stecken, hängt vom Ausgangsgestein ab, aber auch vom pH-Wert.
Die oberste Schicht, der sogenannte Oberboden, birgt einen verhältnismäßig hohen Anteil an Humus, Nährstoffen und Luft – genau das mögen Pflanzenwurzeln. Der Unterboden hingegen enthält kaum organische Substanzen und Nährstoffe – ihn lassen wir einfach in Ruhe.

Organische Substanzen

Der Oberboden enthält Rückstände von toten Pflanzen und Tieren in verschiedenen Stadien der Verwesung. Bakterien, Pilze und Würmer arbeiten kräftig daran, alles Organische zu zersetzen. Dabei bilden sich Nährstoffe, die organische Masse fällt in sich zusammen und wird nun Humus genannt.
Humus ist eine tolle Sache: Er verbindet sich mit anderen Erdpartikeln zu kleinen Brocken, und die wiederum lassen Raum für Luft und Wasser. Humus kann viel Wasser aufnehmen, er speichert aber auch Nährstoffe, die sonst verloren gingen, und fungiert auf diese Weise als organischer Dünger.
Mit anderen Worten: Jeder Boden wird durch Beimischung von Humus verbessert. Sandboden z. B. wird durch ihn fruchtbarer und speichert mehr Wasser. Feinkörnigem Tonboden verhilft Humus zu einer gröberen Struktur, das Erdreich wird luftiger und lässt Wasser leichter abfließen (siehe Tabelle auf der gegenüberliegenden Seite).
Der Humusanteil im Erdreich kann durch größere Mengen organischer Substanzen erhöht werden. Fragen Sie beim Bauern nach Stallmist, kaufen Sie Bodenverbesserer abgepackt im Gartencenter oder arbeiten Sie regelmäßig an Ihrem Komposthaufen (siehe S. 172–173). Alle Methoden haben Vor- und Nachteile, am besten machen Sie Ihre eigenen Erfahrungen.
Ich arbeite organische Substanzen nur in den Boden ein, wenn es mich wirklich nach harter Arbeit verlangt (so gut wie nie). Früher haben die Menschen viel umgegraben. Vor allem im Winter – nicht zuletzt weil ihnen dabei schön warm wurde.

Doch es gibt noch einen anderen Grund, aus dem ich das Umgraben lieber Profis, also den Würmern, überlasse. Was sie leisten, zerstöre ich durch unnötiges Graben nur. Würmer arbeiten organische Substanzen supergründlich ein, indem sie sie fressen, verdauen und dabei sogar tiefer in den Boden kriechen, um sie dort wieder auszuscheiden. Auf ihrem Weg belüften sie gleich noch den Boden und lockern ihn auf. Das könnte ich gar nicht. Also nehmen Sie ihnen nicht die Freude und tun Sie Ihrem Boden etwas Gutes. Beschränken Sie sich darauf, Organisches immer nur obendrauf zu packen.

Mulch

Als Mulch bezeichnen wir alle Substanzen, die wir auf die Erdoberfläche aufbringen, um Unkrautbildung und Wasserverdunstung zu verringern. Einige Mulcharten, wie etwa Mist, Laub- oder Gartenkompost, reichern den Boden dabei auch mit Nährstoffen an, andere dienen empfindlichen Pflanzen als Kälteschutz.

Bodentypen

Vielleicht wissen Sie gar nicht genau, wie der Boden in Ihrem Garten beschaffen ist. Dann nehmen Sie ihn doch mal in die Hand. Optimale Gartenerde enthält Sand, Ton und Humus; sie sollte Feuchtigkeit speichern können, aber dennoch Wasser abfließen lassen (klingt paradox, ist aber möglich). Die Struktur Ihres Bodens werden Sie schnell erkennen. Und sie lässt sich bestimmt noch verbessern.

Bodentyp	Merkmale	Verbesserungstipps
Sandboden	Große Partikel mit vielen Löchern dazwischen. Leicht, lässt sich gut bearbeiten. Wasser läuft gut ab. Wenig fruchtbar, da Nährstoffe weggespült werden.	Einmal jährlich organische Substanzen zusetzen. Mulch als Wasserspeicher aufbringen. Pflanzen düngen.
Tonboden	Kleine, fest aneinanderhaftende Stücke. Im Winter schwer, im Sommer steinhart. Wasser fließt langsam ab. Nährstoffreich.	Einmal jährlich organische Substanzen zusetzen. Sand oder feinen Kies zufügen, um das Erdreich aufzulockern.
Lehmboden	Mischung aus Sand und Ton. Speichert Wasser, lässt es aber auch schnell abfließen. Sehr fruchtbar.	Alle paar Jahre organische Substanzen zusetzen.
Kalkboden	Krümeliges Erdreich mit Kalkpartikeln. Oft flachgründig und nährstoffarm. Wasser läuft schnell ab.	So oft wie möglich organische Substanzen zusetzen. Mulch als Wasserspeicher aufbringen. Pflanzen düngen.
Stadtboden	Oft ausgelaugt, nährstoffarm. Staubig oder sehr kompakt.	Regelmäßig organische Substanzen zusetzen. Pflanzen düngen. Sand, Kies oder Bodenverbesserer untermischen.

Wenn sich das Erdreich in Ihrer Hand kaum zerdrücken lässt, haben Sie einen Tonboden. Er wird im Sommer steinhart und im Winter nasskalt. Tonpartikel sind winzig, man kann sie einzeln nur unter dem Elektronenmikroskop erkennen, sie haften fest aneinander und lassen weder Luft noch Wasser durch. Bei Regen saugt sich Ton voll wie ein Schwamm und erst langsam fließt gespeichertes Wasser wieder ab. Sie können die Struktur dieses Bodens nur verbessern, indem Sie ihn auflockern – am besten mit Sand.
Ein Sandboden ist auch nicht unbedingt ideal, da er aufgrund seiner großen Partikel weder Wasser noch Nährstoffe halten kann. Folgerichtig müssen Sie ihm Ton beimischen, um ihn für den Garten nutzen zu können.
Die Anregungen aus der umseitigen Tabelle lassen sich übrigens nicht „mal eben schnell" umsetzen. Es ist schon ein längerfristiges Projekt, das Sie da in Angriff nehmen.

pH-Wert

Der pH-Wert gibt an, ob der Boden sauer oder alkalisch ist. Denken Sie an Ihren Chemie-Unterricht… Da war doch dieser Lackmustest. Sie können (und sollten) zwar Ihren Boden qualitativ verbessern, aber glauben Sie nicht, seinen pH-Wert verändern zu können. (Ein Umzug ist da einfacher). Die meisten Gartencenter bieten Mess-Sets zur Ermittlung des pH-Werts anhand von Indikatorfarbstoffen an. Damit können Sie eine halbe Stunde lang Spurensicherung im Garten spielen und anschließend wissen Sie dann, warum z. B. Ihr Rhododendron immer so mickrig aussieht (Rhododendren brauchen saure Böden, keine alkalischen). Es spart also Zeit und Geld, den pH-Wert des Gartenbodens zu ermitteln. Außerdem werden Sie sich besser fühlen, weil keine Pflanzen mehr infolge Ihrer Unwissenheit eingehen werden.
Allerdings: Ist das Erdreich nicht gerade extrem sauer oder alkalisch, kommen die meisten Gewächse damit klar. Einmal gepflanzt, setzen sie alles daran, zu wachsen – und normalerweise schaffen sie das auch.

Praxis des Düngens

Der Gedanke, Pflanzen könnten ohne Zusatznahrung gar nicht gedeihen, drängt sich auf, betritt man die entsprechende Fachabteilung im Gartencenter. Und tatsächlich: Wer sich näher mit dem Thema beschäftigt und den Nährstoffbedarf seiner Pflanzen ermittelt, um sie mit passendem Dünger zu versorgen, der merkt schnell, dass sich diese Spezialbehandlung positiv auf Gesundheit und Wachstum der Pflanze auswirkt. Doch es sollte bei einer gelegentlichen Aktion bleiben. Statt viel Geld für künstlichen Dünger auszugeben, reichern Sie die eigene Gartenerde lieber regelmäßig mit organischen Substanzen an.

Alle Dünger enthalten Stickstoff, Phosphor und Kalium in jeweils unterschiedlicher Zusammensetzung. Was sie bewirken, lesen Sie hier:

Nährstoff	Symbol	Wirkung
Stickstoff	N	unterstützt die Blattbildung
Phosphor	P	unterstützt die Wurzelbildung
Kalium	K	unterstützt die Bildung von Blüten und Früchten

Die angeführten Symbole (N, P und K) finden Sie auf jeder Düngerpackung. Der Zahl daneben können Sie den prozentualen Gehalt des jeweiligen Elements in dem Mittel entnehmen und so bewusst botanische Schwerpunkte setzen.

Düngemittel sind in verschiedenen Formen erhältlich:

Düngegranulat Leicht zu dosieren. Menge abmessen, rund um die Pflanze verstreuen und leicht in die obere Erdschicht einarbeiten.
Flüssigdünger Von der Pflanze leicht aufzunehmen. Wird einfach ins Gießwasser gegeben.
Langzeitdünger-Granulat Steckt in kleinen Kügelchen und entfaltet seine Wirkstoffe, wenn sich die Erde erwärmt. Genial für Topfkulturen und bequeme Leute, da sie das Thema Düngen bis zum nächsten Jahr aus dem Kopf haben.

Ich habe zwar mittlerweile einen ganz Schrank voller Päckchen und Flaschen, greife aber meist zu denselben: Flüssig-Algenextrakt – passt immer und ist gut für alles –, Tomatendünger, der viel Kalium enthält und daher Blüten und Früchte sprießen lässt, und Langzeitdünger von Osmocote. Den mische ich beim Pflanzen unter die Erde und verschaffe den Pflanzen so einen guten Start. Unbedingt die Dosierungsanleitung lesen und auch befolgen!

Pflanzenpflege

Regel Nummer 1 für den Umgang mit Pflanzen: Richtig gießen (siehe S. 225), Regel Nummer 2: Weg mit den Altlasten! Es mag erstaunen, dass Regel 2 für die Gesundheit der Pflanze fast so wichtig ist wie die erste, doch abgestorbene und welke Teile sind ein beliebter Virenherd und damit Brutstätte für Krankheiten. Wer mich kennt, weiß, dass Ordnung im Haushalt nicht zu meinen Tugenden zählt, aber bei meinen Pflanzen bin ich pingelig, zupfe ständig an ihnen herum und schneide alles ab, was nicht ganz frisch und gesund aussieht.

Verwelktes entfernen

Pflanzen wollen immer nur das eine: sich vermehren. Auf dieses Ziel arbeiten sie ihr Leben lang hin, z. B. durch ihre Samenbildung. Ihre Blüten dienen letztlich nur dem einen Ziel: Sie locken Insekten (wie Bienen) zum Bestäuben an. Lässt sich eine Biene auf der Blüte nieder, so nimmt sie Pollen auf, den sie auf einer anderen Blüte wieder absetzt und diese damit bestäubt, so dass sie Samen bilden kann. Anschließend hat die Blüte ihren Zweck erfüllt, sie verschließt die Samen in einer Kapsel und verwelkt. Der Samenstand fällt ins Erdreich, bricht auf und eine neue Pflanzengeneration wächst heran.
Wer die Blüte (mit Stängel) schon vor der Samenbildung kappt, trickst die Pflanze aus. Sie will nun so schnell wie möglich neue Blüten bilden, um neue Samen zu produzieren. Leider kann dieser Trick auch schiefgehen, denn während manche Gewächse regelrecht aufblühen, wenn sie ausgelichtet und beschnitten werden, geben andere einfach den Geist auf. Dennoch sollte, wer nicht gerade auf Samen aus ist, abgestorbene und verwelkte Pflanzenteile großzügig entfernen, damit die Pflanze weiterhin fabelhaft aussieht.

Der richtige Schnitt

Eines vorweg: Pflanzen überleben auch ohne jeglichen Rückschnitt. Sie brauchen nicht ständig beschnitten und gestutzt zu werden. Dennoch kann regelmäßiges Schneiden die Lebensdauer einer Pflanze erhöhen, viele Gewächse sehen besser aus und bilden durch den Schnitt mehr Blüten und Früchte. Allerdings sollten Sie einige Grundlagen kennen, bevor Sie zur Schere greifen, denn mit Trimmen oder Auslichten hat richtiger Rückschnitt wenig zu tun.

Gut zu wissen, bevor Sie loslegen:

Auf gutes Werkzeug achten. Es sollte sauber und scharf sein, wie Chirurgenbesteck für Gärtner. Wer gesunde Pflanzen mit verdreckten, stumpfen Scheren attackiert, tut ihnen keinen Gefallen, sondern schwächt ihr Immunsystem.

Unerfahrene Gärtner sollten ihre Pflanzen im Frühjahr zurückschneiden. Eine dankbare Jahreszeit, die mit viel Licht und Wärme neues Wachstum fördert. Bis zum Winter bleibt der beschnittenen Pflanze viel Zeit zur Erholung und zum Neuaustrieb, so dass der Griff zur Schere im März oder April kaum Risiken birgt.

Denken Sie immer daran, warum Sie die Pflanze überhaupt zurückschneiden: damit sie mehr Licht und Luft bekommt. Dabei sollten Sie aber auch im Hinterkopf behalten, dass die Natur generell ganz gut für sich selbst sorgen kann.

GRUNDREGEL

Die 3er-Regel Tot, krank oder absterbend? Dann weg damit!
Für die Form Wenn Sie bei jedem Gang durch den Garten an einem ausladenden Dornbusch vorbeistreifen und sich fragen, ob Ihre Tetanus-Impfung noch aktuell ist, dann ist das Gehölz eindeutig zu groß. Schneiden Sie es zurück.
Stämme über Kreuz Ältere Triebe verholzen mit der Zeit und wachsen leicht über Kreuz. Durch die Bewegung der Pflanze reiben die Äste aneinander und verletzen sich gegenseitig. Die schwächsten Triebe entfernen.

SCHNITTSTUFEN

Pflegeschnitt Muss nicht jedes Jahr gemacht werden, da die meisten Anwärter für diese Schnittstufe langsam wachsen. Beherzigen Sie dabei die Grundregeln, bringen Sie aber auch Ihren persönlichen Geschmack und gesunden Menschenverstand ein.
Verjüngungsschnitt Im wahrsten Sinne etwas einschneidender. Wenn Büsche und Sträucher sich selbst überlassen werden und frei wachsen, werden sie innen oft braun, da kein Licht durch die dichten äußeren Äste dringt. Da hilft nur eins: alte Klamotten anziehen, in den Busch kriechen und die verholzten braunen Teile herausschneiden. Nach dieser Radikalkur sieht der Patient zunächst meist etwas gerupft aus, doch schon bald dankt er Ihnen die Behandlung durch reichlich frisches Grün und jede Menge Blüten.

Radikalkur So wirkt es zumindest. Manchen Pflanzen bekommt es erstaunlich gut, wenn alles entfernt wird, was ihnen im vergangenen Jahr gewachsen ist. Sie treiben dann kräftiger und gesünder wieder aus. Konkret bedeutet das: Sämtliche Äste und Zweige bis auf wenige Zentimeter über dem Boden kappen. Sieht anfangs fürchterlich aus, aber das wird sich schnell ändern.

Sonstiges Der Rückschnitt ist eine Wissenschaft für sich, ein Thema, mit dem sich mehr als ein Buch füllen lässt. Obwohl Sie keine Angst vor dem Schneiden haben müssen, können Sie eine Menge falsch machen. Ich empfehle daher immer, sich über einzelne Pflanzen gezielt zu informieren, im Internet oder mithilfe von Fachliteratur – und zwar bevor Sie anfangen zu schneiden.

Frostschutz

Viele Pflanzen mögen überhaupt keinen Frost und gehen ein, wenn sie bei großer Kälte draußen stehen. Deshalb brauchen sie nicht gleich ein Gewächshaus. Denn: Zum einen halten manche Pflanzen mehr aus, als Sie vielleicht denken. Und zum anderen sinkt die Temperatur in Städten nur selten unter null. Finden Sie heraus, wie kalt es bei Ihnen wirklich wird. Das geht am besten mit einem Min./Max.-Thermometer (erhältlich im gut sortierten Gartencenter) – eine Anschaffung, die Ihnen möglicherweise viel Umrücken, Heben und Schieben ersparen wird.

Pflanzen ins Haus holen Frostempfindliche Gewächse, wie meine Bananenpflanzen, Pelargonien und der Papyrus, überwintern im Haus. Ein Standort in Fensternähe sichert ihnen möglichst viel Licht.

Töpfe zusammenstellen Und zwar an die Hauswand. So können Pflanzen sich gegenseitig wärmen.

Kübel auf Topffüße stellen Auch Pflanzgefäße sind nicht unbedingt frostfest. Manche platzen bei direktem Kontakt mit dem kalten Boden.

Gartenfleece Ein dünner, schleierartiger Stoff, den Sie im Gartencenter als Meterware bekommen. Er schützt vor Wind und großer Kälte. Frostempfindliche Pflanzen lasse ich normalerweise im Winter draußen, schütze sie aber mit einem solchen Gartenfleece vor längeren Kälteperioden bei Temperaturen unter null.

Luftpolsterfolie Umhüllen Sie Töpfe und Kübel großzügig mit der Folie, sie hält wirklich warm. Einige Leute wickeln trockenes Laub als zusätzliche Isolierung mit in die Folie. Ich rate davon ab, denn dadurch wird die Luftzirkulation unterdrückt.

Pflanzen in Jutesäcken Eine schöne Alternative zu Fleece und Folie.

Mulch Laubkompost (siehe S. 162), aber auch normales Laub oder Rindenmulch halten Wurzeln im Winter warm. Jeweils großzügig um den Topf herumschichten.

Weg mit dem Unkraut

Unkräuter sind Pflanzen am falschen Ort. Wir mögen sie nicht, weil sie ihren Nachbarn Licht und Nahrung wegnehmen. Und zwar denen, die wir mit Liebe gepflanzt, gehegt und gepflegt haben! Manche Unkräuter lassen sich einfach samt Wurzel aus der Erde ziehen. Das sind Einjährige, die Sie unbedingt jäten sollten, bevor sie blühen und ihre Samen verbreiten. – Allerdings sollten Sie sich von der Vorstellung verabschieden, Ihr Garten könne jemals komplett unkrautfrei sein. Diese Utopie wird niemals wahr werden und macht Sie nur unglücklich! Deutlich mehr Mühe bereiten mehrjährige Unkräuter wie Löwenzahn. Die müssen Sie regelrecht austricksen.
Um zu entscheiden, was mit dem Unkraut geschehen soll, müssen Sie es zunächst erkennen (siehe Gartenliteratur S. 263) und dann jäten. Entfernen lässt es sich am besten von Hand oder mit einer Hacke. Wenn Sie diese Plackerei scheuen, schaufeln Sie einfach eine dicke Mulchschicht drüber (siehe S. 227). Oder lassen Sie Unkräuter wachsen und erfreuen sich daran. Es sind schließlich auch nur Pflanzen.

Mehrjähriges Unkraut in Angriff nehmen

Die meisten mehrjährigen Unkräuter vernichten Sie dauerhaft, indem Sie die Wurzeln ziehen. Doch bei manchen helfen nur drastischere Maßnahmen. Besonders schlimm sind Winden. Wer die einmal im Garten hat, wird sie so schnell nicht wieder los. In Windeseile (wie der Name schon sagt …) breiten sie sich überall aus. Sie lassen sich aber folgendermaßen bekämpfen:
Finden Sie zunächst heraus, mit welcher Winde Sie es zu tun haben, es gibt nämlich 2 Arten. *Calystegia sepium,* die Echte Zaunwinde, bildet bis zu 2,5 m lange Sprosse, wurzelt aber nicht so tief wie *Convolvulus arvensis,* die Ackerwinde. Letztere bildet größere Blüten und Wurzeln, die sich sowohl horizontal als auch vertikal bis zu 6 m tief ausbreiten. Leider sind die Wurzeln so spröde, dass sie beim Ziehen leicht brechen, was das Wachstum der Pflanze noch zusätzlich anregt. Auf diese Weise kommen Sie ihr nicht bei. Versuchen Sie Folgendes:
Einen Bambusstab ins Erdreich stecken, an dem die Pflanze nach Herzenslust ranken kann. In Ruhe abwarten, bis die Winde sich wohlfühlt und in Sicherheit wiegt. Die Idee dahinter ist die, die Winden kontrolliert ranken zu lassen, damit sie nicht alles überwuchern. Als Nächstes von einer Plastikflasche das obere und untere Ende abschneiden, so dass eine Röhre übrig bleibt. Diese über den Bambusstab bis ganz nach unten schieben und in die Erde drücken. Den Stab entfernen, so dass die Winde in sich zusammenfällt. In die Plastikröhre drücken, bis sie einen armseligen Haufen bildet.
Weiter geht's. An der nächsten Tankstelle Schokolade kaufen und dabei die kostenlosen Plastikhandschuhe mitnehmen (in Behältern neben den Zapfsäulen). Zu Hause Schokolade wegräumen und Handschuhe anziehen. Zur chemischen Keule greifen. Bei Winden helfen leider nur richtige starke Herbizide mit dem Wirkstoff Glyphosat (z. B. Roundup). Dieses Mittel reichlich auf die Winde in der Plastikröhre sprühen, Röhre dabei unbedingt mit der anderen behandschuhten Hand zuhalten, damit sich das Zeug nicht versehentlich

über die Luft auf andere Pflanzen verteilt. Die Blätter der Winde müssen vollständig durchtränkt sein (Mittel eventuell sogar einmassieren. Sie tragen ja Handschuhe!). Nun die Handschuhe vorsichtig abstreifen, den einen in die Röhre geben und den anderen darauf liegen lassen, so dass die Öffnung bedeckt ist. Alles erst einmal so stehen lassen, die chemische Keule an einem sicheren Ort verstauen, Hände gründlich waschen, in den Sessel sinken und die Schokolade genießen. Und langsam wird sich ein zufriedenes Lächeln auf Ihrem Gesicht zeigen ...

Das Herbizid wird von der Pflanze aufgenommen und tötet sie von innen. Daher sollten Sie streng darauf achten, kein anderes Gewächs zu treffen. Nach gut einer Woche Plastikröhre abnehmen und entsorgen. Den genauen Zeitpunkt erkennen Sie daran, dass die Winde eingegangen ist. Sollte dies nach der ersten Behandlung nicht der Fall sein, braucht es Geduld, neue Handschuhe und einen weiteren Versuch.

Wer ein echtes Winden-Problem im Garten hat, kommt wahrscheinlich um eine großflächige Anwendung von Totalherbiziden nicht herum. Nachteil: Anschließend wächst dort gar nichts mehr, zumindest für längere Zeit (darum sollte man dies tunlichst vermeiden). Alternativ dazu können Sie, falls dies praktikabel ist, das Erdreich abtragen und neues aufbringen.

Wer chemische Mittel grundsätzlich ablehnt, muss deutlich mehr Arbeit in seinen Garten investieren. Immer wieder hacken, Unkraut sofort jäten und gar nicht erst groß werden lassen, Winden schon gar nicht. Bei Bedarf zu organischen Mitteln greifen, die meisten wirken auf Basis von Fettsäuren und sind bei weniger aggressiven Unkräutern eindeutig die bessere, da umweltfreundliche Alternative.

Beliebte Fehler

Pflanzen können nicht sprechen, sie teilen uns auf andere Weise mit, dass sie sich nicht wohlfühlen. Wenn Ihre Gewächse nicht so „funktionieren", wie Sie es erwarten, sollten Sie die Hinweise der Pflanzen zu deuten lernen und entsprechend reagieren.
Nach meiner Erfahrung ist der Umgang mit ihnen gerade in solchen Situationen geradezu ein Teil der Freude am Gärtnern – eine Chance, etwas Neues zu lernen. Es gibt kaum etwas Befriedigenderes, als ein kleines Pflänzchen wieder hochzupäppeln, das vorher tagelang die Blätter hängen ließ. Und die richtige Gegenmaßnahme ist oft viel leichter zu finden, als wir zunächst denken. Es wäre sinnlos zu versuchen, ein Liste von allen möglichen Krankheiten und deren Bekämpfung aufzustellen. Abgesehen davon, dass sie einige dicke Bücher füllen würde, würde sie Sie bestimmt in Ihrer Abenteuerlust bremsen. Stattdessen risikiere ich es lieber, zu klingen wie eine Platte mit einem Sprung, und rate Ihnen folgendes:

Finden Sie heraus, woher die Pflanze ursprünglich stammt.

Gebrauchen Sie Ihren gesunden Menschenverstand.

Nehmen wir z. B. ein Gewächs, das langsam vor sich hin welkt, die Blätter hängen herab und sind schon ganz faltig, die Erde im Topf ist staubtrocken. Etwas Wasser würde nicht schaden.
Gegenbeispiel: Die Erde ist viel zu nass. Da wird Ihnen Ihr Instinkt sagen, dass sie erst wieder trocknen muss, bevor Sie sie das nächste Mal gießen. Oder Ihre Pflanze hat gelbe Blätter, die vielleicht schon abfallen. Pflanzen brauchen Licht für die Fotosynthese, Ihre Pflanze würde sich bestimmt besser fühlen, wenn Sie sie endlich aus dieser schummrigen Ecke herausholten. Und was ist mit dem Bäumchen am sonnigen Südfenster, das schon ganz braune, trockene Blätter hat? Wahrscheinlich stand es zu lange in der Sonne.
Für das Unwohlsein einer Pflanze kann es tausend Gründe geben. Versuchen Sie zunächst immer, ihre natürlichen Lebensbedingungen herauszubekommen, und probieren Sie, diese in puncto Licht, Wärme, Wasser und Nahrung möglichst genau nachzuahmen. Wenn es dann immer noch nicht klappt, steckt vielleicht eine Krankheit oder ein Schädling (siehe S. 239–244) dahinter.

Schädlinge

Wenn Sie eine Ihrer Pflanzen durch Schädlinge bedroht sehen, finden Sie zunächst heraus, um welche Art es sich handelt, und ergreifen Sie die passenden Maßnahmen. Wobei die Betonung auf „passend“ liegt, denn wer Schädlingsbekämpfung zum vorherrschenden Gartenthema erklärt, verliert schnell die Freude an seiner grünen Oase. Es ist wichtig, in dieser Sache eine besonnene Haltung einzunehmen. Natürlich müssen Sie handeln, wenn eine Invasion von Blattläusen Ihr Rosenbeet heimsucht. Aber Sie werden ebenso wenig wie ich Zeit und Lust haben, Ihre Pflanzen täglich auf kleine Viecher hin zu kontrollieren. Darum versuche ich, die Last mit der Lust zu verbinden, indem ich z. B. die ein oder andere Blattlaus zerdrücke, wenn sie mir beim Rosenschnuppern vor die Nase kommt. Meine eher laxe Einstellung hat zwar auf der einen Seite zur Folge, dass hin und wieder mal eine Pflanze darunter leidet, aber auf der anderen Seite fördere ich damit nützliche Insekten, die sich an meinen Schädlingen gütlich tun. So entsteht ein natürliches Gleichgewicht, das mir wichtiger zu sein scheint als die Aufzucht von „perfekten“ Pflanzen.

Dies sind die häufigsten Schädlinge und die passenden Gegenmaßnahmen:

Blattläuse

Eklige Viecher, die sich gierig über frische Jungtriebe hermachen, kann auch ich nicht ertragen. In einem solchen Fall sind drastische Maßnahmen angesagt!

Organische Pestizide Pflanzenschutzmittel auf Basis von Fettsäuren und Zitrusfrüchten etc. sind von verschiedenen Anbietern im Gartencenter und über das Internet erhältlich. Sie sind auch auf Obst- und Gemüsepflanzen anwendbar, deren Früchte dennoch unbesorgt gegessen werden können. Vor Gebrauch unbedingt Dosierungsanleitung lesen.
Provado Kontakt- und Fraßgift Nur anwenden, wenn gar nichts mehr geht. Chemiekeule, die Kleinsttiere ohne Rücksicht auf Verluste abtötet (auch die nützlichen!). Unbedingt vorsichtig, vor allem nur an windstillen Tagen benutzen.

Andere Möglichkeiten:
Marienkäfer, Netzflügler und Schwebfliegen ansiedeln Sie ernähren sich von Blattläusen. Lernen Sie, die Larven dieser Insekten zu identifizieren (siehe Gartenliteratur S. 263), denn die verspeisen die Läuse. Sie können Marienkäferlarven als Gelege sogar bestellen!
Regelmäßige Pflanzenpflege Zerquetschen Sie Ungeziefer, sobald Sie es entdecken. Das ist die beste Möglichkeit, es unter Kontrolle zu halten.

Mottenschildläuse und andere Fliegen

Gegen Mottenschildläuse, auch Weiße Fliegen genannt, hänge ich gelbe, klebrige Streifen aus dem Gartencenter an die Decken. Der leuchtenden Farbe können die Fliegen nicht widerstehen und bleiben daran kleben. Ich muss zugeben, dass ich den Viechern ihr Schicksal gönne, wenn sie über meine Tomatenpflanzen herfallen. Fruchtfliegen „fliegen“ übrigens auch auf die gelben Streifen. Sie sind zwar harmlos, aber ich brauche sie trotzdem nicht in meiner Küche.

Schnecken – ein ewiger Kampf

Mag ja sein, dass für einen Zen-Buddhisten Schnecken das gleiche Recht auf ein glückliches Leben haben wie Sie und ich. Und normalerweise bin ich auch ziemlich entspannt, doch nicht, wenn es um Schnecken geht. Es gibt viele raffinierte Tricks zur Schneckenbekämpfung. Die hier vorgestellten Methoden funktionieren, kosten nicht viel und tun der Umwelt einschließlich anderen Tieren nicht weh. Uns Menschen übrigens auch nicht.

Schneckenfalle Den unteren Teil einer Plastikflasche so abschneiden, dass eine flache Schale entsteht. Diese mit Bier füllen und im Boden versenken. Schnecken ertrinken darin.

Bröckelbarriere Schnecken lieben weiche, feuchte Flächen, die sie richtig schön vollschleimen können. Bei grobem Sand, zerkleinerten Muscheln oder Splitt machen sie dagegen kehrt. Kostbare Pflanzen einfach mit einem entsprechend rauen Ring umgeben.

Vaseline Eine dicke Schicht Vaseline hält Schnecken ebenfalls fern. Ränder von Töpfen und Kübeln großzügig damit bestreichen, dann krabbeln die kleinen Schleimer nicht rein.

Schnecken sind nachts unterwegs. Wenn Ihnen die Viecher richtig zu schaffen machen, gehen Sie doch mal im Bademantel auf die Jagd. Gummistiefel und Taschenlampe nicht vergessen! Was Sie mit Ihrer Beute anfangen, bleibt Ihnen überlassen, als Mordwaffen haben sich Salz und Gartenschere bewährt. Sie einfach über den Zaun zu werfen gehört nun wirklich nicht zum guten Ton und schreit geradezu nach Rache.

Schutz vor Kleintieren

Wie Eichhörnchen, Vögel und ähnliche kleine Viecher sich mitunter über Pflanzen hermachen, grenzt schon an Gemeinheit – zumindest fühlt es sich für mich so an. Der Anblick durchgekauter Stängel oder grundlos ausgegrabener Jungpflanzen macht mich regelrecht wütend. Vor allem Eichhörnchen sind zumindest bei uns in England unglaublich dreist! Ich erinnere mich gut an eine Schale vollreifer Pflaumen auf meinem Küchentisch. Geklaut, die Pflaumen, aus der Küche! Später fand ich die angeknabberten Reste halb eingebuddelt in einem Balkonkübel, dessen Inhalt ich dann ebenfalls abschreiben konnte. Trotz allem sollte immer gelten: Leben und leben lassen. Versuchen Sie, locker zu bleiben!

HERKÖMMLICHE METHODEN

Netze Gibt's in jedem Baumarkt oder Gartencenter. Sind oft weder leicht anzubringen noch schön, bieten aber einen sicheren Schutz z.B. vor Vögeln. Netze sind ziemlich hässlich, aber ich lege sie trotzdem über empfindliche Jungpflanzen, damit sie ungestört wachsen können.

Treibglocken In vielen Formen und Größen erhältlich. Schutz vor Tieren, aber auch vor Kälte und Wind. Es gibt transparente, eher unauffällige Glocken aus Glas oder Plastik, aber auch sehr hübsche Bambusglocken, die viel natürlicher aussehen und gut über Pflanztöpfe passen.

Tabasco Ganz ehrlich: Ob diese Methode zuverlässig wirkt, kann ich nicht sagen. Ich habe sie mehrfach bei kostbaren Kletterpflanzen erprobt und die Erde rund um deren Stamm großzügig damit gewürzt. Ihnen ist nichts passiert. Im Übrigen würde ich nur allzu gern sehen, wie ein Eichhörnchen guckt, wenn es sich Tabasco von den Pfoten leckt.

Kletterhilfen vermeiden Vögel fliegen und kleine Nager wie Eichhörnchen oder Mäuse finden, wenn sie unbedingt wollen, fast immer einen Weg zum Ziel. Was selbst sie jedoch nicht schaffen: eine glatte, senkrechte Fläche erklimmen – ohne Kletterhilfe. Wer also im ersten Stock wohnt und dort seinen liebevoll bepflanzten Balkon schützen will, sollte sehen, dass nicht gerade Efeu oder Wilder Wein den Weg nach oben erleichtern.

Drahtschubladen Auch wer meint, auf die ganze Pflanzenschützerei verzichten zu können, sollte zumindest Keimlinge nicht einfach ihrem Schicksal überlassen. Stehen sie in ihren kleinen Töpfen nämlich erst mal im Freien, braucht nur ein neugieriger Vogel auf ihnen zu landen, und sie sind hinüber. Speziell für Keimlinge habe ich eine Art Käfig aus 2 Drahtschubladen übereinander gebaut, die genug Licht und Luft durchlassen, kleine Tiere aber nicht. Profi-Gärtner haben für diesen Zweck Frühbeete. Die können Sie genauso gut nehmen und sogar nachts noch verschließen – als Kälteschutz.

Füttern Bieten Sie Vögeln und kleinen Nagern eine Alternative: Leckeres Futter lenkt sie von grünen Gewächsen ab. Ein Vogelhäuschen z. B. im Garten macht sich immer gut.

TODSICHER

Fallen, Gift, Luftgewehr Okay, in meinen dunkelsten Momenten habe ich an solche Radikalmethoden gedacht... Aber nur gedacht! Wenn es Ihnen einmal ebenso geht, sollten Sie sich allerdings über legale Maßnahmen informieren.

Krankheiten

Pflanzenkrankheiten sind ein ernstes Thema. Sie werden normalerweise durch Viren, Bakterien oder Pilze hervorgerufen (meist durch Pilze, deren Sporen überall in der Luft vorhanden sind). Ihre Symptome zeigen sich entweder nur an einzelnen Pflanzenteilen oder am gesamten Gewächs. Wer spezielle Pflanzen für einen größeren Bereich kauft, sollte sich für besonders widerstandsfähige Sorten entscheiden – Züchter arbeiten ständig daran. Generell ist gute Pflege die beste Voraussetzung für gesunde Pflanzen (siehe Pflanzenpflege S. 231). Sollten Ihre dennoch erkranken, müssen Sie sofort aktiv werden.

Sternrusstau Befällt mit Vorliebe Rosen, deren Blätter zunächst runde schwarzbraune Flecken aufweisen, sich dann gelb färben und schließlich abfallen. Erreger sind Pilzsporen. Erkrankte Pflanzen unbedingt im Auge behalten, fleckige Blätter sofort entfernen und verbrennen, eventuell sogar ganze Triebe. Falls das nicht hilft: Fungizid aufsprühen, wenn nötig mehrfach.

Echter Mehltau Zeigt sich als weißlicher Belag auf der Blattoberseite (siehe Foto) und befällt meist die gesamte Pflanze, die nicht selten ihre Blätter verliert und eingeht. Erreger sind Schlauchpilze, die sich leicht bilden, wenn die Wurzeln nicht genug Wasser aufnehmen, während das Laub zu feucht ist. Befallene Blätter sofort entfernen und ein Fungizid aufsprühen. Noch besser ist es, immer ausreichend zu gießen und darauf zu achten, dass genügend Luftzirkulation vorhanden ist. Manchmal genügt schon der Wechsel zu einem Standort, an dem ein Luftzug herrscht, damit die Pflanze sich wieder erholt.

Rost Erkennt man an einer Orange-, Gelb- oder Braunverfärbung der Blätter und Stämme, die durch Sporen verschiedener Pilze hervorgerufen wird. Sporen gedeihen bestens in feuchter Luft. Deshalb befallene Pflanzenteile entfernen und die Luftzirkulation um die Pflanze verbessern (siehe oben).

Locker bleiben Das Grundproblem besteht darin, dass Gärten und Parks künstlich angelegt sind. Die daraus resultierenden Probleme für uns Gärtner sind also hausgemacht. Die Natur findet immer ihr Gleichgewicht, weshalb in der freien Natur im Allgemeinen gesunde Pflanzen stehen. Denn was hier wächst, hat sich seinen Platz erkämpft. In unseren Gärten dagegen wächst nur das, was wir dort haben wollen, und nicht das, was dort wachsen will. Wenn wir das begreifen und akzeptieren, werden wir im Umgang mit Ungeziefer, Krankheiten und toten Pflanzen automatisch viel gelassener, vielleicht sogar ein wenig philosophischer …

Meine Lustliste

Dieses Buch ist wahrhaftig eine einzige große Lustliste – und die Pflanzen in den Rezepten und Anleitungen gehören unbedingt dazu. Ich habe in der kurzen Zeit, in der ich mich mit Pflanzen beschäftige, viele neue Freunde gewonnen. Einige besitzen riesige Gärten, andere haben überhaupt keinen Garten, aber wir alle haben eine ständig wachsende Liste mit Lieblingspflanzen gemeinsam. Diese wird jedes Mal, wenn wir im Gartencenter waren oder etwas Entzückendes in einer Zeitschrift entdeckt haben, um neue Favoriten ergänzt. Meine Lustliste besteht vor allem aus hastig hingekritzelten Pflanzennamen und jeder Menge Sternchen und Ausrufezeichen in meinen Notizbüchern. Das einzige Kriterium, das Pflanzen erfüllen müssen, um auf diese Liste zu gelangen, ist mein absoluter Wunsch, sie zu besitzen. Deshalb hat die Liste auch etwas mit Fantasie zu tun, denn viele Pflanzen werde ich wahrscheinlich niemals selbst haben. Als Gartenneuling sollten Sie unbedingt eine Lustliste anlegen. Beginnen Sie gleich heute!

An dieser Stelle möchte ich der wunderbaren Gärtnerin Rosemary Campbell-Preston danken. Sie zeigte mir ihre Liste und ermunterte mich, selbst eine anzulegen. Die Idee, eine Pflanzenliste anzulegen, ist zwar uralt, aber der Ausdruck „Lustliste“ stammt von ihr.

	Name, Herkunft & Lebensraum	Beschreibung	Bodenbeschaffenheit
	***Adiantum venustum*** Waldränder, Felsspalten und Bachläufe, China, Himalaja	Immergrüner Farn mit zitternden Wedeln an schwarzen Stielen, der sich durch Rhizome verbreitet – sehr, sehr hübsch.	Feucht, gut durchlässig, mäßig nährstoffreich
	***Alchemilla mollis*** **Frauenmantel** Wiesen und Waldlichtungen, Ostkarpaten, Kaukasus, Türkei	Herrliche Staude mit weichen, behaarten und blassgrünen Blättern, die Wassertropfen wie Diamanten auffangen, und gelblich grünen Blütenschleiern.	Feucht, humusreich – toleriert auch Trockenheit
	***Ammi majus*** Unterholz, Europa, Nordafrika, Westasien	Schöne Einjährige mit spitzenartigen weißen Dolden.	Feucht, gut durchlässig, nährstoffreich
	***Anemone x hybrida*** **'Honorine Jobert'** Verschiedene Lebensräume, Nordhalbkugel	Staude mit cremeweißen Blüten und gelben Staubgefäßen.	Feucht und nährstoffreich
	***Astrantia major* subsp.** ***involucrata* 'Shaggy'. Sterndolde** Bergwälder und -wiesen, Mittel- und Osteuropa	Staude mit winzigen Blüten, umgeben von einem Kranz aus Brakteen (einem Zwischending aus Blütenblatt und Blatt) mit grünschimmernden Spitzen und rosafarbener Mitte.	Feucht, nährstoffreich, humusreich
	***Athamanta turbith*** Felshänge, Wiesen und Buschland, Südosteuropa	Sensationell schöne Staude, die aussieht wie reine Spitze – selbst die Blätter sind federig.	Mäßig nährstoffreich, gut durchlässig
	***Chaenomeles x superba*** **'Knap Hill Scarlet' Zierquitte** Bergwälder, Hybride, deshalb Herkunft Garten	Laubabwerfender Strauch mit gefährlich aussehenden Dornen an wüchsigen Zweigen (als Hecke schreckt er Diebe ab) und üppigen Blüten – stark leuchtend, fast kitschig.	Mäßig nährstoffreich, gut durchlässig
	***Chimonanthus praecox*** **Winterblüte** Wälder, China	Laubabwerfender Strauch – eher unauffällig, aber mit überwältigendem Duft. Klauen- und wachsartige gelbe Blüten mit dunkelbraunen Flecken an nackten Winterzweigen.	Nährstoffreich, gut durchlässig
	***Corydalis flexuosa*** Wälder und Felsgebirge, China	Staude mit filigranen farnartigen Blättern und leuchtend blauen Blüten.	Mäßig nährstoffreich, humusreich, gut durchlässig, nicht allzu nass

Standort	Wuchs	Blüte/Hochzeit	Anmerkungen
Halbschatten	150 cm x unbegrenzt	Ganzjährige Pracht	Der filigranste winterharte immergrüne Farn, den es gibt – passt überall.
Sonne oder Halbschatten	60 cm x 75 cm	Frühsommer bis Frühherbst	Die Blätter eignen sich hervorragend für Salate. Sammeln Sie den Tau im Mai (natürlich allein, nackt und im Mondlicht). Er soll vor dem Älterwerden schützen.
Volle Sonne oder Halbschatten	30–90 cm x 30 cm	Sommer	Schön als Schnittgrün in Sträußen oder als Solist in der Vase.
Sonne oder Halbschatten	1,2 m x 1,5 m	August bis Oktober	Einfach und schön, kommt jedes Jahr zuverlässig wieder, breitet sich selbst aus. Gibt es auch in Rosa.
Sonne oder Halbschatten	30–90 cm x 45 cm	Früh- bis Hochsommer	Umwerfend fotogen. Ich habe mehr Fotos von dieser Pflanze als von jeder anderen. Die Blüten lassen sich wegen der Deckblätter gut trocknen.
Volle Sonne	50 cm x 30 cm	Sommer	Am besten gleich viel davon pflanzen, sie passt zu allen Schnittblumen.
Sonne oder Halbschatten	1,5 m x 2 m	Frühling bis Sommer	In vielen schönen Farben erhältlich. Zurückschneiden, da die Dornen wirklich gefährlich werden können.
Volle Sonne oder Halbschatten	4 m x 3 m	November bis Februar	Braucht etwas Zeit zum Anwachsen und bis zur ersten Blüte, aber das Warten lohnt sich. An einer Mauer als Spalier ziehen. Ein Zweig in der Vase lässt Ihr Haus 1 Woche duften.
Halbschatten	30 cm x 20 cm	April bis Juli	Das griechische „korydalis" bedeutet „Lerche". Die zitternden Blüten erscheinen zahlreich, in einem wahrhaft elektrisierenden Blau.

	Name, Herkunft & Lebensraum	Beschreibung	Bodenbeschaffenheit
	*Crambe cordifolia* Felshänge, Küstenregionen und offenes Grasland, Kaukasus	Außergewöhnliche Mehrjährige, die in die Höhe schießt und viele weiße Blüten hervorbringt. Gleicht einer großen Wolke – und stirbt so schnell ab, wie sie gekommen ist.	Tiefgründig, nährstoffreich, gut durchlässig, passt sich auch kargem Boden an
	*Crinum x powellii* 'Album' Bachläufe und Seeufer; eine Hybride, deren Eltern aus Südafrika stammen	Besonders schöne mehrjährige, mit Amaryllis verwandte Zwiebelpflanze, die für den Garten kultiviert wurde. Hat große weiße lilienartige Blüten mit zauberhaftem Duft.	Tiefgründig, nährstoffreich, feucht, aber gut durchlässig; Blumenerde im Topf
	*Daphne bholua* 'Jacqueline Postill' Gebirge, Östlicher Himalaja	Immergrüner Strauch mit intensiv duftenden rosafarbenen Blüten im späten Winter.	Mäßig nährstoffreich, gut durchlässig, jedoch nicht trocken
	*Dicentra spectabilis* 'Alba'. **Tränendes Herz** Wälder, Sibirien, Nordchina, Korea	Wundervolle Pflanze, an deren langen Stängeln weiße herzförmige Tropfen blühen. Mehrjährige Pflanze, die absolute Favoritin für Bauerngärten. Gibt es auch in Rosa!	Feucht, nährstoffreich, humusreich
	*Echinacea* **Sonnenhut** Prärien und steinige Hänge, Mitte und Osten Nordamerikas	Die ultimative Präriepflanze, die dem Spätsommer Farbe verleiht – es stehen unzählige Sorten zur Auswahl.	Tiefgründig, gut durchlässig, humusreich
	*Erythronium californicum* 'White Beauty'. **Hundszahn oder Zahnlilie.** Wälder und Wiesen, Europa, Asien und Nordamerika	Mehrjährige mit fein marmorierten oder gesprenkelten Blättern und herabhängenden Blüten.	Tiefgründiger, nährstoff-, humusreicher, gut durchlässiger Boden, der nicht austrocknet
	*Eschscholzia californica* **Kalifornischer Mohn** Grasland, offene Flächen, Westen Nordamerikas	Einjährige mit fedrigen, farnartigen Blättern und einfachen Mohnblüten in einem tollen Orange.	Nährstoffarm, gut durchlässig
	*Euphorbia mellifera* **Wolfsmilch** Verschiedene Lebensräume, Madeira	Immergrüner Strauch, und wegen seines betäubenden Duftes meine Lieblings-Wolfsmilch. Wählen Sie aus den vielen Sorten, sie alle sind ideal für die Vase.	Gut durchlässig, leicht
	*Fritillaria meleagris* **Schachblume** Wälder und Wiesenflächen, China	Wunderschöne mehrjährige Zwiebelpflanze. Sie hat schachbrettartig gemusterte, weinrote Blüten. Auch in Weiß erhältlich.	Nährstoffreich, gut durchlässig; Blumenerde im Topf

Standort	Wuchs	Blüte/Hochzeit	Anmerkungen
Volle Sonne, toleriert auch Halbschatten	2,5 m x 1,5 m	Später Frühling bis Hochsommer	Eine wirklich gefällige Pflanze, nach der jeder Sie fragen wird. Meine Mutter verwendet sie als Schnittblume und stellt sie mit Pfingstrosen in die Vase – cooler als Schleierkraut.
Volle Sonne, einigermaßen winterhart, darum gut behandeln	1,5 m x 30 cm	Juni bis August	Braucht Platz, ohne Blüte eher unscheinbar – doch allein wegen der Blüte lohnt sich die Anpflanzung. Kann ganzjährig draußen stehen, nur bei großer Kälte ins Haus holen.
Sonne oder Halbschatten	2–4 m x 1,5 m	Januar / Februar	Der böse Sterbliche Leukippos näherte sich als Nymphe verkleidet Daphne. Während des Bads enttarnten und töteten ihn die anderen Nymphen. Daphne verwandelte sich in einen Baum, um dem zürnenden Apollo zu entfliehen.
Halbschatten, bei feuchtem Boden toleriert sie auch volle Sonne	1,2 m x 45 cm	Mai bis Juli	Wenn Sie eine Blüte pflücken, auf den Kopf drehen und die Flügelchen vorsichtig auseinanderziehen, zeigt sich Ihnen die „Dame im Bad“ (so ihr englischer Name).
Volle Sonne	60 cm und höher	Juni bis Oktober	Man sagt, der Sonnenhut stärke die Abwehrkräfte und lindere zahlreiche Beschwerden – bewiesen wurde das bisher nicht. Seine Pracht schafft eine bezaubernde Stimmung.
Halbschatten	15–35 cm x 10 cm	März	Haben Sie ein freies schattiges Plätzchen, um das Sie sich nicht kümmern möchten, werden sich die schönen Pflanzen langsam dort ausbreiten. Sie brauchen nur etwas Geduld ...
Volle Sonne	30 cm x 15 cm	Juni bis August	Kann aus Samen gezogen werden. Die geschlossenen Blütenknospen sehen in einem späten Stadium aus wie kleine Zipfelmützen.
Volle Sonne	2 m x 2,5 m (wenn sie geschützt steht und Ihnen geneigt ist)	Mai	Wundervolle Euphorbien sind auch *E. amygdaloides* var. *robbiae*, *E. characias* subsp. *wulfenii* und *E. griffithii* 'Fireglow'. Vorsicht mit dem Saft, er reizt die Haut. Handschuhe tragen!
Volle Sonne	30 cm	März	Ich setze meine Lieblinge in Töpfe, damit ich sie in meiner Nähe habe (außerdem habe ich keine Wiese). Tiefgründig pflanzen.

	Name, Herkunft & Lebensraum	Beschreibung	Bodenbeschaffenheit
	***Galanthus 'Magnet'*** **Schneeglöckchen** Wälder und Gebirgsregionen, Europa bis Westasien	Schneeglöckchen sind mehrjährige Zwiebelpflanzen. Es gibt viele unterschiedliche, doch diese Sorte ist groß, schlicht und rein. Ich liebe sie.	Feucht, aber gut durchlässig, im Sommer nicht zu trocken
	***Geranium phaeum*** **Brauner Storchschnabel** Gebirgsregionen	Mehrjährige Staude mit Blüten von Dunkelbraunviolett bis Weiß.	Alle Bodentypen, feucht, aber ohne Staunässe
	***Gloriosa superba*** **'Rothschildiana'. Flammenlilie** Wälder, Flussufer, Afrika, Indien	Eine dieser „Must-have"-Pflanzen. Die mehrjährige Knollenpflanze ist ein Kletterer, der seinem Namen alle Ehre macht. Die Blüten ähneln Flammen.	Nährstoffreicher, gut durchlässiger Boden im Freien; Blumenerde im Topf
	***Helenium*** **'Moerheim Beauty' Sonnenbraut** Sumpfwiesen und Waldränder, Nord- und Mittelamerika	Prächtig mahagonifarbene Staude für spätsommerliche Farbtupfer. Es gibt viele verschiedene Sonnenbräute.	Nährstoffreich, feucht, aber gut durchlässig
	***Hosta*** **'Hadspen Blue' Funkie** Ufer von Gebirgsbächen, Wälder, China, Korea, Japan	Funkien sind Mehrjährige, die meist wegen der ausgefallenen Blätter gepflanzt werden. Es gibt viele verschiedene Sorten. Sehen im Topf toll aus und sind perfekt für dunkle Ecken.	Nährstoffreich, feucht, gut durchlässig
	***Ipomoea tricolor*** **Prachtwinde** Verschiedene Lebensräume, Tropen Mittel- und Südamerikas	Schnell wachsender einjähriger Schlinger, der einfach aus Samen gezogen werden kann, mit hypnotisierenden blauen Trompetenblüten (kaufen Sie 'Heavenly Blue').	Mäßig nährstoffreich, gut durchlässig; Blumenerde im Topf
	***Iris confusa*** China	Irisgewächs mit immergrünen Blättern, das viele Blütenstängel mit aufeinanderfolgenden weißen Blüten mit gelben Kronen hervorbringt.	Feucht, humusreich; im Topf Blumenerde mit etwas Kies vermischt
	***Iris germanica*** **var.** ***florentina*** **Deutsche Schwertlilie** Mittelmeerraum	Rhizombildende Bartiris mit immergrünen Blättern (meistens) und großen weißen, wunderbar duftenden Blüten.	Gut durchlässig, nährstoffreich, neutral bis leicht sauer; im Topf Blumenerde mit etwas Kies vermischt
	***Iris sibirica*** Mittel- und Osteuropa, Türkei, Russland	Rhizombildende Sibirische Schwertlilie mit schlanken Blättern und violettblauen Blüten.	Feucht, gut durchlässig, neutral bis leicht sauer

Standort	Wuchs	Blüte/Hochzeit	Anmerkungen
Halbschatten	20 cm x 8 cm	Februar, März	Das Sammeln von Schneeglöckchen ist Kult geworden. Probieren Sie mal *G.* 'S. Arnold' wegen seines Duftes.
Sonne oder Schatten	80 cm x 45 cm	Frühling bis Sommer	Mein Lieblingsstorchschnabel – gebeugte Köpfchen und heißblütige Farbe. Gibt es auch in Weiß.
Volle Sonne an einem geschützten Standort	2 m x 30 cm	Sommer bis Herbst	Die Blumen werden als Schnittblumen für den Markt aus Afrika eingeflogen, jeweils einzeln in Plastikfolie eingeschweißt. Allein das ist schon Grund genug, sie selbst zu pflanzen.
Volle Sonne	90 cm x 60 cm	Sommer bis Herbst	Fabelhaft als Schnittblume.
Schatten oder Halbschatten	25 x 60 cm	Im Frühling rollen sich wunderschöne Blätter aus. Im Sommer zeigen sich die Blüten	Schnecken lieben Funkienblätter. Deshalb die Töpfe am unteren und oberen Rand mit einer dicken Schicht Vaseline schützen.
Volle Sonne	3–4 m hoch	Juni bis August	Die Azteken nutzten die Samen als Halluzinogen, doch mir genügt schon der Anblick der Blüte.
Volle Sonne oder Halbschatten	1 m oder höher	April	Unzählige Blüten an bambusartigen Stängeln. Erinnert mich eher an eine Orchidee als an eine Iris.
Volle Sonne	60–120 cm	Mai	Oft als Grundnote in Parfüms verwendet und Bestandteil von unter anderem 'Bombay Sapphire'. Eine unglaublich gefällige Iris mit einem schier überwältigenden Duft.
Volle Sonne oder Halbschatten	50–120 cm	Frühsommer	Bevorzugt Teichnähe oder ähnlichen Standort, doch das ist zweitrangig – pflanzen Sie möglichst viele.

	NAME, HERKUNFT & LEBENSRAUM	BESCHREIBUNG	BODENBESCHAFFENHEIT
	***Lathyrus latifolius*** **Staudenwicke** Waldlichtungen, Geröllufer und Brachland, Südeuropa	Mehrjährige rankende Kletterpflanze; neben der Duftwicke können Sie auch ganz leicht nach dieser Wickensorte süchtig werden.	Nährstoffreich, humusreich, gut durchlässig
	***Lonicera x purpusii* 'Winter Beauty'. Geißblatt** Wälder und Unterholz, Nordhalbkugel	Laubabwerfender oder halb-immergrüner Strauch, der Ihre Winterwelt ins Wanken bringt, denn sein Duft ist überwältigend.	Gut durchlässig; oder Pflanzerde im Topf
	***Lunaria annua*** **Silberling** Brachgebiete und nicht bewirtschaftete Flächen, Europa	Einjährig oder zweijährig, mit hübschen violetten Blüten und kreisförmigen Samenständen (sie sollen an die Münzen erinnern, die Judas für seinen Verrat an Jesus erhielt).	Toleriert jeden Boden
	***Mathiasella bupleuroides* 'Green Dream'** Mexiko	Außergewöhnliche und schöne Mehrjährige, wurde erst vor Kurzem entdeckt, mit grünen Blüten.	Gut durchlässig, feucht; Blumenerde im Topf
	***Narcissus bulbocodium*** **Reifrocknarzisse** Frankreich, Portugal, Spanien und Nordafrika	Kleine Narzisse, Blüten erinnern tatsächlich an steife Reifröcke.	Feucht, gut durchlässig, mäßig nährstoffreich, neutral bis sauer
	***Osmanthus delavayi*** Wälder, Westliches China	Immergrüner Strauch mit überhängenden Zweigen.	Nährstoffreich, gut durchlässig
	***Paeonia lactiflora* 'Sarah Bernhardt', Pfingstrose** Wiesen, Unterholz und felsige Plätze in Europa, Asien und Nordamerika	Großartige, stammbildende Staude mit großen kohlähnlichen Blüten.	Tiefgründig, nährstoffreich, feucht, gut durchlässig
	***Papaver bracteatum*** Verschiedenste Lebensräume, Nordiran	Hübscher, borstiger, mehrjähriger Mohn mit blutroten Blütenblättern und schwarzer Blütenmitte	Nährstoffreich, gut durchlässig
	***Papaver somniferum*** **Schlafmohn** Verschiedenste Lebensräume, Herkunft unbekannt	Einjährige mit gefüllten Blüten in großer Farbvielfalt von Weiß bis Tiefrot und mit fantastischen Samenkapseln.	Nährstoffreich, gut durchlässig

Standort	Wuchs	Blüte/Hochzeit	Anmerkungen
Volle Sonne oder lichter Schatten	2 m hoch	Sommer bis Frühherbst	Duftet leider nicht, doch jedes Jahr zeigen sich großartige pinkfarbene Blüten.
Volle Sonne oder Halbschatten	2 m x 2,5 m	Spätwinter, zeitiges Frühjahr	Mit seinen gebogenen Zweigen eignet sich der Strauch perfekt als Spalier an einer Mauer. Wenn Sie die Winterzeit nicht mögen, wird dieser Strauch Sie bestimmt ins Freie treiben.
Volle Sonne oder Halbschatten	90 cm x 30 cm	Frühling bis Sommer	Bienen und Schmetterlinge lieben Lunaria. Die papiernen Samenstände sind eine tolle Dekoration.
Volle Sonne	1 m x 50 cm	Sommer	Wohl die zurzeit kultigste Pflanze der Welt und ich bin sicher, dass sie das auch in den nächsten Jahren noch bleiben wird. Benannt nach der Pflanzensammlerin Mildred Mathias.
Volle Sonne oder lichter Schatten	10–15 cm	Mitte des Frühlings	Zurückhaltende Schönheit, eignet sich zur Pflanzung in größeren Mengen. Blüten erst abschneiden, wenn die Samen gestreut haben.
Volle Sonne oder Halbschatten	2–6 m x 4 m	April, Mai	Eignet sich wunderbar zur Heckenpflanzung oder als Formschnittgehölz oder als Spalier an einer Mauer. Es gibt eine Version mit kleineren Blättern: *Osmanthus x burkwoodii.*
Volle Sonne oder Halbschatten	90 cm x 90 cm	Mai, Juni, Juli	„Es gibt fünf verschiedene Typen von Schauspielerinnen", sagte Mark Twain. „Es gibt die schlechten, die anständigen, die guten und die großartigen Schauspielerinnen ... und es gibt Sarah Bernhardt."
Volle Sonne	1,2 m x 90 cm	Frühsommer	Ähnelt *P. orientale*, nur größer und weniger biegsam – kommt jedes Jahr zurück.
Volle Sonne	1 m x 30 cm	Sommer	Die Samenkapseln werden für alles Mögliche verwendet, einige sind nützlicher als andere. Mohnsamen von eigenen Pflanzen sind köstlich und vollkommen unbedenklich.

	Name, Herkunft & Lebensraum	Beschreibung	Bodenbeschaffenheit
	***Passiflora*** **Passionsblume** Tropische Wälder, Mittel- und westliches Südamerika	Immergrüner Kletterer mit aparten, imposanten Blüten; sie ist frostempfindlich, überlebt aber auf meinem überdachten Balkon ganzjährig. Diese Sorte heißt 'Amethyst'.	Mäßig nährstoffreich, feucht, aber gut durchlässig, Pflanzerde im Kübel
	***Philadelphus coronarius*** **'Variegatus'. Pfeifenstrauch** Unterholz und Felshänge, Südeuropa, Kaukasus	Laubabwerfender Strauch mit herrlich duftenden, cremefarbenen Blüten und panaschiertem Laub.	Nährstoffreich, feucht, aber gut durchlässig
	***Pittosporum tobira*** **Chinesische Klebsame** Verschiedenste Lebensräume, China	Schöner immergrüner Strauch mit großen, dunkelgrünen, ledrigen Blättern und cremefarbenen Blüten, die wie Gardenien duften.	Nährstoffreich, feucht, aber gut durchlässig; Pflanzerde im Topf
	***Polygonatum odoratum*** **Salomonssiegel** Wälder, Europa, Kaukasus, Russland, Japan	Herrliche rhizombildende Mehrjährige mit bogenförmigen Stängeln und Blattreihen sowie duftenden, herabhängenden, weißen Blüten mit grünen Spitzen – sehr elegant.	Nährstoffreich, humusreich, feucht, aber gut durchlässig
	***Pulsatilla vulgaris* var. *rubra*** **Kuhschelle oder Küchenschelle** Wiesen (Flachland und Alpen), Westfrankreich bis Ukraine	Laubabwerfende Mehrjährige mit farnartigen Blättern und glockenförmigen, silbergrau behaarten Blüten von Dunkelpurpur bis Weiß.	Nährstoffreich, sehr gut durchlässig
	***Rosa banksiae*** West- und Zentralchina	Wildrose mit weißen Blüten, deren überwältigender Duft an weiße Veilchen erinnert.	Mäßig nährstoffreich, feucht, aber gut durchlässig
	***Rosa* 'Madame Alfred Carrière'** Asien, Europa, Nordafrika und Nordamerika	Immergrüne mehrjährige Kletterrose mit prächtigen, kohlkopfförmigen, intensiv duftenden Blüten, von blassrosa bis weiß.	Mäßig nährstoffreich, humusreich; feucht, aber gut durchlässig
	***Rosa* 'New Dawn'** Sie war die erste der modernen Kletterrosen und eine Mutante der Sorte 'Dr. W. van Fleet'	Wunderschöne, kräftige Kletterrose mit blassrosa bis weißen Blüten. Sie blüht ununterbrochen und verströmt einen schönen romantischen Duft.	Mäßig nährstoffreich, feucht, aber gut durchlässig
	***Rudbeckia hirta*. Sonnenhut, Schwarzäugige Susanne** Feuchtwiesen und Waldlichtungen, Nordamerika	Einjähriger Sonnenhut, der den ganzen Sommer über mit seiner bewährten Farbe aufwartet, großartig als Schnittblume. Diese Sorte heißt 'Cherokee Sunset'.	Mäßig nährstoffreicher, gut durchlässiger Boden, der nicht austrocknet

Standort	Wuchs	Blüte/Hochzeit	Anmerkungen
Volle Sonne oder Halbschatten	10 m hoch	Sommer bis Herbst	Symbol der biblischen Passion – 10 Blütenblätter für die getreuen Apostel, 72 Staubfäden für die Dornenkrone, 3 Narben für die Nägel am Kreuz.
Volle Sonne oder Halbschatten	2,5 m x 2 m	Frühsommer	Eignet sich gut für Anfänger – probieren Sie auch *P.* 'Virginal', deren gefüllte Blüten intensiv duften und Bewunderung verdienen.
Volle Sonne oder Halbschatten; benötigt im Winter Schutz	1,5 m x 3 m	Frühsommer	Die kleinere Sorte 'Nanum' zeigt im Topf eine perfekte Kugelform. Die Pflanze ist super als locker gepflanzte, coole Schutzhecke.
Volle Sonne oder Halbschatten	85 cm x 30 cm	Spätfrühling, Frühsommer	Die Pflanze wird seit Jahrhunderten als Heilmittel eingesetzt, für alles vom Monatsschmerz bis zu gebrochenen Knochen. Am besten in großen Mengen pflanzen.
Volle Sonne	10–20 cm x 20 cm	Frühling	Ihr Aussehen erinnert an eine kleine Kuhglocke, daher ihr Name. Lädt zum Drüberstreichen ein.
Volle Sonne, z. B. an geschützter Mauerwand	12 m x 6 m	Sommer bis Herbst	Benannt nach Lady Banks, Frau des Botanikers Sir Joseph. Es gibt ungefüllte und gefüllte Sorten – beide duften nach Veilchen; Sie haben die Qual der Wahl.
Toleriert lichten Schatten, bevorzugt geschützten Standort	5 m x 3 m	Juni bis November, ganzjährige Blüte, wenn ihr der Standort gefällt	Meine erste Rosenliebe.
Toleriert auch Halbschatten	3 m x 2,5 m	Juni bis November, je nach Standort	Wurde 1997 zur „Weltrose" gewählt; sie war die erste Pflanze, die patentiert wurde (US-Patent-Nr. 1, 1930).
Volle Sonne oder Halbschatten	30–90 cm x 30–45 cm	Sommer bis Herbst	Sät sich selbst aus, wenn Sie es zulassen. Tolle Wirkung, wenn sie flächendeckend gepflanzt wird.

	Name, Herkunft & Lebensraum	Beschreibung	Bodenbeschaffenheit
	***Sarcococca confusa*** **Schleimbeere** Wald und Unterholz in China, dem Himalaja und Südostasien	Der ultimative immergrüne Strauch. Wächst am besten, wenn er vernachlässigt wird. Blüht im Winter und duftet stark, wenn alles um ihn herum dunkel und grau ist.	Nährstoffreich, gut durchlässig
	***Solanum crispum*** **Chilenische Kartoffelblume** Verschiedene Lebensräume, Peru und Chile	Eine immergrüne oder halb-immergrüne Kletterpflanze mit blauvioletten Blüten. Wenn Sie eine Kartoffelpflanze in voller Blüte sehen, erkennen Sie die Familienähnlichkeit.	Mäßig nährstoffreich, feucht, aber gut durchlässig; Blumenerde im Topf
	***Tellima grandiflora*** **Falsche Alraunenwurzel** Feuchtwald, Nordamerika	Entzückende Staude mit kleinen weißen Glockenblüten mit fransigen Blütenblättern.	Feucht, humusreich, toleriert aber auch trockene Böden
	***Trachelospermum jasminoides*** Wälder, China, Korea, Japan	Immergrüne Kletterpflanze mit wunderbar duftenden, sternförmigen weißen Blüten.	Nährstoffreich, gut durchlässig; Pflanzerde im Topf
	***Tricyrtis formosana*** **Krötenlilie** Feuchtwälder, Berge und Klippen, Taiwan	Rhizombildende Mehrjährige mit bizarren, wunderbar gefleckten fleischigen Blüten und dicken, fetten Narben.	Feucht, aber gut durchlässig, humusreich
	***Verbena bonariensis*** Prärien, Brachland und Berghänge, Südamerika	Mehrjährige mit rosafarbenen Blüten an hohen aufrechten Stängeln.	Feucht, gut durchlässig, mäßig nährstoffreich; Blumenerde im Topf
	***Viburnum x bodnantense* 'Dawn'.** **Schneeball** Wälder Chinas	Laubabwerfender Strauch mit dunkelgrünen Blättern und intensiv duftenden rosa-pinkfarbenen Blüten, wächst seit Urzeiten auf kargen Waldböden.	Mäßig nährstoffreich, feucht, aber gut durchlässig
	***Vitis coignetiae*** **Scharlachwein** Wälder und Unterholz, Korea und Japan	Holzige laubabwerfende Kletterpflanze mit großen lederartigen, äderigen herzförmigen Blättern, die sich im Herbst leuchtendrot verfärben. Wenn Sie essbare Weintrauben ernten möchten, nehmen Sie *V.* 'Brant'.	Gut durchlässig, humusreich
	***Wisteria*.** Glyzinie / Blauregen Feuchtwälder, China, Korea, Japan, mittlere und südliche USA	Holzige laubabwerfende Kletterpflanze mit erbsenähnlichen duftenden Blüten in Farbschattierungen von Weiß bis Dunkelviolett.	Nährstoffreich, feucht, gut durchlässig

Standort	Wuchs	Blüte/Hochzeit	Anmerkungen
Voller Schatten oder Halbschatten	2 m x 1 m	Winter	Schon 1–2 blühende Zweige erfüllen das ganze Haus für Tage mit ihrem Duft.
Volle Sonne	Bis zu 6 m hoch	Sommer	Auch in Weiß erhältlich. Perfekt für Geländer, Rankgitter oder Lauben.
Halbschatten	40 cm x 25 cm	Spätfrühling bis Hochsommer	Reizendes halb-immergrünes Ding, das bei näheren Hinsehen Augen und Nase belohnt. Gut geeignet für schwierige trockene, schattige Standorte.
Volle Sonne oder Halbschatten	9 m hoch	Sommer	Bestens geeignet zum Beranken von Mauern; ideal, wenn Sie im Sommer von einem wirklich berauschenden Duft eingehüllt werden möchten.
Voller Schatten oder Halbschatten	80 cm x 45 cm	Frühherbst	Sollte an einer exponierten Stelle gepflanzt werden. Ähnelt Orchideen. Sieht aus, als könne nur ein Experte sie ziehen. Damit können Sie bei Freunden Eindruck schinden!
Volle Sonne	2 m x 45 cm	Hochsommer bis Frühherbst	Perfekt geeignet, um transparente Trennungen ins Beet zu bringen. Ein Genuss für Bienen.
Volle Sonne oder Halbschatten	3 m x 2 m	Spätherbst bis Frühjahr	Zu den Schneebällen, die ich mag, gehören auch *V. tinus*, *V. carlesii* und *V. opulus*. Allesamt robuste und schöne Pflanzen.
Volle Sonne oder Halbschatten	15 m hoch	Hat unscheinbare Blüten, aber während der Wachstumszeit prachtvolle Blätter, vor allem im Herbst	Pflanze am besten mit Blättern kaufen, denn es gibt unterschiedliche Sorten; manche haben nicht die großen, lederartigen Blätter, die die Pflanze erst so großartig machen.
Volle Sonne oder Halbschatten	9 m hoch	Frühling bis Sommer	Die bekanntesten Sorten sind *W. floribunda* (japanisch, besonders eindrucksvoll: 'Multijuga', deren Blütentrauben bis zu 1 m lang werden können) und *W. sinensis* (chinesisch).

Einkaufsadressen

Die folgende Liste enthält Adressen und Internetseiten von Gärtnereien mit einem guten bzw. sehr speziellen Angebot. Bei den meisten können Sie anrufen oder per E-Mail bestellen. Und Sie werden garantiert auf einen Pflanzenkenner treffen, der gern weiterhilft und Sie auch mit Tipps versorgen kann. Natürlich kann diese Liste keinen Anspruch auf Vollständigkeit erheben, selbstredend gibt es noch viele andere gute Gärtner.

Wunderbare kleine Gärtnereien

Arends Maubach, Monschaustraße 76, 72369 Wuppertal-Ronsdorf, Tel.: 02 02/46 46 10, www.arends-maubach.de
Staudengärtnerei Gaissmayer, Jungviehweide 3, 89257 Illertissen, Tel.: 073 03/72 58, www.staudengaissmayer.de
Staudengärtnerei Gräfin von Zeppelin, Weinstraße 2, 79295 Sulzburg-Laufen, Tel.: 076 34/6 97 16, www.graefin-v-zeppelin.com

Spezialanbieter / Spezialgärtnereien

Alpenveilchen www.gaertnerei-schoebel.de
Alpine Pflanzen/Steingartenpflanzen www.alpen-garten.de, www.pflanzenreich.com
Bäume, Sträucher www.eggert-baumschulen.de
Blumenzwiebeln www.albrechthoch.de, www.der-blumenzwiebelversand.de, www.treppens.de
Chilis www.chili-shop24.de, www.simpsonsseeds.co.uk
Exotische Pflanzen www.casaverde-pflanzen.de, www.roepke-versand.de, www.palmeperpaket.de
Farne www.farn-gaertnerei.de
Fleischfressende Pflanzen www.plantarara.de
Kletterpflanzen www.exot-nutz-zier.de, www.native-plants.de
Kräuter www.blumenschule.de, www.kraeuter-simon.de
Lavendel www.ruehlemanns-shop.de, www.staudengaissmayer.de, www.stauden-stade.de
Obstgehölze www.hoffmann-obstbaumschule.de, www.lubera.ch, www.pflanzenhof-online.de
Pelargonien www.kraeuterei.de, www.gaertnerei-stegmeier.de
Rosen www.austinroses.com, www.kordes-rosen.de, www.rosenhof-schultheis.de, www.rosenschule-ruf.de
Saatgut www.kiepenkerl.de, www.thompson-morgan.de, www.sperli-versand.de
Wasserpflanzen www.tara-teich-garten.de, www.teichpflanze.de
Zitrusfrüchte www.flora-mediterranea.de, www.flora-toskana.de

Sonstiges

Erde und Dünger www.compo.de, www.floragard.de, www.neudorff.de
Gartenbedarf www.gartenbedarf-versand.de, www.fassadengruen.de, www.secret-garden.de, www.manufactum.de
Websites zum Thema www.rhs.org.uk (Royal Horticultural Society), www.garten.net, www.gartentechnik.de, www.das-wilde-gartenblog.de, www.gartenakademie.de, www.koenigliche-gartenakademie.de

Gartenliteratur

Aus der Fülle von Gartenbüchern hier einige, die wirklich schön sind, viele Anregungen geben und Fachwissen auch für Anfänger vermitteln, sowie die wichtigsten Zeitschriften.

Für die Praxis

Alte Gemüsearten neu entdeckt von Heidi Hasskerl (Leopold Stocker Verlag, 2008)
300 Fragen zu Kräutern von Karin Greiner u. Angelika Weber (Gräfe und Unzer Verlag, 2008)
Alles über Pflanzenvermehrung von Markus & Wolfgang Kawollek (Eugen Ulmer Verlag, 2008)
Blütenküche von Ursel Bühring (Eugen Ulmer Verlag, 2009)
Der Biogarten von Marie-Luise Kreuter (BLV Buchverlag, 2009)
Der eigene Garten von Friedrich Schenk (Stiftung Warentest, 2009)
Das große Gartenhandbuch von The Royal Horticultural Society (Dorling Kindersley Verlag, 2007)
Die neue Gartenenzyklopädie von The Royal Horticultural Society (Dorling Kindersley Verlag, 2007)
Gartenzwerg und Gänseblümchen von Catherine Woram u. Maryn Cox (Callwey Verlag, 2008)
Gemüse selbst anbauen von Jo Whittingham (Dorling Kindersley Verlag, 2007)
Kinderleicht. Familienspaß im Garten von Modeste Herwig (Kosmos Verlag, 2007)
Meine Gartenküche von Marlein Overakker (Hölker Verlag, 2009)
Mein Naschbalkon von Natalie Fassmann (Eugen Ulmer Verlag, 2008)
Pflanzenkrankheiten von Jochen Veser (Eugen Ulmer Verlag, 2008)
Wo pflanze ich was im Garten? von Tobias Mayerhofer (Kosmos Verlag, 2009)
Wie schneide ich meine Gartenpflanzen? von Rosa Wolf (BLV Buchverlag, 2009)

Fürs Vergnügen

Als die Gärtner Tweed trugen von Ursula Buchan (Gerstenberg Verlag, 2009)
Besondere Frauen und ihre Gärten von Eva Kohlrusch (Callwey Verlag, 2009)
Das Jahr des Gärtners von Karel Capek (Aufbau Verlag, 2007)
Der Mensch, die Kunst und der Garten. Kunst in der Gartengestaltung von Viktoria Freifrau von dem Bussche (Eugen Ulmer Verlag, 2007)
Die Damen mit dem grünen Daumen von Claudia Lanfranconi u. Sabine Frank (Sandmann Verlag, 2008)
Die Tulpe. Eine Kulturgeschichte von Anna Pavord (Insel Verlag, 2003)
Genial Gärtnern von Monty Don (Dorling Kindersley Verlag, 2004)
Guerilla Gardening von Richard Reynolds (Orange Press, 2009)
Gut im Beet. Über die Lust am Gärtnern von Ursula Buchan (Residenz Verlag, 2003)
Menschen sind auch nur Gärtner. Freche Gartengeschichten von Ute Woltron (Brandstätter Verlag, 2009)

Zeitschriften

Flora; Garten-Praxis
Garten-Träume; Landlust
Kraut & Rüben; Mein schöner Garten

Register

Ableger nehmen 158–159
siehe auch Ableger vermehren 174–175
Acer palmatum (Fächerahorn) 74
Achillea, Samenstände 57
Adiantum venustum (Venushaarfarn) 248–249
Adzukibohnen 94
Afrikanische Wildbanane *(Ensete ventricosum)* 217
Ahorn, Fächer- *(Acer palmatum)* 74
Alchemilla mollis (Frauenmantel) 179, 248–249
Alfalfa-Sprossen 94
Allium
A. christophii, Samenstände 57
A. sativum (Knoblauch) 114–115
A. schoenoprasum (Schnittlauch) 85, 86
A. schubertii, Samenstände 57
Aloe vera 55
Aloysia triphylla (Zitronenverbene) 128
Alpenveilchen *(Cyclamen)* 62, 64
Alpine Pflanzen 13, 72, 74
Alraunenwurzel, Falsche *(Tellima grandiflora)* 258–259
Amarylliszwiebeln 182
Amelanchier (Felsenbirne) 164
Ammi majus 248–249
Ananas *(Ananas comosus)* 210–211
Ananas comosus (Ananas) 210–211
Anemome x hybrida 'Honorine Jobert' 248–249
Anethum graveolens (Dill) 87
Anthriscus cerefolium (Kerbel) 87
Anzuchterde 20
Apfelbaum *(Malus)*, Blüte 164
Apfelminze *(Mentha suaveolens)* 82
Asparagus officinalis (Spargel) 120
Asplenium scolopendrium (Hirschzungenfarn) 37
Astrantia major subsp. *involucrata* 'Shaggy' (Sterndolde) 248–249
Athamanta turbith 248–249

Bagna caôda 136
Banane, Afrikanische Wild- *(Ensete ventricosum)* 217
Basilikum *(Ocimum basilicum)* 86, 88–89
Beetpflanzen 60–61
Bergamotte *(Monarda didyma)* 82
Birnbaum *(Pyrus)*, Blüte 164
Blattläuse 170, 239
Blaubeere / Heidelbeere *(Vaccinium)* 110, 112
Blaubeer-Muffins 112
Blauregen *(Wisteria)* 258–259
Bleichmoos / Torfmoos *(Sphagnum)* 51, 157, 192
Blütenpracht in der Wohnung 164–165
Blumenampel 90, 102–103
Blumenampelhalter 36
Blumenerde 20
Blumenturm 43
Blumenzwiebeln (in Körben) 157
Bockshornklee 94
Bodentypen 227
Bohnen
Dicke Bohnen *(Vicia faba)* 113
Mungobohnen *(Phaseolus aureus)* 93–94
Prunkbohnen *(Phaseolus coccineus)* 118
Borago officinalis (Borretsch) 91, 134
Borretsch *(Borago officinalis)* 91, 134
Brasilianisches Tausendblatt *(Myriophyllum aquaticum)* 205, 207
Brauner Storchschnabel *(Geranium phaeum)* 252–253
Brennender Hahnenfuß *(Ranunculus flammula)* 205, 207
Bromelien 13, 210
Butomus umbellatus (Schwanenblume) 205, 207
Butternusskürbis 75–76

Calendula (Ringelblume) 61, 91
Calystegia sepium (Echte Zaunwinde) 236
Capsicum (Paprika) 202, 204
Centaurea cyanus (Kornblume) 101
Ceropegia linearis subsp. *woodii* (Leuchterblume) 33
Chaenomeles x superba 'Knap Hill Scarlet' (Zierquitte) 248–249
Chilenische Kartoffelblume *(Solanum crispum)* 258–259
Chili *(Capsicum)* 202, 204
Chimonanthus praecox (Winterblüte) 248–249
Chinesischer Klebsame *(Pittosporum tobira)* 256–257
Citrus limon (Zitronenbaum) 138
Cobaea scandens (Glockenrebe) 209
Convolvulus arvensis (Ackerwinde) 236
Coriandrum sativum (Koriander) 87
Cornus mas (Kornelkirsche) 164
Corydalis flexuosa (Lerchensporn) 248–249
Crambe cordifolia (Meerkohl) 250–251
Crinum x powellii 'Album' 250–251
Crocus sativus (Safrankrokus) 117
Cucurbita (Kürbis) 75–76
Cyclamen (Alpenveilchen) 62, 64
C. cilicium f. album 64
C. coum 64
C. cyprium 64
C. hederifolium 64
C. persicum f. albidum 64
C. pseudibericum 'Roseum' 64
C. repandum 64
Cyperus (Papyrus) 205, 207
C. alternifolius (Zyperngras) 205, 207
C. isocladus (Zwergpapyrus) 205, 207
C. papyrus (Echter Papyrus) 205, 207

Dahlia (Dahlie) 177, 179
D. coccinea 177
D. 'Downham Royal' 177
D. 'Ellen Huston' 177
D. 'Fascination' 177
D. 'Hillcrest Royal' 177
D. 'Hot Chocolate' 177
D. 'New Baby' 177
D. 'Roxy' 177
D. 'Sam Hopkins' 177
Dahlie siehe *Dahlia*
Daphne bholua 'Jacqueline Postill' 250–251
Daucus (Möhre) 101
Deutsche Schwertlilie *(Iris germanica* var. *florentina)* 252–253
Dianthus (Nelke) 29, 72
D. barbatus (Bartnelke) 61
D. 'Doris' 29
D. 'Gran's Favourite' 29
D. 'Moulin Rouge' 29
D. 'Mrs Sinkins' 29
D. plumarius (Federnelke) 29, 72
Dicentra spectabilis 'Alba' (Tränendes Herz) 250–251
Dicke Bohnen *(Vicia faba)* 113
Dill *(Anethum graveolens)* 87
Dionaea muscipula (Venusfliegenfalle) 186, 189
Dregea sinensis (Wattakaka-Schlinge) 201
Drehfrucht *(Streptocarpus)*, Vermehren 174–175
Drosea (Sonnentau) 189
Düngen 229
Granulat 21, 229
Langzeitdünger-Granulat 21, 229
Organischer Dünger 226
Tomatendünger 102

Duftgeranie (Pelargonie) 158
Duftveilchen / Märzveilchen *(Viola odorata)* 144
Duftwicke *(Lathyrus odoratus)* 152, 154–155

Echeveria 39
Echinacea (Sonnenhut) 57, 250–251
Edeldistel (*Eryngium*), Samenstände 57
Efeu *(Hedera)*
Gemeiner Efeu *(Hedera helix)* 44
Irischer Efeu *(Hedera hibernica)* 45
Eichhörnchen 243
Eingelegte Zwiebeln 143
Einjährige 12, 60
Einkaufsadressen 262
Eisenkraut *(Verbena bonariensis)* 258–259
Elfenblume *(Epimedium)* 198
Ensete ventricosum (Afrikanische Wildbanane) 217
Epimedium (Elfenblume) 198
Erdbeere *(Fragaria)* 102–103
Erde (Anzucht-, Blumen- und Pflanzerde) 20–21, 226–228
Erigeron karvinskianus (Gänseblümchen) 71
Eryngium (Edeldistel), Samenstände 57
Erythronium californicum (Hundszahn) 'White Beauty' 250–251
Eschscholzia californica (Kalifornischer Mohn) 250–251
Essbare Blüten 90–91, 134
siehe auch Kandierte Blütenblätter 29, 146
Euphorbia mellifera (Wolfsmilch) 250–251

Fächerahorn *(Acer palmatum)* 74
Farne 13, 36–37, 43
Adiantum venustum (Venushaarfarn) 248–249
Asplenium scolopendrium (Hirschzungenfarn) 37
Matteucia struthiopteris (Straußfarn) 136
Polypodium vulgare (Gemeiner Tüpfelfarn) 37
Polystichum setiferum (Weicher Schildfarn) 37
Federnelke *(Dianthus plumarius)* 29, 72
Feiner Kies 21, 27, 174, 182, 183, 184
Felsenbirne *(Amelanchier)*, Blüte 164
Fette Henne (*Sedum*), Samenstände 57
Flammenlilie *(Gloriosa superba)* 252–253
Fleischfressende Pflanzen 186, 189
Forsythie *(Forsythia)* Blüte 164
Fotosynthese 222, 238

Fragaria (Erdbeere) 102–103
Frauenmantel *(Alchemilla mollis)* 179, 248–249
Fritillaria meleagris (Schachblume) 250–251
Frostschutz 235
Fruchtfliege 239
Funkie (*Hosta* 'Hadspen Blue') 252–253

Gänseblümchen *(Erigeron karvinskianus)* 71
Gärtnereien 15
Galanthus 'Magnet' (Schneeglöckchen) 252–253
Gartencenter 15
Gartenschere 16
Gartenwerkzeug, unverzichtbares 16, 18–19
Gauklerblume *(Mimulus ringens)* 205, 207
Geflecht aus Zweigen 34
Geißblatt / Heckenkirsche *(Lonicera)* 164
Lonicera x *purpusii* 'Winter Beauty' 254–255
Gelbe Sumpf-Schwertlilie (*Iris pseudacorus* 'Variegata') 205, 207
Gemeiner Tüpfelfarn *(Polypodium vulgare)* 37
Geranium siehe *Pelargonium*
Geranium phaeum (Brauner Storchschnabel) 252–253
Getränke
Hagebuttensirup 131
Holunderblüten-Limonade 147, 149
Pelargonien-Bowle 125
Veilchen-Champagner 144, 146
Zitronenverbenen-Tee 128
Gießen 222, 225, 231, 238
Gießkannen 16
Girlanden 67, 79
Gladiolus (Gladiole)
G. callianthus (Abessinische Gladiole) 213
G. tristis (Eintönige Gladiole) 213
Glockenrebe *(Cobaea scandens)* 209
Gloriosa superba 'Rothschildiana' (Flammenlilie) 252–253
Glyzinie / Blauregen *(Wisteria)* 258–259
Grüne Blattlaus 236
Grüne Minze *(Mentha spicata)* 82
Grüner Zahn-Lavendel *(Lavandula dentata)* 195
Gummistiefel 18

Hafer 94
Hagebuttensirup 131
Hahnenfuß siehe *Ranunculus*
Hamamelis (Zaubernuss) 164
Handschuhe 16
Hauswurz *(Sempervivum)* 39
Haworthia 39
Heckenkirsche / Geißblatt *(Lonicera)* 164
Lonicera x *purpusii* 'Winter Beauty' 254–255
Hedera (Efeu)
H. helix (Gemeiner Efeu) 44
H. helix 'Buttercup' 45
H. helix 'Glacier' 44, 45
H. helix 'Ivalace' 45
H. helix 'Oro di Bogliasco' (Goldherz) 45
H. hibernica (Irischer Efeu) 45
Heidebeere siehe Heidelbeere / Blaubeere
Heidelbeere / Blaubeere *(Vaccinium)* 110, 112
Helenium (Sonnenbraut) 'Moerheim Beauty' 252–253
Helxine soleirolii / Soleirolia soleirolii, Teilen 160–161
Herkunft, Pflanzen- 10
Himbeere *(Rubus idaeus)* 108–109
Hirschzungenfarn *(Asplenium scolopendrium)* 37
Hochzeitsgeschenke 39, 72, 74
Holunder *(Sambucus nigra)* 147
Holunderblüten-Limonade 147–149
Hopfen *(Humulus lupulus)* 65, 67
Hosta 'Hadspen Blue' (Funkie) 252–253
Humulus lupulus (Hopfen) 65, 67
Humus 226, 227
Hundszahn *(Erythronium californicum)* 250–251
Hyazinthenzwiebeln 182
Hydrocotyle sibthorpioides (Kleinblättriger Wassernabel) 205, 207

Ipomoea tricolor (Prachtwinde) 252–253
Iris
I. confusa 252–253
I. germanica var. *florentina* (Deutsche Schwertlilie) 252–253
I. pseudacorus 'Variegata' (Gelbe Sumpf-Schwertlilie) 205, 207
I. sibirica (Sibirische Wieseniris) 252–253

Johannisbeere *(Ribes rubrum)* 107
Johannisbeeren-Gelee 107
Juncus ensifolius (Zwergbinse) 205, 207

Jungfer-im-Grünen *(Nigella damascena)* 101
Kakteen 13, 21, 38
Kalifornischer Mohn *(Eschscholzia californica)* 250–251
Kalkboden 227
Kandierte Blütenblätter 29, 146
Kapkörbchen *(Osteospermum)* 61
Kapuzinerkresse *(Tropaeolum majus)* 90–91
Keimlinge schützen 243
Kerbel *(Anthriscus cerefolium)* 87
Kichererbse 94
Kies, feiner 21, 110, 159, 183, 184
Kirschbaum *(Prunus)*, Blüte 164
Kirschtomate 96
Kleinblättriger Wassernabel *(Hydrocotyle sibthorpioides)* 205, 207
Klementinenbaum *(Citrus reticulata)* 138–139
Kletterpflanzen 12
Klonen 174–175
Knoblauch *(Allium sativum)* 114–115
Körbe
  Blumenampel (mit Erdbeeren) 102–103
  Frühlingszwiebeln in Körben 157
Kompost 172–173
Koriander *(Coriandrum sativum)* 87
Kornblume *(Centaurea cyanus)* 101
Kornelkrische *(Cornus mas)* 164
Kränze, Weihnachts- 78
Kräuter 82–83, 85, 86–87, 88–89
  Kräuter auf der Fensterbank 86–87, 88–89
Krankheiten 170, 244
Krötenlilie *(Trycyrtis formosana)* 258–259
Küchenschelle / Kuhschelle *(Pulsatilla vulgaris)* 72, 256–257
Kürbis *(Cucurbita)* 75–76
Kürbissprossen 94
Kunststofftablett 16

Langzeitdünger 229
Lateinische Pflanzennamen 221
Lathyrus
  L. latifolius (Staudenwicke) 254–255
  L. odoratus (Duftwicke) 152, 154–155
Laubkompost 162–163, 227, 235
Laurus nobilis (Lorbeer) 86
Lavendel siehe *Lavandula*
Lavandula (Lavendel) 83, 91, 195–196
  L. angustifolia (Echter Lavendel) 195
  L. dentata (Grüner Zahn-Lavendel) 195
  L. stoechas (Schopf-Lavendel) 195
  Lavendelsäckchen 196

Lehmboden 227
Lerchensporn *(Corydalis flexuosa)* 248–249
Leuchterblume *(Ceropegia linearis* subsp. *woodii)* 33
Lilien 176
  Gloriosa superba (Flammenlilie) 252–253
  Hemerocallis (Taglilie) 91
  Lilium regale (Königslilie) 176
  Tricyrtis formosana (Krötenlilie) 258–259
Lindernia grandiflora 205, 207
Lonicera (Geißblatt / Heckenkirsche) 164
  Lonicera x *purpusii* (Geißblatt) 'Winter Beauty' 254–255
Lorbeer *(Laurus nobilis)* 86
Lunaria annua (Silberling) 57, 254–255
Lycopersicon esculentum (Tomate) 98

Märzveilchen / Duftveilchen *(Viola odorata)* 144
Majoran, Wilder siehe Oregano
Magnolia (Magnolie) 164
Magnolie *(Magnolia)* 164
Maiglöckchen, Zwiebeln 182
Mais 94
Malus (Apfelbaum), Blüte 164
Marienkäfer 239
Marmeladengläser, hängende 58
Mathiasella bupleuroides 'Green Dream' 254–255
Matteucia struthiopteris (Straußfarn) 136
Matthiola longipetala subsp. *bicornis* (Sommernachts-Levkoje) 213
Meerkohl *(Crambe cordifolia)* 250–251
Mehltau, Echter 244
Mehrjährige 12, 60
Melissa officinalis (Zitronenmelisse) 82
Mentha (Minze) 82–83, 86
  M. spicata (Grüne Minze) 82
  M. suaveolens (Apfelminze) 82
  M. x *piperita* (Pfefferminze) 82
Mimulus ringens (Gauklerblume / Affenblume) 205, 207
Mini-Gewächshaus 18
Minze *(Mentha)* 82
Möhren *(Daucus)* 101
Mohn *(Papaver)* 254–255
  Eschscholzia californica (Kalifornischer Mohn) 250–251
  Papaver bracteatum (Armenischer Mohn / Arzneimohn) 254–255
  Papaver somniferum (Schlafmohn) 254–255
Monarda didyma (Bergamotte) 82
Mondstein *(Pachyphytum oviferum)* 39

Moos 192, 194
Mottenschildlaus 239
Muffins, Blaubeer- 112
Mulch 21, 227, 235
Mungobohnensprossen *(Phaseolus aureus)* 93–94
Myosotis scorpioides (Sumpf-Vergissmeinnicht) 205, 207
Myriophyllum aquaticum (Brasilianisches Tausendblatt / Papageienfeder) 205, 207

Nachtduftpflanzen 213–214
Nachtfalter-Orchideen *(Phalaenopsis)* 167–168
Namen, Pflanzen- 221
Narcissus (Narzisse)
  N. papyraceus (Weihnachtsnarzisse) 181–182
  N. bulbocodium (Reifrocknarzisse) 254–255
  Narzissen vortreiben 181–182
Narzisse siehe *Narcissus*
Nelke siehe *Dianthus*
Netze 243
Netzflügler 239
Nicotiana alata / N. sylvestris (Tabakpflanze) 214
Nigella damascena (Jungfer-im-Grünen) 101
Notizbuch 18–19

Ocimum basilicum (Basilikum) 88–89
Öle, Kräuter- 83
Orangenbaum *(Citrus sinensis)* 138–139
Orchideen 13, 21
  Nachtfalter-Orchideen *(Phalaenopsis)* 167–168
Oregano / Wilder Majoran *(Origanum)* 86
Organische Pflanzenschutzmittel / Pestizide 91, 239
Organischer Dünger 226
Origanum (Oregano) 86
Osmanthus delavayi 254–255
Osteospermum (Kapkörbchen) 61
Pachyphytum oviferum (Mondstein) 39
Paeonia lactiflora 'Sarah Bernhardt' (Pfingstrose) 254–255
Palmen 13
Papageienfeder *(Myriophyllum aquaticum)* 205, 207
Papaver (Mohn)
  P. bracteatum 254–255
  P. somniferum (Schlafmohn) 254–255

Papyrus, Echter *(Cyperus papyrus)* 205, 207
Partyblumen 47, 51
Passiflora caerulea (Passionsblume) 256–257
Passionsblume *(Passiflora caerulea)* 256–257
Pelargonie siehe *Pelargonium*
Pelargonium (Pelargonie) 61, 91
 Ableger nehmen 158–159
 P. graveolens, 125
 Pelargonien-Bowle 125
Pestizide 239, 242
Petersilie *(Petroselinum crispum)* 87
Petroselinum crispum (Petersilie) 87
Pfefferminze *(Mentha x piperita)* 82
 Pfefferminz-Bonbons 82–83
Pfeifenstrauch *(Philadelphus coronarius)* 256–257
Pfingstrose *(Paeonia)* 254–255
Pflanzen kaufen 15
Pflanzenschnitt 232, 234
Pflanzerde 20
Pflanzgefäße, -töpfe, -untersetzer 16, 68, 72, 225
Pflanzholz 158
Pflanzkelle 16
Pflasterung, Gänseblumen für 71
Pflaumenbaum *(Prunus)*, Blüte 164
pH-Wert, Erde 228
Phalaenopsis (Nachtfalter-Orchideen) 167–168
Phaseolus aureus (Mungobohnen) 93–94
Phaseolus coccineus (Prunkbohnen) 118
Philadelphus coronarius 'Variegatus' (Pfeifenstrauch) 256–257
Pittosporum tobira (Chinesischer Klebsame) 256–257
Polygonatum odoratum (Salomonssiegel) 256–257
Polypodium vulgare (Gemeiner Tüpfelfarn) 37
Polystichum setiferum (Weicher Schildfarn) 37
Prachtwinde *(Ipomoea tricolor)* 252–253
Prunkbohnen *(Phaseolus coccineus)* 118
Prunus (Kirsch- oder Pflaumenbaum), Blüte 164–165
Pulsatilla vulgaris (Küchenschelle / Kuhschelle) 72, 256–257
Pyrus (Birnbaum), Blüte 164

Quinoa 94

Ranunculus (Hahnenfuß)
 R. asiaticus (Ranunkel) 61
 R. flammula (Brennender Hahnenfuß) 205, 207
Reben
 Cobaea scandens (Glockenrebe) 209
 Dregea sinensis (Wattakaka-Schlinge) 201
 Vitis coignetiae (Scharlachrebe) 258–259
Ribes rubrum (Johannisbeere) 107
Ribes uva-crispa (Stachelbeere) 104–105
Ringelblume *(Calendula)* 61, 91
Rhabarber *(Rheum)* 141–142
 Rhabarber-Wodka-Gelee 142
Rosa (Rosen) 169–170
 R. banksiae 256–257
 R. canina 131
 R. 'Madame Alfred Carrière' 256–257
 R. 'New Dawn' 256–257
 R. rugosa 131
 Rosenwasser 124
 Schädlinge und Krankheiten 170
 Wildrosen 131
Rosen siehe *Rosa*
Rosenwasser 124
Rosmarin *(Rosmarinus)* 83, 86
Rosmarinus (Rosmarin) 83, 86
Rost (Krankheit) 244
Rubus idaeus (Himbeere) 108–109
Rudbeckia
 Rudbeckia hirta (Sonnenhut / Schwarzäugige Susanne) 256–257
 Samenstände 57

Rußtau, Rose 170, 244
Saatkiste 18
Säureliebende Pflanzen 21, 228
Safrankrokus *(Crocus sativus)* 117
Salatblätter 95–96
Salbei *(Salvia)* 86
Salix caprea (Salweide) 164
Salomonssiegel *(Polygonatum odoratum)* 256–257
Salvia (Salbei) 86
Salweide *(Salix caprea)* 164
Sambucus nigra (Holunder) 147
Samenstände 57
Sandboden 227
Sandthymian *(T. serpyllum)* 28
Sanguisorba (Wiesenknopf), Samenstände 57
Sarcococca confusa (Schleimbeere) 258–259
Sarracenia (Schlauchpflanze) 189
Saure Erde 21, 228
Schachblume *(Fritillaria meleagris)* 250–251
Schädlinge 170, 238–243
Scharlachrebe *(Vitis coignetiae)* 258–259
Schlafmohn *(Papaver somniferum)* 254–255
Schlauchpflanze *(Sarracenia)* 189
Schleimbeere *(Sarcococca confusa)* 258–259
Schnecken 242
Schneeglöckchen *(Galanthus)* 252–253
Schnittblumen 34, 40, 42, 47
Schnittlauch *(Allium schoenoprasum)* 85, 86
Schopf-Lavendel *(Lavandula stoechas)* 195
Schwanenblume *(Butomus umbellatus)* 205, 207
Schwarzäugige Susanne *(Rudbeckia hirta)* 57, 256–257
Schwarze Bohnenblattlaus 113
Schwebfliege 239
Sedum (Fette Henne), Samenstände 57
Sempervivum (Hauswurz) 39
Sesamsamen 94
Setzlinge 60
Sibirische Wieseniris *(Iris sibirica)* 252–253
Silberling *(Lunaria annua)* 57
Solanum crispum (Chilenische Kartoffelblume) 258–259
Solanum lycopersicum(Tomate) 98
Soleirolia soleirolii / Helxine soleirolii, Teilen 160–161
Sommernachts-Levkoje *(Matthiola longipetala* subsp. *bicornis)* 213
Sonnenbraut *(Helenium)* 252–253
Sonnenhut *(Echinacea)* 57, 250–251
Sonnenhut *(Rudbeckia hirta)* 57, 256–257
Sonnentau *(Drosea)* 189
Spargel *(Asparagus officinalis)* 120
Sphagnum (Torfmoos / Bleichmoos) 51, 157, 192
Sprossen, Bohnen- 93–94
Stachelbeere *(Ribes uva-crispa)* 104–105
 Stachelbeerdessert 105
Stadtboden 227
Stauden 12
Staudenwicke *(Lathyrus latifolius)* 254–255
Steingartenpflanzen 13
Sterndolde *(Astrantia major)* 248–249
Sternrußtau 244
Stiefmütterchen *(Viola x wittrockiana)* 61, 91
Storchschnabel, Brauner *(Geranium phaeum)* 252–253

Sträucher 12
Sträucher schneiden 232
Straußfarn *(Matteucia struthiopteris)* 136
Streptocarpus (Drehfrucht), Vermehren 174–175
Sukkulenten 13, 38–39, 55
Sumpf-Vergissmeinnicht *(Myosotis scorpioides)* 205, 207
Supermarkt-Blumen 40

Tabakpflanze *(Nicotiana alata / Nicotiana sylvestris)* 214
Taglilien 91
Tellima grandiflora (Falsche Alraunenwurzel) 258–259
Thymian siehe *Thymus*
Thymus (Thymian) 27–28, 83, 86
T. caespititius / T. azoricus 28
T. doerfleri 'Bressingham' 28
T. ericoides 'Fragrantissimus' (Orangenthymian) 28
T. herba-barona (Kümmelthymian) 28
T. pulegioides (Breitblättriger Thymian) 28
T. serpyllum (Sandthymian) 28
T. vulgaris (Gemeiner Thymian) 28
T. x *citriodorus* (Zitronenthymian) 28
Tischdekoration 51
Tomate *(Solanum lycopersicum)* 98
Kirschtomate 98
Tomatendünger 102
Tonboden 227–228
Tontöpfe / Terracottatöpfe 16, 68, 72
Topfuntersetzer 16
Torf 20
Torfmoos / Bleichmoos *(Sphagnum)* 51, 157, 192
Trachelospermum jasminoides 258–259
Tränendes Herz *(Dicentra spectabilis)* 250–251
Tragekorb 18
Treibglocken 243
Triticum aestivum (Weizengras) 133
Tröge aus Tuffkalk 72
Tropaeolum majus (Kapuzinerkresse) 90–91
Trycyrtis formosana (Krötenlilie) 258–259
Tulipa (Tulpe) 185, 192
T. 'Abu Hassan' 185
T. acuminata (Wildtulpe) 185
T. kaufmanniana (Wildtulpe) 185
T. 'Prinses Irene' 185
T. 'Queen of the Night'
T. sprengeri (Wildtulpe) 185
T. 'Spring Green' 185
T. sylvestris (Wildtulpe) 185
T. violacea (Wildtulpe) 185
Tulpenzwiebeln 192
Tulpe siehe *Tulipa*

Umgraben 226–227
Umtopfkiste 18
Unkraut und Unkrautjäten 236–237

Vaccinium (Blaubeere) 110, 112
Vasen, billige 52, 58
Veilchen siehe *Viola*
Venusfliegenfalle *(Dionaea muscipula)* 186, 189
Venushaarfarn *(Adiantum venustum)* 248–249
Verbena (Eisenkraut)
Aloysia triphylla (Zitronenverbene) 128
Verbena bonariensis 258–259
Zitronenverbenen-Tee 128
Vermehren, Pflanzen 174–175
Viburnum x *bodnantense* 'Dawn' (Schneeball) 258–259
Vicia faba (Dicke Bohnen) 113
Viola (Veilchen) 91, 144
Kandierte Blütenblätter 146
Hundszahn *(Erythronium californicum)* 250–251
Veilchen-Champagner 144, 146
V. 'Baronne Alice de Rothschild' 144
V. 'Conte di Brazza' 144
V. 'Hopley's White' 144
V. 'The Czar' 144
V. odorata (Duftveilchen / Märzveilchen) 144
V. x *wittrockiana* (Stiefmütterchen) 61, 91
Vitis coignetiae (Scharlachrebe) 258–259
Vögel 243

Wandregale 33, 48
Wassergarten 205, 207
Wasserpflanzen 13, 205, 207
Wasserspeicherndes Granulat 21
Wasserzerstäuber 16
Wattakaka-Schlinge *(Dregea sinensis)* 201
Weicher Schildfarn (*Polystichum setiferum)* 37
Weidenkätzchen *(Salix caprea)* 164
Weihnachtskränze 78
Weiße Fliege 239
Weizengras *(Triticum aestivum)* 133
Welke Pflanzenteile 231
Wicke siehe *Lathyrus*
Wiesen, Wildblumen- 215
Wiesenknopf *(Sanguisorba)*, Samenstände 57
Wigwam 108–109, 118, 155
Wildblumenwiesen 215
Wildtulpen siehe *Tulipa*
Wildrosen *(Rosa)* 131
R. canina 131
R. rugosa 131
Winde 236, 252–253
Calystegia sepium (Echte Zaunwinde) 236
Convolvulus arvensis (Ackerwinde) 236
Ipomoea tricolor (Prachtwinde) 252–253
Winterblüte *(Chimonanthus praecox)* 248–249
Winterhärte 10
Nicht winterharte Pflanzen 10, 60
Winterharte Pflanzen 10, 60
Wisteria (Glyzinie / Blauregen) 258–259
Wolfsmilch *(Euphorbia mellifera)* 250–251

Zahn-Lavendel, Grüner *(Lavandula dentata)* 195
Zaubernuss *(Hamamelis)* 164
Zerstäuber 16
Ziergräser 51, 57, 133
Zierkürbisse 75–76
Zierquitte *(Chaenomeles* x *superba)* 248–249
Zitronenbaum *(Citrus limon)* 138–139
Zitronenmelisse *(Melissa officinalis)* 82
Zitronenverbene *(Aloysia triphylla)* 128
Zitronenverbenen-Tee 128
Zitrusfrüchte
Citrus limon (Zitronenbaum) 138–139
Citrus reticulata (Klementinenbaum) 138–139
Citrus sinensis (Orangenbaum) 138–139
Zweijährige 13
Zwergbinse *(Juncus ensifolius)* 205, 207
Zwiebel- und Knollenpflanzen 13
Zwiebeln, eingelegte 143
Zykadeen 13
Zyperngras *(Cyperus alternifolius)* 205, 207

Dank

Ich bin so vielen Menschen zu Dank verpflichtet (eigentlich muss ich ihnen schon dafür danken, dass sie es überhaupt mit mir aushalten), die mich während des Schreibens des Buches unterstützten und so zu seinem Gelingen beigetragen haben!
Für ihre kreativen Ideen, ihr Engagement und ihren Fleiß möchte ich mich bei allen Mitarbeitern von Bloomsbury bedanken, ganz besonders bei Nathalie Hunt, die mit ihrer wahrlich zauberhaften und konsequenten Mischung aus Geduld und Begeisterung dieses Buch zusammengestellt hat.
Ein herzlicher Dank geht auch an Lisa Fiske, Ruth Logan, Anya Rosenberg, Anna Robinson, Kate Tindel-Robertson und Anne Askwith. Ich möchte meiner Agentin Eugenie Furniss danken, die mir, zusammen mit Rowan Lawton, meine Arbeit sehr erleichterte und mich ständig zum Weitermachen ermutigte.
Ein herzlicher Dank geht an Jill Mead, deren großartige Fotos dieses Buch schöner gemacht haben, als ich es mir je hätte träumen lassen, und an Friederike Huber, die es mit so viel Perfektion und Gespür gestaltete, sowie an Kate Osborn für ihre hinreißenden Illustrationen.
Durch ihre Unterstützung, Freundschaft und ihr unglaubliches Interesse haben die folgenden Menschen zum Gelingen des Buches beigetragen und ich bin glücklich, sie zu kennen: Sally Brampton, Rosemary Campbell-Preston, Rose Campler, Adrian Drury, Ruth Field, Fergus Gilroy, Cameron Hill, Natalia Illingworth, Veronique Jackson, Natasha Manley, Elena Meija, Kathleen McMahon, Dorrie Mcveigh, Tommi Miers, Georgina Oliver, Simon Pyle, Eileen Quinn, Natasha Randall, Jenny und Richard Raworth, Gabrielle Ross, Karen Ross-Smith, Claudia Rothermere, Paula Scully, Rupert Shaw, Grub Smith, James Stockton und Katherine van Tienhoven.
Tief empfundener Dank gebührt meinen Eltern Raphael und Marillyn und meinen Brüdern David und Edmund, die mich von Anfang an begleitet haben, und Mr. Pug, der dem Laptop weichen musste ... von nun an gehören meine Knie wieder ihm.
Und ganz besonderer Dank geht an meine Lektorin Katie Bond, die zu meinem Erstaunen und meiner Freude dieses Buch in mir schlummern sah, und es strahlend ans Licht brachte. Ich bin ihr sehr verbunden und kann ihr gar nicht genug danken.

In liebevoller Erinnerung an meine Großmutter
Christian Lewis.

Titel der Originalausgabe: „The Virgin Gardener. Inspiration for the first-time gardener". Erschienen bei Bloomsbury Publishing Plc, 36 Soho Square, London W1D 3QY
www.bloomsbury.com

Design: Friederike Huber
Fotos: Jill Mead
Illustrationen: Kate Osborn

Für die deutsche Ausgabe:
5 4 3 2 1 13 12 11 10
978-3-88117-810-5
Übersetzung aus dem Englischen:
Birgit van der Avoort, Regina Passoth
Typographie: Christiane Leesker
Foto Umschlagrückseite: Monika Römer
Redaktion: Monika Römer
Register: Birgit van der Avoort, Monika Römer
Sachverständige: Dipl.-Ing. agr. Manuela Gold-Schnecking

Printed by Tien Wah Press in Singapore